Johann Nicolaus Bischoff

Handbuch der deutschen Kanzlei-Praxis

Für angehende Staatsbeamte und Geschäftsmänner. Erster Teil

Johann Nicolaus Bischoff

Handbuch der deutschen Kanzlei-Praxis
Für angehende Staatsbeamte und Geschäftsmänner. Erster Teil

ISBN/EAN: 9783743471009

Hergestellt in Europa, USA, Kanada, Australien, Japan

Cover: Foto ©Suzi / pixelio.de

Weitere Bücher finden Sie auf **www.hansebooks.com**

Handbuch

der

teutschen Canzley-Praxis

für

angehende

Staatsbeamte und Geschäftsmänner.

Von

J. N. Bischoff

öffentlichem Lehrer der Rechte und der Philosophie
zu Helmstedt.

Erster Theil,

von den allgemeinen Eigenschaften des
Canzley-Styls,

Helmstedt
bey C. G. Fleckeisen
1793.

Vorrede.

Wenn Academien dazu bestimmt sind, den jungen Gelehrten zu seinem künftigen Berufe dergestalt vorzubereiten, daß er sogleich nach Verlassung derselben, wenn er anders seine Studier-Jahre gewissenhaft angewandt hat, sich und andern mit den erworbenen Kenntnissen nützlich werden könne; so muß er nicht nur in der Theorie seines Faches vollständigen Unterricht erhalten; sondern auch Gelegenheit haben, die practische Anwendung dersel-

* 2   ben,

ben, durch zweckmäßige Vorübungen zu
seinen künftigen Berufsgeschäften, kennen zu
lernen. Bekanntlich ist in dieser Hinsicht für
den angehenden Theologen und Arzt, durch
Prediger = Seminarien und catechetische Uebun=
gen, durch klinische Institute, Entbindungs=
Häuser u. s. w., auf den meisten Universitäten
hinlänglich gesorgt. Nur für den künftigen
Geschäftsmann findet sich hier noch immer in den
Lections = Verzeichnissen mehrerer Academieen
eine unangenehme Lücke, welche durch die ge=
wöhnlichen practischen Vorlesungen, so noth=
wendig und nützlich dieselben auch an und für
sich sind, nicht überall vollkommen ausgefüllt
werden dürfte. Bey der großen Verschieden=

heit

heit der Aemter, und Geschäfte, wozu nach der heutigen Verfassung der Teutschen Staaten Rechtsgelehrte gebraucht zu werden pflegen, bey der Ungewißheit, welches von denselben diesem oder jenem Studierenden dereinst zu Theil werden möchte, sollte Jeder eine möglichst vollständige Uebersicht davon, nebst einiger Fertigkeit in den dabey vorfallenden Arbeiten und schriftlichen Aufsätzen zu erlangen suchen. Diese Betrachtungen sowohl, als meine mehrjährige Erfahrung in verschiedenen Zweigen der Canzlen Geschäfte, bewogen mich zu dem Entschlusse, den hier studierenden jungen Rechtsgelehrten, eine Gelegenheit zu dergleichen Vorübungen darzubieten, und die gnädige Zusicherung unserer

erleuch-

erleuchteten Landesregierung, dieß Unternehmen thätig zu unterstützen, nebst dem gütigen Beyfalle mehrerer würdigen Geschäftsmänner, berechtigen mich zu der angenehmen Hoffnung, daß meine Bemühungen nicht fruchtlos seyn werden. In dieser Absicht habe ich gegenwärtiges Lehrbuch, zunächst meinen künftigen Zuhörern, dann aber auch allen jungen Geschäftsmännern zur Erleichterung ihrer practischen Vorübungen gewidmet. Der Inhalt des ersten Theils ergiebt sich aus der vorangesetzten Uebersicht; der zweyte, welcher bald möglichst nachfolgen soll, wird einen kurzen Abriß des Geschäftsganges bey Collegien und Canzleyen, eine möglichst vollständige, durch

practische

Vorrede.

practische Bemerkungen erläuterte Uebersicht der
Aemter, wobey Rechtskundige angestellt zu werden pflegen, nebst einem erklärenden Verzeichnisse der vorzüglichsten Ausfertigungen im Canzleystyle, und der dabey zu beobachtenden Regeln
und Vortheile, enthalten.

Da, nach meinem Ermessen, eine solche Anstalt durchaus practisch, d. i. der Aufgabe und
Verbesserung der Uebungsarbeiten, ohne Einmischung der Theorie, gewidmet seyn muß; so
bleibt das Lehrbuch dem häuslichen Fleiße und
eignem Nachdenken der Studierenden gänzlich
überlassen, ausgenommen, daß in den Uebungs-
stunden diejenigen Paragraphen angezeigt werden, welche bey dieser oder jener Ausfertigung

besonders

Vorrede.

besonders nachzusehen seyn möchten. So sehr
ich übrigens bemüht gewesen bin, dieser Arbeit
eine, ihrer Bestimmung angemeßne, Vollstän=
digkeit und Richtigkeit zu ertheilen, so wenig
läßt mich die Beschaffenheit des Gegenstandes
hoffen, diesen Zweck in allen Stücken vollkom=
men erreicht zu haben. Ich werde daher jede
Verbesserung und Belehrung erfahrner Ge=
schäftsmänner mit Dank aufnehmen und in der
Folge zu benutzen suchen. Helmstedt im April
1793.

Der Verfasser.

———

Einlei=

Seiner Hochgebohrnen Excellenz,

Herrn

C. A. Freyherrn v. Hardenberg,

Königlich = Preußischem wirklichen Geheimen
Staats = und Kriegs = Minister, auch Cabinets =
und dirigirenden Minister in den Fürstenthü=
mern Ansbach und Bayreuth; des schwar=
zen und rothen Adler = Ordens
Ritter ꝛc.

Erb = und Gerichts = Herrn zu Hardenberg,
Geismar, Lindau ꝛc.

Hochgebohrner Freyherr,

Gnädiger und hochgebietender Herr

Staats=Minister,

Eure Excellenz empfangen hier ein
sorgsam vorbereitetes und Hochdenenselben
schon längst im Stillen geweihtes Opfer
der reinsten Dankbarkeit und Verehrung.
Sie werden die Frucht nicht verschmä=
hen, deren Blüten unter Ihrem groß=
müthigen Schutze sich entfalteten, ob sie
gleich, seit jenem schönen Lenze, bey spär=
lichen Sonnenblicken, nur langsam ihrer
Bestimmung entgegenreifte.

Nie

Nie werde ich der glücklichen Zeit ver=
geſſen, wo ich dem Manne nahe war,
den jetzt Europa unter ſeine größten
Staats= und Geſchäfts=Männer zählt;
den vielumfaſſende Kenntniſſe, raſtloſe
Thätigkeit fürs gemeine Beſte, nebſt ei=
nem mit hoher Klugheit, unerſchütterli=
chem Muthe, tiefdringendem Schnellblik=
ke, ſeltner Welt= und Menſchen=Kunde
gepaarten Gerechtigkeitseifer, beſonders
aber, ein für ächte Religion und un=
gefärbte Menſchenliebe ſchlagendes, den
menſchlichſten Gefühlen offenes Herz, zu
dem erhabenen Poſten berechtigen, den er jetzt
mit allgemeinem Beyfalle behauptet; dem
Man=

Manne, deſſen edler Geiſt, deſſen ange
ſtammter innerer Werth, (den ſchon der
tugendhafte Gellert im Jünglinge liebend ahnete,) Stern und Band über
ſtrahlt, und durch unerkünſtelten Wohllaut, durch anſpruchloſe, theilnehmende
Freundlichkeit, überall Achtung und Liebe, Frohſinn und Vertrauen unwiderſtehlich verbreitet; Dem Manne, der den
Glanz ſeiner im grauen Alterthume ſich
verlierenden AhnenReihe, durch eigne
Tugenden und Verdienſte, durch den
Schmuck eines, noch der ſpäten Nachwelt
ehrwürdigen, Namens erhöht, an dem
der giftige Zahn des Neides und der Cabale ſich vergebens abſtumpft.   Ver

Verzeihen Sie, Verehrtester, dem unfreywilligen Ergusse meines, nie zu leerer Schmeicheley gestimmten, aber durch das Andenken an jene Blüten=zeit, von der lebhaftesten Dankbarkeit er=füllten Herzens! — diese Zeilen sind nur der Nachhall des unpartheyischen Pub=licums. — Verzeihen Sie auch, daß ich S. 199. ff. dieses Bandes, aus Ih=rem mir stets vor der Seele stehenden Bil=de, einige Züge zu entlehnen, sie mit mat=ten Farben und schwankendem Pinsel nachzuzeichnen wagte!

Die Erinnerung an die Jahre, wo ich das Glück hatte, Hochdero gnädiges

W. y=

Wohlwollen zu verdienen, wird mir stets
heilig seyn, so wie die wiederholten Beweise von der Fortdauer desselben, welche
Sie bisher, noch aus der Ferne, mir
schenkten, bey jedem Schicksale das meiner
wartet, mir Muth und Vertrauen zu mir
selbst gewähren. Sollte mir es gelingen,
nur einen und den andern jungen Staatsmann von Geist und Talenten zur Nachei-
ferung eines so erhabenen Musters anzu-
spornen, sollten Eure Excellenz meine Bemühungen Ihres Kenner-Beyfalls
nicht ganz unwürdig achten; so habe ich
meinen Zweck erreicht und erwarte keine
schönere Belohnung.

Mit

Mit den diesen Gesinnungen! angemessenen Wünschen für Hochdieselben und Dero ganzes Haus, verharre ich Zeitlebens

Eurer Excellenz

Helmstedt
den 27sten October.
1797.

unterthäniger Verehrer

Johann Nicolaus Bischoff, D.

öffentlicher Lehrer des Rechts und der Philosophie
auf der Julius-Carls-Universität.

Vorbericht.

Ganz gegen die gewöhnliche Schriftsteller-Po-
litik erscheine ich erst, nach einem Zwischenraume
von vier Jahren, mit der Fortsetzung meines
Lehrbuchs über den teutschen Canzleystyl, obgleich der erste Theil vom literärischen Publicum, wie ich durch die Stimmen seiner Wort-
halter erfahren habe *), nicht ohne Beyfall auf-

ge-

---

*) Man sehe z. B.
das Braunschw. Magaz. v. 1793. Num. 30.
die Gothaische Gel. Z. v. 1793. St. 96. S.
851. ff.
- Tübing. Gel. Anz. v. 1793. St. 96.
- Götting. Gel. Anz. v. 1794. St. 6.
- Allgem. Litterat. Zeit. v. 1795. Num.
51.

Wo-

genommen worden ist. Weder Krankheiten
oder andre Behinderungen, von meiner, noch
Mißmuth, von des Verlegers Seite; sondern
der Wunsch, etwas reiflich Durchdachtes, Ge-
prüftes, Vollständiges und Zweckmäßiges zu
liefern, nebst der Nothwendigkeit, mir eine neue
Laufbahn zu brechen, waren die Ursachen dieser
Verzögerung. Ja ich würde selbst das jetzt erscheinende erste Buch des zweyten Theils
bis zur kommenden Ostermesse, wo hoffentlich
auch das zweyte Buch vollendet seyn wird,
zurückbehalten haben, wenn ich nicht geglaubt
hätte, dem neulich an mich ergangenen ehren-
voll

Woltär Juristische Bibliothek. 2tes St. (Halle
1794.) Num. I.
Diese beyfälligen Urtheile sachkundiger Männer
müssen mir um so schätzbarer und erfreulicher,
mein Dank dafür muß um so lauterer seyn, je
weniger ich mir ihren Beyfall zu erschleichen, oder
zu erkünsteln gesucht habe, je getreuer ich auch hier
meinem Grundsatze: das Werk lobt oder schilt
den Meister, geblieben bin.

vollen Aufrufe *) baldmöglichst Folge leisten zu müssen.

Mein Bewußtseyn sagt mir, daß weder die Sucht, meinen kleinen Raum in unsers Meusels namenreicher Muster-Rolle zu erweitern, noch der Durst nach dem Preise der gelehrten Schauanstalten, noch (um mit unserm Bürger zu reden) des Verlegers Blinde ohne Ränddchen, ob ich gleich alles Dreyes nach Würden zu schätzen weiß, mich zur Uebernehmung dieser mühsamen und an sich selbst nicht sehr reißenden Arbeit bewogen hat; sondern vorzüglich das durch eigne Erfahrung geweckte Gefühl, wie sehr es unsern jungen Geschäftsmännern und angehenden Staatsbeamten noch an einem Werke fehle, das gleichsam den Mittelring zwischen Theorie und Praxis, zwischen Universität und

*) Allgem. Liter. Anzeiger v. 1797. Num. 53. S. 568.

und Amt ausmachte, woran sie sich in ihrer neuen Lage, bey jedem Bedürfnisse halten könnten.

Seit der Erscheinung des ersten Theils waren meine heitersten Mußestunden, dieser mir mit jedem Fortschritte wichtiger werdenden Beschäftigung gewidmet. Ich sammlete fleißig die hieher gehörigen, in der ältern und neuern Literatur, in größern und kleinern gesetzlichen, doctrinellen und statistischen Werken, in Journalen und Flugschriften, zerstreuten Bruchstücke, benutzte zugleich die von mehrern wackern Geschäftsmännern und Literatur-Freunden mir geschenkten schriftlichen Belehrungen, verband solche mit meiner eignen vieljährigen Erfahrung in den wichtigsten Fächern und Geschäften der Canzley-Praxis, wohin ich auch meine Arbeiten in dem hiesigen Spruch-Collegium rechne, und suchte diese verschiedenartigen Theile durch einen systematischen, gedrängten und deutlichen

Vor-

Vortrag zu einem zweckmäßigen Ganzen zu vereinigen.

Selten habe ich ein Werk angeführt, welches ich nicht entweder selbst besitze, oder wenigstens vor Augen gehabt habe, und keins benutzt,
ohne den Verfasser zu nennen, wogegen ich mir
von andern in diesem Fache Arbeitenden eine
gleiche Gerechtigkeit verspreche.

Das hier erscheinende erste Buch des
zweyten Theils ist dazu bestimmt, dem jungen Geschäftsmanne möglichst richtige und deutliche Begriffe über seine künftige Laufbahn, seine
Pflichten und Rechte, über die collegialische Ver-
handlungsart der Geschäfte, über den Zweck der
verschiednen Staatsämter u. s. w., beyzubrin-
gen, da die Studierenden noch zur Zeit auf den
wenigsten Universitäten hierüber eine hinlängliche
Belehrung erhalten. Das zweyte Buch wird
nun eine möglichst vollständige und getreue Dar-

stel-

stellung der sämtlichen Reichs- und Landes-
Collegien, so wie der einzelnen Staatsbeamten in Teutschland, nebst den einem Jeden
angewiesenen Geschäften und dem üblichen
Geschäftsgange liefern, wobey ich auf die
jetzige Oesterreichische und Preußische
Collegial-Verfassung besondre Rücksicht nehmen
werde *).

Der dritte Theil, welcher auch möglichst
bald erscheinen soll, wird außer der nachzutra-
genden Literatur und einem Sachregister, eine systematische Uebersicht der
vorzüglichsten in der Staats-, Regierungs- und
Gerichts-Praxis vorkommenden Aufsätze,
nebst den Regeln ihrer Ausfertigung und
noch

*) Noch immer sucht man bey unsern Statistikern
vergebens nach der Zahl und den Verhältnissen
der in den teutschen Staaten befindlichen Staatsbeamten, und es dürfte also meine Bemühung
auch in dieser Hinsicht nicht ohne Nutzen seyn.

noch einigen hieher gehörigen Gegenständen ent=
halten.

Da der Anfangs gewählte Titel für den
Inhalt und die Absicht dieses Werkes nicht paf=
send genug zu seyn schien; so ist, ohne jedoch
den ursprünglichen Plan selbst abzuändern, die=
sem Bande ein schicklicherer vorgedruckt worden.

Wichtige Rücksichten halten mich ab, dieje=
nigen würdigen Geschäftsmänner und edlen Lite=
ratur=Freunde, welche mich mit belehrenden
Nachrichten unterstützten, namentlich hier auf=
zuführen; aber wenigstens sey ihnen allen öffent=
lich mein Dank, nebst der Zusage ähnlicher Be=
reitwilligkeit von meiner Seite, dargebracht.
Von denen, welche mir gleichfalls ihre Unter=
stützung versprochen haben, sehe ich nun der
Erfüllung ihres Versprechens mit Sehnsucht
entgegen, so wie ich denn auch jeden andern be=
lehrenden Beytrag, jede Erinnerung einsichts=

voll=

voller und unpartheyischer Richter, mit Dank
annehmen, gemeinnützig zu machen und nach
Vermögen zu erwiedern suchen werde.

Helmstedt im October 1797.

Der Verfasser.

Ueber=

Uebersicht des Inhalts.

᛭ ᛭
___

** 2   Er:

Fünf=

Erstes

Erstes Buch.

Staatswissenschaftliche Entwickelung einiger nothwendigen Vorbegriffe über öffentliche Geschäfte, Geschäftsgang, Collegien und Staatsbeamten.

§. I.

Da in diesem Bande hauptsächlich von den bey der Verwaltung des teutschen Reichs und der besondern teutschen Staaten vorkommenden öffentlichen Geschäften, von den zur Besorgung derselben niedergesetzten Collegien, und dem bey diesen Statt habenden Geschäftsgange, endlich von den vorzüglichsten Classen der in Teutschland üblichen Staatsbeamten und Geschäftsmänner, ohne Rücksicht auf collegialische Verbindung, gehandelt werden soll; so dürfte vielleicht gegenwärtiger Versuch, diese vier wichtigen Gegenstände, nach den allgemeinen Grundsätzen der Staatswissenschaft, mit Rücksicht auf die Geschichte, etwas näher zu beleuchten, nicht am unrechten Orte stehen.

Erster Abschnitt.

Von öffentlichen oder Staatsgeschäften.

§. 2.

1. Wort-Erklärung.

1. Der Ausdruck: öffentlich, bedeutet

a) gewöhnlich was offen, oder mit gewissen Feyerlichkeiten, oder auch von öffentlichen und beglaubten
Personen geschieht.

b) in der vorliegenden Zusammensetzung aber scheint
die besondre Bedeutung des lateinischen Wortes:
publicus [1]), von welchem das teutsche eine Ue-
bersetzung ist, noch der erstern beygefügt werden
zu müssen. In diesem Sinne würde öffentlich
so viel sagen, als was dem gemeinen Wesen an-
gehört, was zum Besten des Volks abzweckt,
was mit Wissen, Bewilligung, vermöge Auftrags,
im Namen des Volks geschieht, u. dergl.

2. Das Wort: Geschäft, kömmt her von schaffen [2]), und bedeutete in ältern Zeiten

a) ein

---

1) kömmt her von populus. Barnab. Brisson de
Signif. verb.
Ernesti clauis Ciceroniana unt. dies. Worte.

2) schaffen bedeutet
a) creare, formare. Schiller Glossar. unt. d. W.
scaphan.

a) ein Geschöpf ¹)

b) einen Befehl, Auftrag, z. B. in einer Urk.
von 1498.: "das ist vnser genzliche Meinung,
Haissen vnd Geschäft" ²)

c) ein Testament, ein Vermächtniß ³).
Gewöhnlich aber bezeichnet man heutzutage das
durch

d) den

Daher neu geschöpfte Edelleute in Geslers Formular (1506) so viel als neugemachte bedeutet.
b) facere, procurare. So übersetzt Luther (Joh.
6, 10.) ποιησατε durch: schaffen. Daher das
Wort, Schaffer.
c) mandare, iubere, in welcher Bedeutung es noch
jetzt in einigen Gegenden des südlichen Teutschlands gebraucht wird.
ein geschaffter Richter ist soviel, als ein gewählter, bevollmächtigter R.
Tengler Layenspiegel, Blatt 176.
Mehrere Bedeutungen dieses Worts findet man in
Wachters Glossarium und Adelungs Wörterbuch.
1) Schilter a. a. O.
2) Hund metropol. Salisbur. I. 343.
3) Clevische Recht O. C. 83. Schwäbisch. Landrecht Art. 286.
Daher heißt in der Nürnbergischen Reformation
Tit. 39. Art. 2. §. 3. ein Testirer oder Vollzieher
eines Testaments, ein Geschäftiger.
Siebenkees Beytr. zum teutsch. Rechte. Th. 4.
S. 217.
Man vergleiche noch hierüber Haltaus Glossarium.
Frisch Wörterbuch, unt. d. W. schaffen, Geschäft.
Wernher P. 6. Obs. 422.

d) den Gegenstand, oder die Absicht, den Zweck
eines Unternehmens einer Handlung, oder die
Verpflichtung, oder das Bestreben, einen
gewissen Zweck durch Anwendung geistiger oder körperlicher Kräfte, oder beyder zugleich, zu erreichen.

§. 3.

2. Sach-Erklärung.

1. Oeffentliche Geschäfte, als Zweck betrachtet, (negotia publica) sind also solche Gegenstände,
deren Verhandlung oder Erreichung dem gemeinen
Wesen, mittelbar oder unmittelbar, nützlich ist,
oder welche zur Absicht des Staats-Vereins gehören.

In diesem Sinne ist der gedachte Ausdruck gleichbedeutend mit: öffentliche, Staats-Lan-
des-Anlegenheit, Staats-Interesse,
Staatssache im weitern Verstande [1], und unterscheidet sich von den Begriffen: Hofsachen,
Privat-Angelegenheiten, Haus-Inter-
esse des Regenten.

2. In

1) Staatssachen im engern Verstande (affaires d'Etat)
bedeuten solche Angelegenheiten, die unmittelbar
auf das Wohl und Wehe des Ganzen Einfluß haben, wohin besonders die sogenannten auswärtigen Angelegenheiten gehören, und sind unterschieden von Justiz-Polizey-Sachen und
dergl., welche gleichfalls Staatssachen in weiterer
Bedeutung heißen können.

2. In der unter e) angegebenen Bedeutung aber, würten öffentliche Geschäfte (officia publica) seyn: die vermittelst eines vom Volke, entweder mittelbar oder unmittelbar enthaltenen Auftrags, übernommenen Pflichten, nebst den dazu nöthigen Rechten, geistige und körperliche Kräfte zur Erreichung eines bestimmten, dem gemeinen Wesen nützlichen Zweckes anzuwenden; oder auch die wirkliche Anwendung dieser Kräfte, und das Bestreben selbst, der übernommenen Verpflichtung ein Genüge zu leisten, und die damit verbundenen Rechte gehörig in Ausübung zu bringen.

Gleichbedeutende Ausdrücke sind hier: Staatsverwaltung, öffentlicher Beruf, Staatsbedienung, Staats-Amt, mit welchen die Begriffe von Hofbedienung, Hofamt, nicht verwechselt werden dürfen.

Zuweilen wird auch das Wort: Geschäft, in vorzüglicher Bedeutung, für öffentliche oder Staatsgeschäfte allein gebraucht, z. B. in Geschäftsstyl, Geschäftsgang, Geschäftsmann, Geschäftsaufsatz, Geschäftsträger (chargé d'affaires), Geschäftsklugheit u. s. w.

§. 4.

3. Ableitung der öffentlichen Geschäfte aus dem Wesen des Staats.

Staat ist eine Gesellschaft mehrerer unabhängigen Familien und selbstständigen Men-

A 3   schen,

schen, welche zur Erreichung eines fortdaurenden und rechtmäßigen Zweckes, ihren Willen und ihre Kräfte unter einer obersten Gewalt vertragsweise vereinigt haben.

Der ursprüngliche und einzige Staatszweck ist Sicherheit und Schutz der einzelnen Mitglieder, für ihre Person und ihr inneres und äußeres Eigenthum (liberty and property) [1] gegen Beleidigungen a) der Mitbürger, b) Fremder und c) gegen allgemeine Natur=Unfälle, (Landplagen) [2]. Die oberste Gewalt, sie sey nun in den Händen eines Einzigen, oder Mehrerer, hat vermittelst des Unterwerfungs=Vertrags die Pflicht übernommen, dafür zu sorgen, daß die solchergestalt in ihr vereinigte Masse des Willens und der Kräfte des Volks zur Erreichung jenes gemeinschaftlichen Zweckes gehörig,

(d. i.

---

[1] Montesquieu L. 26. Ch. 15.
Pufendorf Droit de la Nature et des Gens, trad. par Barbeyrac. L. 7. C. 1. §. 7.
Voß auserlesne Bibliothek der allgemeinen Staatswissenschaft. 1sten Bandes 1stes Quartal (Leipz. 1795.) S. 117.

[2] Zu diesem Negativzwecke werden von einigen Schriftstellern noch verschiedne positive Zwecke gezählt, welche aber theils für Folgen und Wirkungen der Staatsverfassung, theils für Mittel zur bessern Erreichung des ursprünglichen Zweckes angesehen werden können.
v. Sonnenfels Grundf. der Polizey=Handlung und Finanz. 1. §. 52 56.
Schlözer allgemeines Staatsrecht. S. 17. ff.

(b. i. nach einem billigen Ebenmaaße, ohne einen Theil
der Bürger, im Verhältnisse zu dem andern, zu sehr
zu beläßtigen, ohne die natürliche Freyheit weiter, als
die Absicht des Staatszwecks erfodert, einzuschränken,)
gelenkt und angewandt werde, und muß daher ihre eignen geistigen und körperlichen Kräfte selbst, und zwar
in weit höherm Maaße, mit dazu beytragen, da sie
nicht nur als Theil des Volks und Mitgenossinn
des Staatsvereins, sondern auch wegen des übernommnen Amtes, vorzüglich dazu verbunden ist.

Hieraus entstehen die zwey Hauptgeschäfte, oder vielmehr Haupt-Aeste von öffentlichen Ge-
schäfren.

1. Die Pflicht zur Anwendung geistiger Kräfte,
um die zur Erreichung des Staatszwecks dem allgemeinen Willen nöthigen Regeln zu bestimmen, und die erforderlichen Entschließungen zu
fassen,

a) zur innern Sicherheit der Personen und des
Vermögens — Gesetzgebung, gesetzgebende
Gewalt.

b) zur Sicherheit von außen — Kriegs- und
Friedensverträge, und Verhandlungen mit andern
Staaten — Staatsgeschäfte im engern Ver-
stande. Damit ist verbunden

2. das Recht zur Anwendung geistiger und körperlicher, lebendiger und todter Kräfte
des Staats *), um die vorgeschriebnen Gesetze und

A 4   ge-

1) Beamte, Soldaten, Steuren. Schlözer a.
a. O. S. 22. 23.

gefaßten Entschließungen in Erfüllung zu bringen —
vollziehende Gewalt [1]).

a) gegen Unterthanen — Gerichtsbarkeit
im weitern Verstande [2]).

b) gegen andre Staaten, — Krieg (Re-
torsion, Repressalien).

§. 5.

4. Historische Erörterungen.

a) Geringer Anfang der Staatsverwaltung.

Bey dem kleinen Umfange der zuerst sich bildenden
Staaten, und der geringen Zahl ihrer Bürger; bey der
ersten Morgendämmerung der Cultur, wie man sie bey
solchen Nationen voraussetzen muß, welche die wohlthätigen Wirkungen des Staats-Vereins noch nicht lange
zu genießen angefangen haben; bey den noch immer dunkeln Begriffen und nicht hinlänglich bestimmten Grenzen der obersten Gewalt [3]), konnten auch die
Staats-

---

1) Die richterliche Gewalt wird von Montesquieu und Andern als eine Hauptstaatsge-
walt aufgeführt, da sie doch eigentlich nur ein Ne-
benzweig der obigen beyden Hauptgeschäfte ist.
v. Justi Grundriß einer guten Regierung. §. 138.

2) Der ganze Umfang des oberrichterlichen Hülfs-
Zwangs- und Straf-Rechts, nebst der aufsehenden Gewalt.

3) Wie diese bey Völkern, die sich erst seit kurzem aus
der natürlichen Rohheit emporzuarbeiten anfangen,
beschaffen sey, zeigt die Regierungsform der nordamerikanischen Wilden. Schlözer Staats-Anz. Heft
67. S. 354. ff.

Staatsgeschäfte keinen beträchtlichen Umfang haben. Die Gesetzgebung enthielt blos die allgemeinsten Sicherheitsmaaßregeln in Ansehung der Personen
und des gemeinen Eigenthums; vieles blieb noch der
Privatrache des Beleidigten, dem Wiedervergeltungs-
rechte und den durch Luxus noch unverdorbnen Sitten
überlassen. Auswärtige Verhandlungen konnten bey den wenigen Berührungspuncten der damaligen
Völkerschaften nur selten eintreten, oder wurden mit
dem Schwerte in der Haud entschieden ¹).

In Ansehung der vollziehenden und richterlichen Gewalt treten dieselben Bemerkungen ein.
Das gewählte Oberhaupt war selbst Richter und Voll-
strecker seiner Gesetze, Heerführer, Sprecher, Arzt, Lehrer und Oberpriester der Nation; alle rüstige Männer
begleiteten dasselbe in die Schlachten und auf die Jagd
u. s. w. ²). An schriftliche Verhandlung der Geschäfte, an Staatsbeamten und einen geordneten Geschäftsgang war nicht zu denken ³).

§. 6.

¹) Man vergleiche hiemit die noch auf unsre Zeiten gekommenen Gesetzbücher der alten teutschen Völkerschaften in Georgisch Corp. Iur. Germ. antiqui und
andern dergl. Samml.

²) Goguet von dem Urspr. der Gesetze in der Ham-
bergerschen Uebersetz. (Lemgo 1760. 4.) Bd. 1. S.
11. ff.

³) Vergl. Th. 1. §. 13. 17. dieses Handbuchs.

A 5

§. 6.

b) Allmählige Vermehrung und Erweiterung der öffentlichen Geschäfte.

Die unausbleiblichen Wirkungen des Staats - Ver-
eins auf das Land und die Einwohner vermehrten oder
erweiterten allgemach die Geschäfte des Oberhaupts.
Die Volksmenge vergrößerte sich; Waldungen wurden ausgerodet, Sümpfe getrocknet, und nicht nur dadurch der Umfang nutzbarer Ländereyen erweitert, sondern auch die Art, solche zu benutzen, verbessert. Durch
Ausrodung der Waldungen, Austrocknung der Moore,
ward zugleich der Himmelsstrich milder, der Wohnsitz
gesünder, durch Sicherheit des Eigenthums, Ackerbau
und friedliches Gewerbe beliebter und allgemeiner, die
Ehen zahlreicher und fruchtbarer, die Sterblichkeit geringer, streifende Nomaden oder vertriebne Flüchtlinge
wünschten an dem Glücke des Staates Theil zu nehmen,
und ließen sich demselben einverleiben, feindliche Völker
wurden unterjocht, — das Oberhaupt konnte nun nicht
mehr das ganze Gebiete des Staates selbst übersehen,
nicht immer die Nation zu schnellen Berathschlagungen
zusammenrufen, oder die Streitigkeiten der einzelnen
Bürger auf der Stelle entscheiden. Wenn bisher zur Unterstützung des Oberhaupts, bey vorübergehenden Kriegs-
und richterlichen Geschäften, jeder Bürger, so wie ihn
die Reihe traf, zur unentgeltlichen Dienstleistung für
das gemeine Beste aufgefodert worden war; so konnte
nun, wo mehrere Staatsverrichtungen besondre Geschicklichkeiten voraussetzten, oder lang anhaltende Dienste desselben Mannes zu erfodern anfiengen, diese ursprüngliche

liche Sitte nicht mehr beybehalten werden. Besoldete Beamte wurden nun angestellt, welche vermittelst Auftrags und im Namen der höchsten
Gewalt diese Geschäfte in den Provinzen und Gauen
besorgten, oder als Rathgeber und Gehülfen dem
Hofe des Fürsten folgten. Nach gerade war es nicht
mehr nöthig, möglich oder rathsam, die gesammte streit-
bare Mannschaft zum Heerbanne aufzubieten; blos ein
Theil der Nation, welcher dafür durch Grundstücke
(Lehen) besoldet wurde, widmete sich den Waffen und
der Vertheidigung des Vaterlandes. Die Religion
wurde mit einem größern Gepränge geschmückt, aus ihren Lehren wurden künstliche Gebäude gebildet, und die
Diener derselben wußten ihre Gewalt, ihre Besitzungen
und Privilegien durch allerley Künste zu vergrößern.
Der König verwandelte sich aus einem Oberpriester in
den obersten Beschützer der Kirche.

Auch die bürgerlichen Gewerbe fiengen an, sich immer mehr von einander abzusondern. Der Feldbau
blieb auf den Dörfern und den in der Feldmark einzeln zerstreuten Höfen; die Handwerker zogen in die
Städte. Solchergestalt zerfiel die Masse der Einwohner in verschiedne Volksklassen und Stände, welche
wieder unter sich mehrere Abstufungen hatten [1]).

Dies

1) Z. B. in Teutschland: a) Geistliche (Hohe Geistlichkeit, niederer Clerus u. s. w.) Layen; b) Freye,
(ingenni) Mittelfreye, Leibeigne; c) Adel,
Bürger; d) Hofadel (ministeriales, adeliche
Dienstleute,) Kriegs-Lehens-Adel; (Vasallen,

Diese Absonderungen, nebst dem durch die zunehmende Ungleichheit des Vermögens immer
mehr gereißten Eigennuße, machten eine Menge
neuer Geseße nöthig. Zugleich entstanden aus dem
nähern Zusammenrücken der Einwohner in den Städten
und Dörfern häufige Unbequemlichkeiten und Gefahren,
welche einem neuen Geschäftszweige der obersten Gewalt — der Polizey-Gesetzgebung und Aufsicht, das Daseyn gaben ¹).

Oft

len, Mannen) e) hoher Adel, niedrer
Adel; (Ritter, Knappen) f) Land-Adel, Stadt-
Adel (Patricier, Geschlechter, Glevenbürger.) g) Die
Städtebewohner theilten sich wieder in Magi-
strat; (äußerer, innerer, großer, kleiner Rath) Bür-
germeister, Rathsherrn, (Senatoren, Schöpfen)
Gilden (Innungen, Aemter, Zünfte) Pfahl-
bürger, Schutzverwandte; (Schutzgenossen).
h) Die Dorfbewohner waren entweder persön-
lich frey oder leibeigen; (halseigen, eigenbe-
hörig, (glebae adscripti) sie besaßen ihre Höfe entweder erblich oder hatten nur ein eingeschränktes Eigenthum, oder gar keins;
(Meyer, Erbpacht, Zeitpacht) sie waren entweder
unmittelbare (Herrschaftliche Cammer-Bauren)
oder mittelbare; (Patrimonial-Bauren, adeliche
Hinterfassen) sie entrichteten für den Genuß ihrer
Höfe allerley Natural-Abgaben (Zehnten, Zius) und
körperliche Dienste (Frohnen).
Runde Grundf. des allg. teutschen Privat-Rechts.
Gött. 1795. 8.
1) Schlözer a. a. O. S. 25.

Oft wurden auch, entweder durch Mißbrauch der Gewalt, von Seiten des Oberhaupts, oder durch Empörungen und Uebergewicht einer Classe der Unterthanen, die Grundgesetze des Staates selbst erschüttert, und machten eine zweckmäßige Vertheilung in den Zweigen der höchsten Gewalt, eine verwickeltere oder einfachere und genauer bestimmte Regierungsform ¹) nöthig, wodurch ebenfalls die Staatsgeschäfte keinen geringen Zuwachs erhielten.

Hiezu kam endlich noch die Erfindung und der immer mehr zunehmende Gebrauch eines allgemeinen Tauschmittels, nebst dem immer weiter um sich greifenden Handelsgeiste, wodurch nicht nur die bürgerlichen Gewerbe zu einem höhern Flore gebracht, die Wissenschaften und Künste geweckt, sondern auch der Luxus, mit allen seinen guten und bösen Folgen, herbeygeführt wurden.

Durch dieses Alles wurden die Regierungspflichten immer schwerer, die Geschäfte immer verwickelter, die Classe der Staatsbeamten zahlreicher, und die schriftliche Verhandlung der öffentlichen Angelegenheiten immer nothwendiger.

§. 7.

c) Unvollkommenheit der öffentlichen Geschäfte im Mittel-Alter.

Bey dem Allen aber blieben die Begriffe von der großen Kunst, Völker zu regieren, noch sehr schwan-

---

¹) Monarchie, Aristokratie, Demokratie, gemischte Verfassungen; Reichs-Landstände; Erb-Wahl-Reiche.

schwankend. Viele Oberhäupter und deren Rathgeber vergaßen ihre eigentliche Bestimmung, nebst dem wahren Zwecke des Staats, und handelten so, als wenn sie selbst Zweck desselben wären, oder setzten ihre Regentenpflicht und Regierungskunst blos in Eroberungen und Vergrößerung der ihnen anvertrauten Länder, wodurch die übrigen Zweige der Staatsgeschäfte vernachlässigt wurden. Die Begriffe: Völkerrecht, allgemeines Staatsrecht, Moral, Staats-Interesse, waren entweder unbekannt, oder durch Vorurtheile verwirrt und verdunkelt. Der Regent, dessen Regierung nur einigermaaßen den Bedingungen des ersten Staatszweckes nahe kam, konnte schon für einen guten, thätigen, weisen und gerechten gelten.

Die Gesetzgebung stützte sich größtentheils auf das Herkommen, auf abergläubische, aus den Zeiten der Barbarey herrührende Gebräuche, auf Privatsammlungen von rechtlichen Gewohnheiten, auf übelverstandne oder schiefangewandte fremde Gesetzbücher; oder begnügte sich mit einzelnen Polizeyverordnungen, Verträgen mit der Geistlichkeit, Stadtordnungen, Freyheitsbriefen u. f. w. In den mehrsten Fällen blieb es dem Adel, den Städten und Innungen, ja selbst den Dorfgemeinden überlassen, sich selbst Gesetze zu geben [1].

Mit den Staatsgeschäften in engerer Bedeutung, oder den auswärtigen Angelegenheiten,

stand

[1] Autonomie des Adels, Statuten und Weichbilder, Weisthümer und Bauernköhren.

stand es im Mittelalter, wo möglich, noch schlimmer. Jeder Staat beschränkte sich auf sich selbst, selten wurden die Folgen einer bey den Nachbarn vorfallenden Begebenheit, eines unternommenen Schrittes, vorausgesehen. An ein festes politisches System, an ein Gleichgewicht der europäischen Staaten konnte man um so weniger denken, da der Regent eines Staats, die andern Staaten meist nur aus den lügenhaften Nachrichten der Kaufleute, Kreuzfahrer, Heidenapostel und Pilgrime, oder aus der sehr unvollkommenen, auf Römerzügen, Reichstags-Reisen, Turnier-Ritten u. s. w. erlangten eignen Erfahrung kannte, und von der Stärke oder Schwäche seines eignen Vaterlandes keinen deutlichen Begriff hatte [1]. Noch standen die Staaten, wie rohe Natur-Menschen, blos in kriegerischen Verhältnissen mit einander, und die auswärtigen Handlungs-Angelegenheiten wurden der Besorgung von Privatgesellschaften und einzelnen Städten überlassen (Hanse). Mit der vollziehenden Gewalt hatte es die nämliche Bewandniß. Zwar waren in den verschiednen Provinzen viele einzelne Beamte angestellt, welche für die Sicherheit gegen auswärtige Feinde, für die Gerechtigkeitspflege und Handhabung der Gesetze wachen sollten; zwar wurden die Gerichte mit einer bestimmten Anzahl Schöppen (pares curiae) besetzt; aber theils waren diese Staatsbedienungen erbliche Lehen, folglich nicht immer mit Männern versehen, welche die dazu nöthigen Eigenschaften besaßen, theils wurden die Gerichte nur bey nöthigen

thigen

1) Goguet Bd. 3. S. 213. ff.

thigen Fällen zusammenberufen und giengen nach geen-
digter Sache wieder aus einander, theils war bey dem
Mangel bestimmter Gesetze vieles der Willkür der oft
eigennützigen und gewaltthätigen Staatsbeamten überlassen, theils endlich gebrach es der vollziehenden Gewalt oft an den gehörigen Mitteln, die Unterbrückten
zu schützen und die richterlichen Ansprüche in Erfüllung
zu bringen [1]).

Was hätte die Regenten zu besserer Einrichtung des
Finanz- und Cameral-Wesens leiten sollen, da
alle geistliche, Hof- Richter- und andere Beamtenstellen mit Pfründen und Lehen versehen waren, da selbst
die Heere, ohne besondre Kosten, durch das Aufgebot der
hohen und niedern Vasallen, und ihrer Hintersassen
vollzählig gemacht werden konnten, da die Fürsten aus
ihren Regalien hinlängliches baares Geld zogen, und
vor ihren Cammer- Gütern und Domainen reichlich
mit Lebensmitteln versorgt wurden; da zu persönlichen
Dienstverrichtungen zahlreiche Ministerialen und Herrendienste vorhanden waren? Höchstens sorgte also ein
thätiger Regent dafür, daß auf seinen Cammergütern
die Lebensmittel und Kleidungsstücke in gehöriger Güte
erzeugt und verfertigt, und zu seinen Bedürfnissen von
den Verwaltern (villicis) in der nöthigen Menge gelie-
fert würden [2]), oder überließ auch wohl diese Sorge
seiner Gemahlinn [3]).

§. 8.

---

1) Daher heimliche Gerichte, (Behmgerichte) Faust-
recht, Befehdungen.

2) Capitulare Caroli M. bey Georgisch S. 607. ff.
übersetzt mit Anmerk. von Reß. Helmst. 1796.

3) v. Justi Staatswirthschaft. Th. 1. S. 25.

§. 8.

d) Urſachen der heutigen Menge öffentlicher Geſchäfte, beſonders in Teutſchland.

Wenn wir die heutige Geſtalt eines europäiſchen Staates, auch nur von mittlerer Größe, betrachten, deſſen Regierung blos eine den Umſtänden angemeſſene Thätigkeit beſitzt —— welche neue, noch im Anfange des vorigen Jahrhunderts nicht geahnete, Zweige der öffentlichen Geſchäfte erblicken wir nicht? in welche feine Unterabtheilungen haben ſich nicht die vorher ſchon bekannten aufgelöſt? wie ſehr ſind nicht von allen Seiten die Schwierigkeiten der Staatsſteuermannskunſt, nebſt den Mitteln, dieſelben zu beſiegen, angewachſen? wie unendlich verſchieden iſt der kleinliche Begriff, welchen Plato, Ariſtoteles und ihre Commentatoren bis zur Mitte des vorigen Jahrhunderts, mit dem Worte: Politik, verbanden, von dem jetzigen Syſteme der Staatswiſſenſchaften [1])!

Die entfernten Urſachen dieſer wichtigen Veränderung ſind in den teutſchen Erfindungen: Kompaß, Schießpulver, Buchdruckerkunſt; die nähern, in der Entdeckung neuer Welttheile, in den beſoldeten Kriegsheeren, in Luthers Religionsverbeſſerung zu ſuchen.

[1]) Schlözer a. a. O. Vorr. X.
 Aber es verhalten ſich auch die winzigen griechiſchen Gemein-Weſen, welche den erſten Pflegevätern der Regierungskunſt zu Muſtern dienten, gegen die ungeheuren Staats-Koloſſen, welche wir wirken ſehen, wie die damahligen Ruderkähne gegen ein jetziges Rangſchiff.

Canzleyſt. Th. 2.   B

chen. Die erstere gab dem Handlungsgeiste, dem
Kunstfleiße, dem Luxus der europäischen Nationen
durch die Anhäufung edler Metalle einen gewalti-
gen Umschwung und vermehrte die Berührungspunc-
te, die wechselseitige Mißgunst und den Wetteifer
der entferntesten Staaten; die zweyte erzeugte schon
früh die mit Gelde besoldeten Kriegshaufen, und
im vorigen Jahrhunderte eine ganz neue Classe von Staatsbedienten, die stehenden Heere, deren Unterhaltung und steigende Vermehrung, auch ein neues Uebel,
die Staatsschulden, und mit ihnen die sorgfältigere
Betreibung der Finanz- und Cameral-Geschäfte
herbeyführte. Die Buchdruckerkunst und Reformation
verbreiteten mit unwiderstehlicher Gewalt Cultur und
Aufklärung über die ganze Volksmasse, stürzten die
Obermacht der Hierarchie, gaben der Publicität ihr
Daseyn, und vermehrten dadurch zwar die Pflichten
und Geschäfte der Regierungen, verschafften ihnen aber
auch neue Mittel, dieselben zu bestreiten. Der gelehrte Stand, welcher bisher noch als eine Abtheilung
der Clerisey war betrachtet worden, trennte sich gänzlich
von derselben, und fieng an, durch akademischen Unterricht und in Schriften die künftigen Staatsbeamten und
Geschäftsmänner immer zweckmäßiger zu ihrer Bestimmung vorzubereiten, und überhaupt ein helleres Licht
über die verschiednen Zweige der Regierungskunst und öffentlichen Geschäfte zu verbreiten.

Kurz, die wirksamsten Triebfedern kamen nun in
Bewegung, und die Staaten, wenn sie nur irgend Gefühl für Selbsterhaltung, Achtung der Zeitgenossen und
in-

innern Wohlstand hatten, in angestrengter Thätigkeit zu
erhalten *).

§. 9.

5. Staatswissenschaftliche Bemerkungen über die öffentlichen Geschäfte.

a) allgemeine Grundsätze.

1. **Staatsverwaltung** ist der Inbegriff aller Geschäfte, welche zur Erreichung des **Staatszweckes**
(§. 4.) nothwendig oder rathsam sind.

2. Diese Geschäfte werden entweder überhaupt oder
in ihren einzelnen Zweigen erleichtert oder erschwert,
modificirt oder vermehrt;

  a) durch die Stärke oder Schwäche, Regierungsform
  oder Gesinnungen (**politisches System**) der
  benachbarten Staaten;

  b) durch die natürliche Lage und Beschaffenheit des
  Staatsgebietes, z. B. Himmelsstrich, Flüs-
  se, Meere, Berge, Waldungen, Sümpfe, Naturproducte, Fruchtbarkeit oder Unfruchtbarkeit
  des Bodens, starke oder schwache Bevölkerung,
  arrondirt oder von andern Staaten durchschnitten;

  c) durch die sittliche, geistige, körperliche Beschaffenheit der Einwohner, z. B. niedrer oder hoher
  Grad

*) Daß diese Thätigkeit leider oft in Ueberspannung,
Mißgriffe, Plusmacherey, Bedrückungen der andern
Staaten und eignen Unterthanen, kurz, in Abweichungen vom ursprünglichen Staatszwecke ausartete,
lehrt die Erfahrung.

Grad der ſittlichen und religiöſen Aufklärung der
Vaterlandsliebe, des Kunſtfleißes, des Luxus,
der wiſſenſchaftlichen Cultur, der Temperaments=
Tugenden und Fehler, der körperlichen Stärke
oder Schwäche, des Reichthums, des Freyheitsſin=
nes u. dergl.

d) durch die Staatsverfaſſung. — Provin=
zen mit verſchiednen Verfaſſungen und Geſetzen,
privilegirte Stände, Hierarchie, (ſtatus in ſtatu)
Parlamente, Reichs=Land=Tage, Vertheilung der
Staatsgewalten u. ſ. w.

Die Vereinigung, Benutzung und Leitung aller dieſer
oft ungünſtigen Umſtände zur Beförderung des Staats=
zweckes, macht das Staats=Intereſſe aus, und
die Kunſt, die Staatsverwaltung ſo einzurichten, daß
daſſelbe durch die gerechteſten, leichteſten und zu=
verläſſigſten Mittel erreicht werde, heißt: Regie=
rungsklugheit, Politik ¹). Ein Regent, der
dieſe Kunſt wirklich in Anwendung bringt und dadurch
ſein Volk beglückt, verdient mit Recht den Namen eines
weiſen, großen Regenten, wenn er gleich weder ein großes
Reich regiert, noch glänzende Eroberungen und Siege
zählt.

3. Es müſſen alſo alle öffentliche Geſchäfte der
beſondern Lage und Beſchaffenheit des Staates ange=
meſ=

---

1) Hülfswiſſenſchaften der Politik ſind: Statiſtik, Staa=
tengeſchichte, politiſche Rechenkunſt. Man vergleiche
beſonders Friedrichs des Großen Verſuch über
die Regierungsformen und Pflichten der Regenten,
im 6ſten Theile ſeiner hinterlaßnen Werke.

meſſen ſeyn, ſeine Kräfte nicht überſteigen, der Grund-
verfaſſung gemäß verhandelt werden, und den Geſetzen
der allgemeinen Klugheit und Gerechtigkeit gegen andre Staaten nicht zuwiderlaufen.

4. Alle, in Anſehung ihrer Wichtigkeit und ihres Gegenſtandes noch ſo verſchieden ſcheinende Staatsgeſchäfte haben ein gemeinſchaftliches Ziel, und ſtehen in nähern
oder fernern Verhältniſſen zu einander. Keines darf
alſo vernachläſſiget, oder auf Koſten irgend eines andern vorzüglich betrieben oder begünſtigt werden, wenn
der Staat nicht Schaden leiden, kränkeln und endlich
gar zu Grunde gehen ſoll.

5. Es darf daher keine Verbindung mehrerer Geſchäfte
in denſelben Händen Statt finden, wobey das eine
oder andre Nachtheil leiden würde. Z. B. Finanz-
und richterliche Geſchäfte, Cabinets-Geſchäfte und
Juſtizpflege u. ſ. w.

6. Endlich dürfen zuſammengehörende Geſchäfte nicht
ohne Noth getrennt, vervielfältigt und weitläuftig gemacht werden. Z. B. Rechtspflege in geiſtlichen,
weltlichen Sachen, Geſetzgebung und Erklärung der
Geſetze, Finanz- und Rechnungsweſen; unnöthige
Menge von Collegien, Inſtanzen, Staatsbeamten,
unnütze Weitläuftigkeit und Feyerlichkeit in Behandlung eines Geſchäfts ſelbſt, z. B. im Proceſſe u.
dergl.

B 3   §. 10.

§. 10.

b) Bestimmung und Grenzen der Staats-Thätigkeit [1]).

Der Mensch opferte dem Staatsvereine einen Theil
seiner natürlichen Freyheit auf, um für den übrigen gröś-
sern Theil desto wirksamern Schutz zu erhalten, und seine Vervollkommnung desto ungestörter besorgen zu können.   Das Wesentliche Geschäft und Recht der Staatsgewalt besteht also darin, die Willkür der Unterthanen
so weit zu beschränken und zu bestimmen, von den vereinigten Kräften soviel aufzubieten und zu verwenden,
als unumgänglich zur Bewirkung der allgemeinen
und besondern Sicherheit nöthig ist (§. 5.).   Seit Existenz der Staaten lehrte ferner die Erfahrung, daß durch
den Staatsverein nicht nur die Vervollkommnung der
einzelnen Bürger schueller befördert, sondern auch noch
andre wichtige, besondre und allgemeine Vortheile be-
wirkt werden könnten.   Allein diese können nicht als
Zwecke, sondern als Folgen, höchstens als entferntere Mittel betrachtet werden, welche zu erwerben der ungehinderten Kraftäußerung und
der

1) Das Wort: Staat, kann gebraucht werden 1) im
eigentlichen Sinne, wo es die ganze Staats-
gesellschaft anzeigt. Z. B. die europäischen Staaten; in tropischer, synekdochischer Bedeutung, für die Obergewalt des Staats, wie hier, dann
ist es oft gleichbedeutend mit: Hof, z. B. der Berliner, der Wiener Hof rc. Regierung. Daß diese
Art zu reden sehr leicht zu großen Mißverständnis-
sen und nachtheiligen Folgen führen könne zeigt die Erfahrung.

der vertragsmäßigen Freyheit der Staatsglieder überlaffen bleiben muß.   Eine weife und thätige
Regierung darf und wird indeß diefen beträchtlichen Theil
des Staats=Intereffe (§. 9.) nicht ganz aus den
Augen verlieren, fondern durch behutfame Wegräumung
der Hinderniffe diefer bürgerlichen Thätigkeit, durch zweckmäßige Unterftützung, durch Schutz
und Ermunterung, fie zu befördern und zum allgemeinen Beften zu lenken fuchen.   In diefer Hinficht
können dergleichen Gegenftände als befondre, un-
tergeordnete Zwecke der Regierung (nicht des
Staates im eigentlichen Verftande ¹) angefehen werden.   Nach diefer Beftimmung zerfällt alfo die Thätigkeit der Staatsgewalt in zwey Hauptarten,
die pofitive und negative, (abfteigende, welche vom Regenten, auffteigende, welche vom Volke ausgeht,) wo es freylich oft fchwer hält, die Grenzlinie zwifchen follen und dürfen, zwingen und
leiten, befehlen und belehren, erziehen und
rathen; zwifchen nothwendig und rathfam,
Sicherheit und Wohlftand; zwifchen Vormund
und Freund, richtig zu beftimmen und die jedesmahligen
Befugniffe der Staatsgewalt darnach abzuwägen ²).

§. II.

1) Dahin gehören alle die verfchiednen Arten von fälfch-
lich fogenannten Staatszwecken, welche Montesquieu L. II. Ch. 5. ziemlich vollftändig aufzählt.

2) S. die kleine Schrift: (v. Dalberg?) Ueber die
wahren Grenzen der Wirkfamkeit des Staats auf feine Mitglieder, Leipzig 1794. verglichen mit den fehr
treffenden Bemerkungen d. Hrn. Raths Voß in der

§. II.

aa) poſitive (abſteigende) Staats-Thätigkeit.

Die höchſte Gewalt ſoll ſchützen

1. den ganzen Staat

a) gegen äußere Gefahren ſeiner politiſchen
Exiſtenz, — Bündniſſe, Krieg, Friedensſchlüſſe;

b) gegen innere Verletzungen

aa) der Staats-Verfaſſung durch
Empörungen,   höhere

bb) des Staats-Eigenthums durch Polizey.
Natur-Uebel,

cc) der Sittlichkeit, durch Verwilderung der
kommenden Generationen, durch Rückfall der
Erwachſenen in die Barbarey. — Erzie-
hungs-Religions-Sitten-Polizey,
welche als ein Theil der höhern Polizey betrachtet werden kann.

2. Die Perſon und das Eigenthum der Einzelnen;

a) beſtimmter und namhafter Bürger, (ſtrei-
tende Partheyen, Denuncianten, Minderjährige,
Abweſende u. ſ. w.), welche in Gefahr ſind,

Ver-

auserleſn. Biblioth. der allg. Staatswiſſ. B. 1. Quart.
2. S. 329. ff. imgleichen: Von dem Staate und
den weſentlichen Rechten der höchſten Gewalt, Götting. 1794. 8.
Antimachiavell, oder über die Grenzen des bürgerlichen Gehorſams. (Auf Veranlaſſung zweyer Aufſätze
in der Berl. Mſchr. Sept. u. Dec. 1793. von Kant
und Genz) Halle 1794. 8.

Verletzungen zu leiden, oder dergleichen schon er=
litten haben, und Ersatz fodern. — Ge=
richtsbarkeit, Richterliche Gewalt;

b) des Publikums, gegen Verletzungen, die
aus Bosheit, Nachlässigkeit, Unvorsichtigkeit,
Unwissenheit, imgleichen durch das Zusammen=
wohnen in Städten und Dörfern, u. s. w. ent=
stehen können (künftige Uebel), — niedre
Polizey (Stadt=Dorf=Polizey, ver=
hütende Gewalt).

Soll die Staatsgewalt schützen; so muß sie auch das
Recht haben,

a) zu diesem Entzwecke Gesetze vorzuschreiben:
Civil=, Kirchen=, Schul=, Criminal=,
Polizey=Gesetze.
anordnende, (einrichtende, verfügen=
de) Gewalt;

b) über die wirkliche Beobachtung und sichre Voll=
streckung dieser Gesetze zu wachen, und durch
Strafen dazu zu zwingen.

aa) aufsehende Gewalt darf nicht mit
Spionirerey und Staatsinquisition verwechselt
werden, noch die häusliche Ruhe, ohne die
höchste Noth, unterbrechen [1]);

bb) vollstreckende Gewalt, unter su=
chen, urtheilen, strafen;

c) die dazu nöthigen lebendigen und todten
Kräfte von den Unterthanen zu fordern, Re=

B 5	ga=

_____

[1]) S. Scheidemantel Repertor. des St. u. Lehnr.
unt. d. Wort: Aufsicht.

galien, Steuren u. f. w. — Cameral-Finanz-
Wesen, Anstellung der Beamten, Kriegsheer,
Festungen, Flotten u. f. w.

§. 12.

bb) Negative Staats-Thätigkeit.

Durch die absteigende oder positive Staats-
Thätigkeit wird die aufsteigende geweckt, befördert,
erhöhet, wobey der Regent blos negativ mitzuwirken
hat. Das ist:

die höchste Gewalt darf nicht hindern; kann
begünstigen, schützen, leiten alles, was
als gute Folge der Staatsverbindung und einer
zweckmäßigen positiven Staats-Thätigkeit
zu betrachten ist.

Dahin gehört:

1) Höhere Vervollkommnung der einzelnen Staatsglieder

A. ihrer geistigen Kräfte — sittliche, religiöse, bürgerliche (politische) Aufklärung, (Bildung) [1])

a) ab-

1) (Freyherr v. Benzel) Ueber das Verhältniß
der thätigen und leidenden Kraft im Staate zu der
Aufklärung. Frankf. a. M. 1790. 8. Bey mehreren
in dieser kleinen Schrift enthaltnen Grundsätzen wäre
freylich noch Manches zu erinnern, wozu es aber
hier an Raume gebricht. Man vergl. noch die le-
senswürdige Schrift:
Ueber gute und allgemeine Aufklärung, und Geistes-
Freyheit. 1794.

a) **absolute Aufklärung.** Diese kann und wird die Regierung, wenn sie ihren Vortheil versteht, selbst zu erwerben suchen. Sie darf sich in den Fortschritten zur allgemeinen Aufklärung weder vom Volke, noch von den Regierungen der benachbarten Staaten voreilen lassen, wenn sie sich und den ihr anvertrauten Staat nicht unglücklich machen will [1]. Uebung und Anstrengung der geistigen Kräfte zur Uebersicht des Ganzen ist das Hauptgeschäft der höchsten Staatsgewalt; weise Benutzung der Publicität kommt ihr dabey zu Hülfe;

b) **relative Aufklärung** gehört für den Bürger, richtet sich nach seinen verschiednen Verhältnissen, und besteht in Entfernung schädlicher Vorurtheile, in einer vollkommnern und anschaulichern Kenntniß der besondern **Pflichten** und **Rechte,** die einem jeden als Menschen und Bürger, nach der Stelle, die er im Staate einnimmt, zukommen, des Nahrungszweiges und Geschäfts, das er betreibt, wodurch er zur Ausübung derselben immer **thätiger** und **geschickter** wird [2].

Diese

---

[1] Teutsche Monatsschr. Inn. 1794. S. 138. ff. Erhard über das Recht der Völker zu einer Revolution. (Jena u. Leipz. 1795.) S. 186.

[2] Der Theil von Aufklärung, (Cultur, Bildung,) welchen die Staatsglieder mit in den Staat gebracht haben, gehört zu ihrem Eigenthum, (Schlözer allg. Staatsr. S. 18. oben) und ist mithin ein Gegenstand der positiven Staats-Thätigkeit

(S.

Diese Aufklärung

aa) darf nicht durch Strafbefehle er-
zwungen [1]), aber auch

bb) nicht gehindert werden, durch absichtliche Täuschung, oder durch Unterdrückung der
Denk- und Preß-Freyheit [2]).

cc)

(§. 11.), also muß der Staat die Landes-Religion, so wie die vertragsmäßigen besondern Reli-
gions-Uebungen der in der Folge aufgenommenen Bürger, die Kirchen und Schulen schützen;
darf keine Verbesserungen (Reformation) aufdrin-
gen oder dazu zwingen; darf aber auch dieselben, wenn das Volk sie wünscht, nicht hindern.

[1]) Freymüthige Gedanken über die allerwichtigste Angelegenheit Teutschlands Th. 1. (3te Aufl. 1795.) S.
80. ff.
Hottinger de caute oppugnandis opinionibus vul-
gi religiosis. . . . 1794.

[2]) Der Staatszwang kann blos Statt finden bey
Handlungen, nicht bey Gedanken und Meynungen, so lange es blos bey diesen bleibt. Sobald aber dieselben in Handlungen übergehen, —
(mündliche, schriftliche, gedruckte Lehren, Er-
zählungen ans Publikum) — sobald tritt die
Verpflichtung der aufsehenden Gewalt
ein, zu wachen, daß nicht dadurch die Sittlichkeit
oder Sicherheit des Staats, und der Einzelnen ge-
fährdet werden, um die Schuldigen zur Verantwortung und Strafe zu ziehen. Es würde keinem
Staate zu verdenken seyn, jedes Buch, wo sich weder Verfasser, noch Verleger, noch Drucker genannt
hätten, zu verbieten. Preßfreyheit artet gar
leicht in Preßfrechheit aus. Doch die weitere
Ausführung dieses noch immer nicht nach Würden
be-

cc) kann befördert und zum allgemeinen Wohle geleitet werden, durch höhere Lehr-, verbesserte Schul- und andere Anstalten, imgleichen durch Wegräumung der Hindernisse, durch allmählige und vorsichtige Verbesserung der Gesetzgebung, der kirchlichen Verfassung, durch gutes Beyspiel von oben, durch zweckmäßige Staats-Publicität und dergl.

Unter diesen Bestimmungen könnte man diesen Theil der negativen Staats-Thätigkeit Aufklärungspolitik nennen.

§. 13.
Fortsetzung.

B. Vervollkommnung der körperlichen Kräfte;

a) der innern, oder der Gesundheit, Lebensdauer, Ehefruchtbarkeit des einzelnen Bürgers [1]). Z. B. durch

behandelten Gegenstandes gehört anders wohin. Eine Menge dahin abzweckender Abhandlungen sind in den neuern Zeitschriften erschienen, weshalb ich um der Kürze willen nur auf das allgemeine Sachregister über die wichtigsten teutschen Zeit- und Wochen-Schriften (Leipz. 1790. 8.) unter dem Worte: Aufklärung, Preß-Denk-Freyheit, verweise.

1) Das Zusammenrücken der Menschen gewährte zwar viele Vortheile und Bequemlichkeiten, führte aber auch, besonders in großen Städten, durch den Luxus, durch gefährliche und ungesunde Gewerbe, durch Ver-

durch beſſere Wahl und Zubereitung der Lebensmittel, durch Anſchaffung geſünderer Wohnungen, durch ſorg- fältigere Erziehung der Kinder, durch Mäßigkeit im Arbeiten, im Eſſen und Trinken, Einimpfung der Blattern u. ſ. w.   Hier

aa) darf die Regierung belehren, warnen,

bb) kann die zur Erhaltung und Befeſtigung der Geſundheit abzweckenden Anſtalten und nützlichen Entdeckungen befördern. (Badeanſtalten, Ret- tungsmittel, Todtenhäuſer, Preisaufgaben, Be- lohnungen.)

rathende, warnende, belehrende (negative) Ge- ſundheits-Polizey, zum Unterſchiede von der zwingenden (poſitiven) (oben §. 11.)

b) der äußern — des Vermögens, der häus- lichen Wohlhabenheit.   Dieſe kann der Beſitzer ver- größern oder wenigſtens erhalten

aa) durch Glücksfälle, Sparſamkeit und kluge Wirthſchaft, der Capitaliſt, Staatsdiener u. dergl.

bb) durch neuen Erwerb — Induſtrie;

α) durch Gewinnung roher Naturproducte, Oe- konomie;

β) — Veredlung derſelben, Handwerke;

γ) Verführung und Vertauſchung der Waaren, Handlung.

Hier

Verunreinigung der Luft u. ſ. w. eine Menge ſchäd- licher Folgen für die Geſundheit herbey.

Hier muß und wird relative Aufklärung und Selbst-
liebe das Beste thun — der Staat darf nur durch unnöthige Beschränkungen der natürlichen und unschädlichen Freyheit, durch eigne Einmischung, durch Mono-
polien u. s. w., durch ungleiche Vertheilung der Staatslasten, nicht hindern; kann durch Begünstigung
und Schutz zweckmäßiger Anstalten zu Hülfe kommen:
negative Gewerbe-Polizey.

§. 14.
Fortsetzung von §. 12.

2. Höhere Vervollkommnung des ganzen
    Staats,

 I. im Innern:

    diese ist eine sichere Folge der vorhergehenden Ar-
    ten von Staats-Thätigkeit. Sie kann bestehen

A. in intensiver und extensiver Vermehrung
    der Staatskräfte

    a) der Volksmenge — Bevölkerungspo-
      litik [1]);

      aa) Verhütung des Auswanderns. Kein
        Einwohner kann gezwungen werden, im
        Staate zu bleiben; aber keiner wird ein Va-
        ter-

[1]) (Herrenschwand) Grundsätze der politischen
Oekonomie. Ueber die Bevölkerung. Aus dem Franz.
Halle 1794. 8. Man vergleiche hiemit die wichtigen
Bemerkungen in Arthur Young Reisen durch
Frankreich im J. 1787 bis 1790. Bd. 2. (Berl. 1794.)
S. 213. u. 315. und
desselben politische Arithmetik. Königsb. 1777.

terland verlaſſen, das ihm Sicherheit, Bequemlichkeit und hinlängliche Gelegenheit, ſich
zu vervollkommnen, gewährt.

bb) Begünſtigung der Ehen, Verminderung der
Sterblichkeit, Mäßigkeit der Auflagen, Wohlfeilheit der gewöhnlichſten Nahrungsmittel, Zer-
ſchlagung der Domainen- und Cammergüter,
Beförderung des Erwerbs.

cc) Vorſichtige Herbeyziehung neuer Coloniſten
und nützlicher Anſiedler.

b) des Landes. (Staatsterritoriums, Grund-
vermögens)

aa) von innen, durch Austrocknung der Sümpfe und Moore; Urbarmachung der Haiden, Erweiterung des Meerufers, beſſere Cultur der
Gemeinde-Marken;

bb) von außen, durch Anlage von Colonien
in neu entdeckten Welttheilen, durch Erobe-
rung oder Gewinnung neuer Provinzen [1]).

c) des

---

1) Erweiterung des Staatsterritoriums kann oft zur
äußern Sicherheit des Staats nöthig ſeyn; aber
es giebt auch viele Beyſpiele, daß dadurch entweder die
Sicherheit wirklich vermindert, oder doch dergleichen
Eroberungen, offenbar bloß, um den Ehrgeiz der
oberſten Gewalt zu befriedigen, und ohne daß daraus für die Staatsglieder der geringſte Vortheil zu
hoffen ſtand, mit deren Kräften unternommen wurden. Nach dem allgemeinen Staatsrechte iſt alſo
die oberſte Gewalt nicht befugt, die Kräfte des Staats,
wider Willen der Bürger, auf Eroberun-
gen zu verwenden. Daß ſelbſt zur Anlage neuer
Colonien den Unterthanen keine Beyträge wider
Wil-

c) des Staatsvermögens (Reichthums), Finanz-Politik.

Dieses hält mit dem Landes-Capitale gleichen Schritt, und hat eben so viel Unterabtheilungen, wie die Vervollkommnung des Privatvermögens (§. 13. b)).

aa) Sparsamkeit und Ordnung in den Ausgaben und der Verwaltung, Verminderung der Staatsschulden, Aufhebung unnützer Anstalten, und zweckmäßige Verwendung der Einkünfte zu nöthigern und gemeinnützigern Zwecken [1]. Nur darf dabey die Vorsicht, Billigkeit und Gerechtigkeit nicht aus den Augen gesetzt werden.

Staatswirthschaft im engern Verstande;

bb) neuer Erwerb;

α) durch

Willen abgefordert, oder die Staatseinkünfte verwandt werden dürfen, zeigt die Entstehung der ehemaligen nordamerikanischen englischen Colonien, wobey die Regierung bloß die Unternehmung einzelner Privatpersonen begünstigte.

Bloß parta tueri gehört zur positiven; parta augere aber, zur negativen Staats-Thätigkeit.

[1] Vortrefliche Bemerkungen hierüber s. in den Freymüth. Gedanken über die allerwichtigste Angelegenheit Teutschlands Th. 3. (1796.) S. 1. ff. Man vergleiche auch meine Rede de aere Principum alieno. Helmst. 1794. 8. welche in Voß auserlesn. Biblioth. der allgem. Staatswiss. Bd. 1. Quart. 2. S. 205-220. übersetzt ist.

Canzleyst. Th. 2.   C

α) durch beſſere Benutzung der Domainen, Cammergüter, Regalien, zweckmäßigere Vertheilung und Erhebung der Steuern und andrer
Einkünfte [1]).   Cameralwiſſenſchaf-
ten,

β) durch Wegräumung aller der Induſtrie nach-
theiligen Hinderniſſe, Induſtrie-Gewerb-
Politik, theils des Landbaues, theils der
Manufacturen und Fabriken.

γ) durch Ermunterung und Unterſtützung des
Handels, wohin auch die Beförderung des
öffentlichen Credits, die künſtliche Vermehrung des allgemeinen Tauſchmittels und
ſeines Umlaufs gehört. Handlungs-Po-
litik [2]).

B. Ver-

[1]) verſteht ſich, ſo weit ſolche mit der Gerechtigkeit
und den übrigen Pflichten der Staatsverwaltung beſtehen können.

[2]) Hier iſt ein weites Feld für Finanzoperationen,
Handelsſpeculationen, Projecte, Plußmacher u.
ſ. w. Welche gefährliche und für viele Generationen
verderbliche Mißgriffe aber hier vorfallen können,
welche Vorurtheile, ſelbſt bey den klügſten Regierungen, bisher über dieſe Gegenſtände geherrſcht haben,
was für große Kenntniß, Behutſamkeit und Gerechtigkeitsliebe zu dergleichen Unternehmungen erfordert
werden, lehrt die Erfahrung.
Ich verweiſe deshalb um der Kürze willen auf Jam.
Stewart's Inquiry into the principles of political
oeconomy. Lond. 1767. 2 voll. 4.
Ant. Genovesi di commercio o ſia d'Economia
civile. Milano 1768. 2 voll. 4.

A d.

B. Vermehrung und Erhöhung der Bequemlichkeit, der äußeren Schönheit, der öffentlichen Vergnügungen.

Sind größtentheils Folgen oder Mittel der
bisher erörterten Staats-Thätigkeit. Auch hier geht
die Regierung blos durch Wegräumung der Hinderniß-
se, durch Unterstützung und Ermunterung zu Werke.
Dahin dürften zu rechnen seyn:

a) Begünstigung der schönen Wissenschaften und
   Künste — Veranstaltung dahin gehöriger Akademien und Kunstsammlungen.

b) Anlegung von Chausseen, Brücken, Ca-
   nälen, Schiffbarmachung der Ströme; Posten u.
   s. w.

c) Er-

Ad. Smith's Inquiry into the nature and causes of the
Wealth of Nations. Lond. 1777. 2 voll. 4. übersetzt
von Garve.
C. A. v. Struensee Sammlung von Aufsätzen
über die Staatswirthschaft aus dem Französischen des
Pinto. Leipz. 1776. 2 Th. 8.
Joh. Ge. Büsch's Schriften, besonders von dem
Geldsumlauf. Hamb. u. Kiel 1780. 2 Th. 8.
Deff. Darstellung der Handlung. Hamb. 1792. 2 Th. 8.
Zusätze dazu 1797.
v. Beguelin (vortreffliche) Ideen über den auswärtigen Handel; in Genz neuer teutschen Monatsschr. Sept. 1795. Num. 2.
Sommer Vorlesung in der Heidelberg. Oekono-
mischen Gesellsch. Ueber das Verhältniß des europäischen Mercantilsystems zu den reinen Grundsätzen
der Staatswirthschaft. 1795.

c) Erbauung schöner öffentlicher Gebäude, Vergnügungsörter, Schauspiele, Volksfeste, und mehrere dergleichen Anstalten zur Belebung des Gemeingeists und der Vaterlandsliebe.

C. Allmählige Verbesserung der Grundverfassung des Staats.

Alle Menschliche Anstalten sind unvollkommen, oft blos für den gegenwärtigen Augenblick berechnet, oder Werke des Zufalls. Erst eine langjährige Erfahrung giebt Aufschlüsse über Mängel und Unvollkommenheiten, welche bey der ersten Anlage übersehen waren. Dies gilt auch in vorzüglichem Grade von den Staatsverfassungen. Die Aufklärung und Sittenveränderung steigt mit jedem Jahrzehend in geometrischen Fortschritten; alle mögliche Leidenschaften und menschliche Schwachheiten rütteln und nagen unaufhörlich an den Grundsäulen des Staatsgebäudes. In welches Unglück eine Nation durch die leichtsinnige Niederreißung desselben versinken könne, davon haben wir ein warnendes Trauerspiel vor Augen. Es ist daher Pflicht, bey Zeiten auf Verbesserung zu denken. Diese kann bestehen

a) in Entfernung der eingeschlichenen Abweichung und Mißbräuche, und Wiederherstellung der ursprünglichen reinen, ächten Grundsätze. Hierauf zweckten die mehrsten Revolutionen in England ab;

b) in nähern Bestimmungen und Erläuterungen der Verfassungs-Urkunde;

c) in

c) in Umformung einzelner Theile der Verfaſ-
sung [1], Reform.

Da die Grund-Geſetze eines Staates als Verträge zwiſchen der Obergewalt und dem Volke zu betrachten ſind, mithin nicht einſeitig umgeändert oder
erklärt werden können, und auch die Regierungen
aus Menſchen beſtehen, welche Irrthümern und
Leidenſchaften unterworfen ſind; ſo folgt, daß weder
Regent, noch Volk einander dergleichen Veränderungen, beſonders der beyden letztern Arten, aufdrin-
gen können. Erſterer iſt blos befugt, die Staatsverfaſſung, in ihrer dermahligen Beſchaffenheit, gegen innere oder äußere Angriffe zu ſchützen, und
im Nothfalle Gewalt mit Gewalt zu vertreiben (§.
II.). Das Verbeſſern gehört alſo mit zur negativen Staats-Thätigkeit. Wie ſehr übrigens allmählige und behutſame Vorkehrungen
zu empfehlen ſeyen, wieviel dabey auf Zeit und Umſtände ankomme, ergiebt ſich theils aus der Natur
der Sache ſelbſt, theils aus der jetzigen Lage des europäiſchen Staaten-Syſtems [2].

§. 15.

1) Gewöhnlich pflegt dies in Wahlreichen ein Geſchäft
des Reichs- oder Wahl-Tages zu ſeyn, und
die Abänderungen in der vom künftigen Regenten zu
beſchwörenden Wahl-Capitulation aufgeführt
zu werden.

2) Man denke an Pohlen und Frankreich.
S. Eberhard über Staatsverfaſſungen und ihre Ver-
beſſerungen. Halle 1794. 8.

E 3 v. Dal-

§. 15.
Fortsetzung.

II. Vervollkommnung des ganzen Staats in seinen äußern Verhältnissen.

Einem Staate, der nach den bisher angegebnen Grundsätzen regiert und verwaltet wird, der von innen wohlgeordnet und glücklich ist, kann es nicht an Achtung und Freundschaft bey den benachbarten, selbst mächtigern, Staaten fehlen. Treue gegen die Bundesgenossen, Uneigennützigkeit und Gerechtigkeit gegen die Nachbarn, Bereitwilligkeit zum Frieden, selbst bey überwiegenden Kräften und Kriegsvortheilen, möglichst schonende Behandlung der feindlichen Provinzen im Kriegsglücke, kluge Beobachtung aller Begebenheiten und Veränderungen in der europäischen Staaten-Republik, und weise Benutzung derselben zum Besten des Staats; wechselseitiges Vertrauen zwischen Haupt und Gliedern, wahre Liebe

v. Dalberg schöne Rede über die Erhaltung der Constitutionen. Erfurt 1795.
Ueber Erhaltung öffentlicher Ruhe in Teutschland und andern Staaten. Resultate der besten, bey der Chur-Maynzischen Academie nützlicher Wissensch. über diesen Gegenstand eingegangnen Aufsätze. Erfurt 1794.
Lettres sur les dangers de changer la Constitution primitive d'un Gouvernement public, écrites à un Patriote Hollandais. Londres 1792.
Ant. Giuliani sulle vicende necessarie delle società civili. Vienn. 1790. 4. übersetzt. Leipz. 1791. 8.
Imm. Kant metaphysische Anfangsgründe der Rechtslehre. (Königsb. 1797.) §. 49. A. §. 52.

Liebe zwischen Regenten und Unterthanen, allgemein verbreitete Wohlhabenheit, Aufklärung und Zufriedenheit mit der Staatsverwaltung, Ordnung, Treue und Offenheit in den Geschäften, Einheit in dem Interesse der verschiednen Stände u. s. w. sind geschickter zur Vermehrung des Ansehens und der Sicherheit von außen, als zahlreiche, vielleicht den Kräften des Staats nicht angemeßne, und dieselben aussaugende Kriegsheere, obgleich oft auch nur entschloßnes Zuvorkommen, zu rechter Zeit gezeigter Muth und Ernst, gegen einen übermüthigen, räuberischen und ungerechten Feind wirksam sicher stellen kann. Doch auch in diesem Falle wird Eintracht, Kraft und Vaterlandsliebe der Bürger, Weisheit, Thätigkeit und Entschlossenheit der Regierung, den Abgang eines zahlreichen Heeres ersetzen.

Genaue und richtige Kenntniß des besondern Staats=Interesse (§. 9.), ist der sicherste Maaßstab zur Bestimmung und Richtung der auswärtigen Staats=Thätigkeit.

Da hier auf der einen Seite sehr vieles auf Geheimhaltung und Schnelligkeit der Verhandlungen ankömmt, und das Volk oder dessen Repräsentanten von den Verhältnissen fremder Staaten nicht so gut unterrichtet seyn können, als die Regierung; auf der andern Seite hingegen bey unglücklichen Kriegen die Unterthanen meist allein den größten Gefahren und Lasten ausgesetzt sind, der Krieg mit ihren Kräften geführt wird, und neue Eroberungen ihnen selten Vortheil bringen; so würde diese Gattung von Staats=Thätigkeit mit Recht blos auf friedliche Verhältnisse (Vertheidigungs=

C 4   Bünd=

Bündniffe, Handelsverträge, Neutralität u. f. w.) einzuschränken feyn.   Angriffs-Kriege und dahin
abzweckende Verbindungen, Einmischungen in die auswärtigen oder innern Geschäfte andrer Staaten aber
müßten, unter der Voraussetzung, daß fie mit dem Böl-
kerrechte und der Klugheit bestehen könnten, wenigstens nicht
wider Willen des Volkes, unternommen werden ¹).
Bey wirklichen Gefahren und Anfällen tritt die positive Staats-Thätigkeit und das Zwangsrecht
der oberften Gewalt ein (§. 11.).

§. 16.
cc) Folgerungen.

Aus den bisherigen Betrachtungen ergeben fich folgende kurze Resultate:

1. Zu allem, was in die positive Staats-
   Thätigkeit einschlägt, hat die Obergewalt ein
   Zwangsrecht gegen die Unterthanen, und kann durch
   Strafgesetze wirken; bey Gegenständen der neg-a-
   tiven Thätigkeit aber finden weder Zwang,
   noch Strafbefehle Statt.

2. Zu allen Unternehmungen und Anstalten der er-
   ften Art find die Unterthanen unbedingt verpflichtet, die nöthigen und im Nothfall alle Kräfte
   beyzutragen; dagegen Vorkehrungen der letzten
   Art entweder aus den Ersparniffen der gewöhnlichen Staats-Einkünfte oder doch nur durch frey-
   wil

---

¹) Friedrich II. im Antimachiavell. Cap 3.

willige Beyträge der Unterthanen bestritten werden dürfen.

3. Die negative Staats-Thätigkeit muß der positiven nachstehen, und erst, wenn die Pflichten
der letztern mit den vorhandnen Kräften völlig
bestritten werden können, darf man auf Unternehmungen von Geschäften der ersten Art denken.

4. Alles, was durch die negative Staats-Thätigkeit
gewonnen wird, muß dem ganzen Staate und
dessen einzelnen Gliedern, nach ihren Verhältnissen zu demselben, zu Gute kommen.

5. Die Wirkungen der negativen Staats-Thätigkeit sind Folgen des ursprünglichen Staatsvereins und entferntere Mittel zur höhern Befestigung des Hauptzwecks, mithin gehört die Beförderung derselben mit zu den Pflichten des
Oberhaupts [1]).

6. Diese Grundsätze geben den richtigsten Maasstab
von der Güte und Weisheit einer Regierung überhaupt,

[1]) Der Regent und die Staatsbeamten müssen den
größten Theil ihrer Kräfte unmittelbar dem Staate, dem allgemeinen Besten widmen, das ist ihre
Hauptbestimmung; der einzelne Bürger braucht der
Regel nach, nicht alle Kräfte unmittelbar
für den Staat zu verwenden, sondern indem er für
die Beförderung seines Privatwohls sorgt, befördert
er auch mittelbar das gemeine Beste.

haupt, von der Nothwendigkeit und Nützlichkeit
jedes öffentlichen Geschäfts insbesondre.

§. 17.

c) Arten der öffentlichen Geschäfte
aa) objectivisch betrachtet.

Nach diesen Voraußsetzungen lassen sich nun die verschiednen Staatsgeschäfte genauer bestimmen. Dies
kann geschehen, entweder nach den Gegenständen,
welche sie beabsichten, oder nach den Personen, denen
sie aufgetragen sind. In erster Hinsicht bedarf es
keines Beweises, daß die Geschäfte nicht in allen Staaten gleich seyn können, sondern sich nach der besondern
Beschaffenheit des Staats-Interesse (§. 9.), sowohl in ihrer Zahl, als in ihrem Umfange und den Verhältnissen zu einander, richten müssen ¹).

Die öffentlichen Geschäfte betreffen
I. die Verhältnisse des ganzen Staats gegen andre
Staaten, und die deshalb vorfallenden auswärtigen Unterhandlungen. Staatsgeschäfte in engerer Bedeutung (§. 3.). Dahin gehören Annahme und Absendung der Gesandten, Instruction
der

---

1) Es ist daher ein großer Fehler, wenn eine Regierung
die Handlungsart eines andern Staates bey der Anordnung und der Wahl ihrer Geschäfte zum Muster
nimmt, ohne die individuellen Verhältnisse ihres eignen dabey zu Rathe zu ziehen, wie neuere Beyspiele
lehren. Von der Nothwendigkeit und Beschaffenheit eines eignen Regierungs-Plans handelt
von Just Grundr. ein. gut. Reg. §. 212. ff.

der letztern, auswärtige Staats-Correspondenz, Abschließung von Friedens- und Kriegs-Verträgen, und Wahrnehmung alles dessen, was die Sicherheit und das Beste des Staats in Ansehung der andern Staaten erfordert.

II. Die verschiednen Arten der innern Staats-Thätigkeit nebst den dazu nöthigen Maasregeln — Regierungsgeschäfte in weiter Bedeutung. Diese zerfallen wieder nach der Beschaffenheit ihres Hauptgegenstandes in verschiedne Gattungen.

1. Einige beziehen sich vorzüglich auf Erreichung des Staatszwecks, durch Anwendung und Lenkung der geistigen Kräfte.

A. hauptsächlich mit Hinsicht auf das Ganze und auf die Fragen: Was soll, was darf geschehen? Was ist rathsam? Wie geschieht es am besten? Regierungs- Regiminal-Geschäfte in enger Bedeutung,

B. in einzelnen Fällen, und mit Bestimmung der Fragen: Was ist geschehen? Was ist Rechtens? — Justiz-Geschäfte.

2. Andre betreffen hauptsächlich die körperlichen zur Staatsverwaltung nöthigen Mittel,

C. die unmittelbare Herbeyschaffung und Verwendung der todten Kräfte des Staats — Cameral- und Finanz-Geschäfte;

D. die Organisation und unmittelbare Anwendung der lebenden, körperlichen Staats-

Staatskräfte.   Militär=, Kriegs=
Geschäfte.

§. 18.

A. Regierungs=Geschäfte [1]).

Diese umfassen alle Theile der positiven und ne=
gativen Staats=Thätigkeit (§. 11=15.), soweit solche
nicht unter den übrigen drey Gattungen von Geschäften
begriffen sind, weshalb ich mich um der Kürze willen
auf die vorhergehenden Ausführungen beziehe.

In monarchischen Staaten gehören noch hieher die
persönlichen Familien= und Haussachen des Regenten, so
weit sie auf den Staat Bezug haben.   Hofsachen.
Bey eingeschränkten Monarchien können noch Unterab=
theilungen in Parlements = Reichstags = Wahl=
tags=Geschäfte u. s. w. Statt finden.

Das Resultat der Berathschlagungen über obige Fra=
gen (§. 17.) ist in der Gesetzgebung enthalten, wel=
che wieder nach Verschiedenheit der Gegenstände in man=
cherley Abtheilungen zerfällt, z. B. Civil=, Crimi=
nal=, Kirchen=, Schul=, Lehen=, Polizey=
Gesetze, Verordnungen, Befehle u. s. w.

Um

---

1) Dav. Ge. Strube Gründlicher Unterricht von
Regierungs= und Justiz=Sachen. §. 7. ist desselben
Rechtl. Bedenk. Bd. 5. angehängt.
Dessen Nebenstunden. Th. 3. Abh. 13.
I. F. A. C. Neurath de Cognitione et potestate iu-
diciariâ in caussis quae politiae nomine veniunt. Erl.
1782. 4.

Um aber jene Frage zu entscheiden, darnach die zweck=
mäßigen Verfügungen zu treffen und denselben Wirksam=
keit zu verschaffen, ist nicht nur eine genaue und richtige
Kenntniß der jedesmahligen Beschaffenheit des Staats,
sondern auch eine hinlängliche Anzahl von Staatsdie=
nern nöthig, welche über die Bekanntmachung und Be=
folgung der Gesetze wachen, die erhaltnen Befehle aus=
führen und davon an die oberste Gewalt Bericht erstatten.
Die Anstellung und Aufsicht über dieselben gehört also
auch mit zu den Regierungsgeschäften.

Oft findet man bey der Anwendung der Gesetze
Dunkelheiten und Mängel an hinlänglicher Bestimmt=
heit, oft kann es rathsam seyn, Ausnahmen von densel=
ben zu machen, daraus ergiebt sich noch eine Art von Regie=
rungsgeschäften: authentische Gesetz=Erklärung,
Verfügungen in Gnadensachen u. s. w.

Die Menge und Wichtigkeit aller dieser Geschäfte
macht in größern Staaten eine Vertheilung derselben in
verschiedne Collegien, Departements, Depu=
tationen, Commissionen nöthig, davon unten.

Endlich ist noch zu bemerken, daß ein Geschäft,
welches ursprünglich zu den Regierungssachen ge=
hörte, sich leicht in eine Justizsache verwandeln kann,
wenn solches nemlich in die Rechte Einzelner ein=
greift und Widerspruch erregt, der erst nach Untersu=
chung des Vorgangs und Prüfung der behaupteten Ge=
rechtsame erledigt werden kann. Hier finden, außer
im äußersten Noth= (Collisions=) falle, keine Macht=
sprüche der obersten Gewalt Statt, sondern die Sache
muß

muß zur richterlichen Entscheidung verwiesen werden [1].

§. 19.

B. Justiz-Geschäfte (§. 11.).

Diese bestehen hauptsächlich in Ausübung der richterlichen Gewalt, welche besonders dafür sorgt, daß die Rechte einzelner benannter Personen oder Genossenschaften gegen Verletzungen gewahrt, Verbindlichkeiten in Ansehung des Mein und Dein zur Vollziehung gebracht, Uebertretungen der Gesetze untersucht und nach Verhältniß bestraft werden.

Dahin gehören

a) die freywilligen Gerichtshandlungen, besonders die Beschützung der Rechte solcher Unterthanen, welche nicht selbst dafür sorgen können [2];

b) die Geschäfte der strittigen Gerichtsbarkeit

    aa) in Civilsachen (bürgerlichen Sachen): es mögen Fremde oder Einheimische Kläger; es mögen

[1] S. Struben a. a. O. Wie sehr es übrigens darauf ankomme, ob ein Geschäft für eine Regierungs- oder Justiz-Sache zu halten sey, zeigt ein merkwürdiger neuerer Vorfall, weshalb ich auf

Büsch Versuch einer Geschichte der Hamburgischen Handlung (Hamb. 1797. 8.) S. 186. verweise.

[2] Montesquieu Esprit des Lois. Liv. VI. Ch. 1. 2. 6.

gen Privatpersonen, oder der Staat und Regent, Beklagte seyn;

bb) in peinlichen Sachen, wo es auf Untersuchung und Bestrafung begangner Verbrechen ankömmt, es mag nun eine Denunciation, (Anklage) vorhergegangen seyn, oder der Richter von Amtswegen verfahren.

Die Haupt-Geschäfte des Richters sind hiebey

1) Untersuchung des Falles (factum) nach den Regeln des Processes (causae cognitio, Beurkundung des Corporis delicti) wohin auch die Leitung der Untersuchung durch Decrete gehört.

2. Anwendung der Gesetze auf diesen besondern Fall, und Entscheidung desselben nach den Gesetzen.

3. Vollstreckung des Urtels, oder gesetzmäßige Anwendung der nöthigen Gewalt, um die Widerspenstigen zur Folgsamkeit gegen die richterliche Entscheidung zu zwingen.

In jedem wohlgeordneten Staate sind nicht nur die Geschäfte der richterlichen Gewalt von den Regierungsgeschäften sorgfältig getrennt; sondern auch verschiedne Gerichts-Instanzen angeordnet, durch welche die Partheyen ihr Recht ausführen und verfolgen können [1].

§. 20.

[1] Noch könnte man, um der Vollständigkeit willen, hier bemerken: die außergerichtlichen Rechtsgeschäfte, d. i. solche, wodurch ohne Zuziehung
des

§. 20.

C. Finanz- und Cameral-Geschäfte.

Diese Classe von Geschäften ist erst seit der letzten Hälfte des vorigen Jahrhunderts recht wichtig geworden, und macht jetzt in vielen Staaten beynahe das Haupt= werk der Staatsverwaltung aus [1]). Beyde Ar= ten

des Richters bürgerliche Rechte und Verbindlichkei= ten gesetzmäßig begründet werden sollen, in welcher Hinsicht vom Staate besondre Personen beglaubigt sind, um auf Verlangen den Contrahenten beyräthig zu seyn.

[1]) Das immer höher steigende Bedürfniß und der große Umfang dieser Geschäfte, nebst den vielen Hülfs= wissenschaften und Kenntnissen, welche zu ihrer ge= schickten Betreibung erfodert werden, hat eine Menge theoretischer und praktischer Systeme, und Lehrbücher über dieselben, hauptsächlich in Frankreich, Teutschland, England und Italien, aber auch eine große Anzahl von Projectmachern und schädlichen Speculationen hervorgebracht. Besonders erregte die aus Frankreich nach Teutschland gekommne Secte der Oekonomisten vieles Aufsehen, welche aber nun bey uns aussterben zu wollen scheint. Noch immer ist der Begriff und Umfang der Staatswirth= schaft unbestimmt. Einige ziehen die ganze Lehre von der Polizey mit hinein, andre verstehen darun= ter blos die eigentliche Finanzwissenschaft, noch andre verbinden damit die Industrie=Politik. Ich verweise deshalb auf

v. Justi Staatswirthschaft. Leipz. 1758. 2 Bde. 8. Jung Grundlehre der Staatswirthschaft. Marburg 1792.

Rössig Encyklopädie der Cameralwissenschaften. Leipz. 1792.

v.

ten von Geschäften werden unter dem Namen der **Staatswirthschaft** begriffen, sind aber doch gewöhnlich von
einander verschieden.

1. Die **Cameral-Geschäfte** haben hauptsächlich die
Verwaltung der dem Regenten sowohl zu seinem eignen Unterhalte, als zu Bestreitung gewisser, meist
bestimmter, Staatsausgaben, angewiesenen Domainen, eigenthümlichen Cammergüter und der
nutzbaren Regalien, auch zuweilen die Erhebung
andrer **Staats-Einnahmen** zum Gegenstande;
nicht so die **Finanz-Geschäfte**.

2. Jene dienen zur Auflösung der Fragen:
   a) Was hat der Staat aus diesen Quellen jährlich im
      Durchschnitt einzunehmen?
   b) Läßt sich davon eine höhere Ergiebigkeit bewir-
      ken?
   c) Wozu sind die Aufkünfte in einem gegebnen
      Zeitraume verwandt worden?
   d) Auf wieviel baare Vorräthe kann man zu diesem
      oder jenem Bedürfnisse Rechnung machen?

Die **Finanz-Geschäfte** hergegen beziehen sich
auf die Ausmittlung folgender Fragen:
   a) Wieviel braucht der Staat? (Etats)
   b) Woher (aus welcher Casse, welchem Fonds) kann
      dieses am räthlichsten und gewissesten erfolgen?

c) Bey

v. Ernsthausen Abriß von einem Polizey- und Fi-
nanz-Systeme. (Berl. 1788.) S. 183. ff.

c) Bey welchen Zweigen der Ausgaben lassen sich
  Erspahrungen anbringen?

d) Wie lassen sich die Quellen der Einnahme mit
  Klugheit und Gerechtigkeit zuverläſſiger, dauer-
  hafter, ergiebiger machen, oder vervielfältigen?

Da das Staats-Capital mit dem Landes-
Capitale immer gleichen Schritt halten muß; so kann
die letzte Frage, ohne genaue und zuverläſſige Kenntniß
von der Bevölkerung, von dem Zustande der Landwirthschaft, der Manufacturen und des Handels, von der Beschaffenheit des Bodens und der rohen Producte, von
den Handelsverhältniſſen der nähern und fernern Staaten, weder beantwortet, noch, im bejahenden Falle, ohne
den Beystand der Indûstrie-, Gewerb- und Han-
dels-Politik (C. 14.) zur Ausführung gebracht werden.   Die Natur dieser Geschäfte macht, in einem nur
etwas beträchtlichen Staate, eine ungeheure Menge von
Berichten, Tabellen und Rechnungen nöthig, erfordert eine vorzügliche Treue und Sicherheit der
Caſſen, nebst einer außerordentlichen Aufmerksamkeit
und Pünktlichkeit in der ganzen Behandlung, und einer
bis in das kleinste Detail gehenden Absonderung der
zahllosen Gegenstände.

In wiefern die kaufmännische doppelte Buch-
haltung bey dem gesammten Staats-Rechnungswesen
anwendbar sey oder nicht? ist noch nicht genau entschieden [1])!

§. 21.

1) Klipstein Lehre von Auseinandersetzungen im
  Rechnungswesen. Leipz. 1781. 4. vergl. mit
                                          Schlö-

§. 21.

D. Militär-Geschäfte.

Bey dem jetzt in den größern oder kleinern europäischen Staaten für nöthig gehaltnen Bedürfnisse, auch im tiefsten Frieden gerüstet zu seyn, theilen sich die Militär-Geschäfte in zwey Haupt-Classen, die Friedens- und Kriegs-Geschäfte. Jene gehen hauptsächlich auf zweckmäßige Bildung, Uebung und Verpflegung der verschiednen Theile der Kriegsmacht, (Recrutirung, Mondirung, Rüstung, Proviant und Fourage, Einquartierung, Geschütz, Magazine, Zeughäuser, Stückgießereyen, Salpeter-Regal u. s. w.) auf Anlegung und Unterhaltung der nöthigen Festungen; auf Unterstützung der Polizey und Erhaltung innerer Ordnung, auf Versorgung der unbrauchbar gewordnen Soldaten und Matrosen.

Die Kriegs-Geschäfte bestehen vorzüglich in Mobilmachung des Heers, in Anordnung des Marsches, Sorge für das Train- und Fuhr-Wesen, für Fourage- und Proviant-Magazine, für die Feldbäckerey, für Kriegsbedürfnisse und deren Zufuhr; für Lazarethe; Versorgung des Heers in den Winterquartieren, im Lager, auf Märschen; geschickte Anlegung und Leitung der Kriegs-Pläne, künstlicher und muthvoller Ausführung derselben, Vertheidigung und Belagerung der Festungen u. s. w.

Bey

Bey Seestaaten kömmt noch das Seekriegs=
wesen Flotten, Matrosen, Häfen, deren Anschaffung,
Unterhaltung, Befestigung und Gebrauch hinzu.

Die Besorgung aller dieser Geschäfte wird durch die
Mitwirkung und Einstimmung der vorhergehenden Art
von Geschäften sehr erleichtert [1]).

§. 22.

bb) subjectivisch betrachtet (§. 17.)

α) wesentliche Geschäfte des Regenten.

Wir haben oben gesehen (§. 5. 6.), wie beym Ur=
sprunge der Staaten das Oberhaupt alle vorfallende
Geschäfte in eigner Person besorgte, wie aber beym Fort=
gange der Cultur und der Vermehrung der Bürger die
Anstellung von Staatsdienern und Beamten nöthig wur=
de, deren Anzahl im Verhältnisse zur Vergrößerung und
Ausbildung der Staaten immer höher steigen mußte.

Es kömmt also, nach der Beschaffenheit unserer heu=
tigen Staaten, alles auf die Frage an: Welche Geschäf=
te gehören wesentlich zur unmittelbaren Besorgung des
Regenten, welche kann und muß er der mittelbaren Be=
treibung der Staatsdiener überlassen?

We=

---

[1]) Eine Literatur vorzüglicher Abhandlungen über diese
Geschäfte findet sich in
Fr. Nicolai Verzeichniß einer Handbibliothek.
(Berl. 1787. 8.) S. 214-222.

Wesentliche und unveräußerliche ¹) Res
genten-Geschäfte, besonders in monarchischen Staas
ten, sind:

1. Auswahl und Beobachtung der ersten
Staatsbeamten, Ernennung oder Bestätigung
der mittlern Staatsdiener;

2. der letzte Entschluß in allen wichtigen, das
Wohl und Wehe des Ganzen, betreffenden Regierungs-
Angelegenheiten;

a) bes

¹) Diese Worte werden hier freylich nicht in der strengen Bedeutung genommen, als wenn die Würde des
Oberhaupts durch Veräußerung oder Nichtbesorgung
einiger dieser Geschäfte, sofort verloren gienge.
Wir finden hin und wieder Beyspiele vom Gegentheile. Allein, dann werden dieselben einem mit
ausgezeichnetem Range und besondrer Vollmacht
versehenen Beamten, oder einem Collegium, z. B.
einem Statthalter, (Regenten,) Obervor-
munde, Premier-Minister, (ministrissimus)
einer heimgelaßnen, obervormundschaftl.
Regierung, anvertraut, welche auf vielfache Weise eingeschränkt seyn können, und allemahl entweder
während ihrer Amtsverwaltung unter der Aufsicht
und Leitung des Regenten stehen, oder doch nach Endigung derselben, Rechenschaft ablegen müssen.
Zuweilen können auch Umstände eintreten, welche die
Uebertragung eines oder des andern dieser Geschäfte in
einzelnen Fällen nöthig oder rathsam machen. Die Beurtheilung der Frage: in wiefern häufige dergleichen
Abweichungen von der Regel mit der eignen Sicherheit und Würde des Regenten, und dem Glücke des
Staats bestehen können? gehört vor einem andern
Gerichtshof.

D 3

a) besonders bey auswärtigen Verhandlungen, wo es vorzüglich auf Verschwiegenheit, Geschwindigkeit, Zuverlässigkeit ankömmt;

b) bey innern Regierungs-, Finanz-, Kriegs-Angelegenheiten. Von Justiz-Sachen gehören hieher bloß die Bestätigungen oder Milderungen schwerer peinlichen Straf-Urtheile, nebst der Aufsicht über die Handhabung der Gerechtigkeitspflege.

3. Anhörung der über diese Geschäfte abzustattenden Vorträge der Minister und geheimen Referendarien, auch wohl nach Befinden eigne Durchlesung der darüber verhandelten Acten, eingekommenen Berichte, Protocolle und Auszüge, nebst schriftlicher oder persönlicher Leitung der Berathschlagungen des Staatsraths.

4. Zulassung und Anhörung einzelner Unterthanen, oder Deputationen ganzer Gemeinheiten, ohne Unterschied; Annahme ihrer Bittschriften, worauf nach Beschaffenheit der Sache der Regent entweder selbst Bescheide ertheilt, oder bey den Collegien, wohin sie gehört, die nöthigen Untersuchungen und Verfügungen veranlaßt.

5. Wichtige Belohnungen und andre Gnadensachen.

6. Eigenhändige Unterschrift aller wichtigen Urkunden und Ausfertigungen, besonders der Friedensschlüsse, Bündnisse, Verträge mit Auswärtigen, der Beglaubigungsschreiben der Gesandten; der Cabinets-Ordren,

...

Ordren, Canzleyschreiben, Handschreiben; der Gesetze
u. s. w. (Th. I. §. 361; und 417.)

7. Feyerlichkeiten, wobey seine Gegenwart nöthig ist. Z. B. bey Krönungs- und Huldigungs-
Feyerlichkeiten, Eröffnung der Parlemente, der Reichs-
Land-Tage, der höchsten Landesgerichtssitzungen,
Antritts- und Abschieds-Audienzen fremder Gesandten, Thronbelehnungen, Ordens-Capitel, Ritter-
schläge u. s. w.

Kurz, ein Regent, wenn er seine Pflichten gehörig erfüllen will, muß nicht nur in Ansehung seines Ranges, son-
dern auch an geistigen Fähigkeiten, Regierungs-Einsich-
ten und Tugenden, der erste seines Staates seyn, durch
Geschäfts-Ordnung und Wachsamkeit, die kostbaren
Augenblicke zu spahren wissen, und den größten Theil
seiner Zeit dem Staate widmen. Wie sehr alle diese
Vorzüge durch körperliche Würde, persönliche
Tapferkeit und Entschlossenheit erhöht werden,
lehren die zwey entgegengesetzten Beyspiele der neuern
Geschichte, Friedrich der Große und Ludwig der
Unglückliche.

§. 23.
Fortsetzung.
Nähere Bestimmungen.

Wie tief ein Regent sich in das Detail der Angelegenheiten oder Berathschlagungen einlassen könne und
müsse, darüber läßt sich keine allgemeine Regel aufstel-
len, da es hauptsächlich auf die jedesmalige Beschaffen-

D 4   heit

heit der Sache, auf die Menge der Geschäfte und das
Verhältniß des Staats; auf den persönlichen Charakter
und Geschäftseifer des Regenten und seiner Minister, so
wie auf das Vertrauen des erstern zu den letztern, ankömmt. Nur darf der Regent nicht etwa aus Vorliebe
eine Art von Geschäften zu seinem Hauptgegenstande
machen, sich um unnöthige Kleinigkeiten bekümmern,
und darüber wichtigere Angelegenheiten veralbsäumen.[1]
Der Regent sorge daher für redliche, geschickte, thätige
Minister, zu denen Er und der Staat Vertrauen haben,
auf deren Berichte und Vorträge er bauen kann, und
übe sich in der schweren Kunst, sie gegen Cabalen zu
schützen, ihren Eifer durch Belohnung und kluge Beobachtung zu nähren, und die goldne Mittelstraße zwischen
schädlicher Selbstthätigkeit und pflichtwidriger,
entehrender Nachlässigkeit zu wandeln.

Hülfsmittel hiezu sind:

a) Genaue Menschenkenntniß;

b) ein sowohl im Ganzen als Einzelnen festbestimmtes
Staatssystem (Staats-Maximen), ein gut-
ges

[1] Es kann freylich oft kommen, daß diese oder jene
Angelegenheit, wegen ihrer besondern Nothwendigkeit, Eile oder Wichtigkeit die vorzügliche Aufmerksamkeit des Regenten auf sich zieht, daß Nebenumstände die Einlassung in das genauere Detail nöthig
machen; aber das kann nur eine Zeitlang dauern,
und darf nicht die gänzliche Vernachlässigung der
übrigen zur Folge haben.
v. Moser politische Wahrheiten (Zürich 1796.) Bd.
2. S. 50.

geordneter Geschäftsplan, von dem ohne die
höchste Noth nicht abgewichen werden darf.[1]).

c) ein schneller Ueberblick und die Gabe, stets den rich=
tigen Gesichtspunkt zu fassen;

d) Bekanntschaft mit der ganzen Einrichtung der Staats=
Maschine und der Manipulation der Geschäfte[2]);

e) stete Hinsicht auf das Staats=Interesse (§. 9.),
besonders

f) anschauliche Kenntniß des Landes, seiner natürlichen
und Kunstprodukte, und

g) des Volksgeistes, der Lebensweise, Sprache und
Bedürfnisse der niedern Stände[3]), nebst der Gabe
der Herablassung, ohne der Regenten=Würde Abbruch
zu

1) S. v. Justi Grundriß einer guten Regierung. §.
257=259.

2) Vorzügliche Hülfsmittel für den Regenten sind hie=
bey deutliche und richtige General=Tabellen und Rech=
nungen, welche freylich bey einem nur mäßigen
Staate zu ganzen Bänden anwachsen können. Da=
her verdienen Vorschläge, diese Uebersicht zu erleich=
tern, ohne der nöthigen Vollständigkeit zu schaden,
alle Aufmerksamkeit und Ermunterung. Einer der=
gleichen ist der vor einigen Jahren vom Prof. Mül=
ler in Berlin angezeigte Plan zu einem Landes=
Inventar, worauf füglich 2 Millionen Angaben
enthalten seyn können, ohne der Leichtigkeit und Be=
quemlichkeit des Ueberblicks Abbruch zu thun. Mir
ist nicht bekannt, daß nachher etwas weiter davon ins
Publikum gekommen wäre, als was im teutschen
Museum vom J. 1787. S. 89=101. abgedruckt
steht.

3) Garve über den Charakter der Bauren.

D 5

zu thun.   Welch ein weites Feld zur Berichtigung
und Verbesserung der Prinzen-Erziehung [1])!

§. 24.
ß) veräußerliche Geschäfte.

Alle übrigen Geschäfte, sowohl der positiven als negativen Staats-Thätigkeit können, der Regenten-
Würde und dem Landeswohle unbeschadet, und müssen, theils wegen der Unmöglichkeit der eignen Besorgung, theils wegen ihrer innern Beschaffenheit (die richterlichen Geschäfte,) Andern übertragen werden.   Dahin
gehören:

1. die Verhandlungen mit auswärtigen Staaten,
wozu persönliche Gegenwart eines Bevollmächtigten nöthig ist;

2. die

[1]) Ich verweise hier wieder auf das goldne Büchlein
des großen Königs: Versuch über die Regierungsformen und die Pflichten der Regenten, im
6ten Bande der Oeuvres posthumes.
Ehler's Winke für gute Fürsten, Prinzen-Erzieher
und Volksfreunde. Kiel und Hamburg 1786. 1787.
2 Bde.
Büsch Fragmente über die Erziehung eines Prinzen
zum künftigen Geschäftsmanne; im Braunschweig.
Magaz. v. J. 1788. St. 42. 43. und teutschen
Museum 1789. St. 5. Verglichen mit
v. Seckendorf teutsch. Fürstenstaat. (Jena 1720.)
Th. 2. C. 5. §. 1. ff. und in addition. §. 30. u. 31.
wo vortrefliche Bemerkungen über diesen Gegenstand enthalten sind, welche auch noch jetzt Beherzigung verdienen.

2. die Vorbereitung und Verhandlung der Geschäfte auf Reichs- und Land-Tagen, im Parlemente u. s. w.

3. die Ausfertigung aller im Namen des Regenten ergehenden oder mit seiner Unterschrift zu bestärkenden Geschäftsaufsätze, ausgenommen die eigenhändigen Briefe, Billets;

4. die Bekanntmachung, Aufrechthaltung und Vollstreckung der Gesetze;

5. alle Geschäfte, welche zum Richteramte gehören. Diese können nicht nur, sondern müssen auch, wenn der Staat nicht in Verdacht des Despotismus gerathen will, veräußert werden (§. 19.). Der Regent darf nicht selbst Recht sprechen, behält aber die Oberaufsicht über die Richter und die Befolgung der Gesetze, nebst dem Rechte zu begnadigen, oder peinliche Strafen zu mildern;

6. die unmittelbare Besorgung der einzelnen Kirchen- und Schul-Angelegenheiten;

7. die Auswahl der Mittelbeamten und Anstellung der Unterbedienten, nebst der unmittelbaren Aufsicht über dieselben;

8. die unmittelbare Verwaltung der Cammergüter, Domainen und Regalien, nebst Erhebung der Steuern und Abgaben;

9. die Besorgung der Polizey- und andrer Regierungs-Geschäfte in den einzelnen Provinzen, Kreisen, Städten und Dorfschaften;

10. die

10. die unmittelbare Betreibung alles deſſen, was
    zum Kriegsweſen gehört;

11. die ſtufenweiſe immer höher ſteigende-Bear-
    beitung, Vorbereitung, Klarmachung, Anord-
    nung, Vereinzlung aller Regierungs-, Finanz-,
    Kriegs- und auswärtigen Geſchäfte, deren höch-
    ſte Reſultate zur unmittelbaren Entſchließung des
    Regenten gelangen ſollen ¹).

Alle dieſe Geſchäfte werden der Beſorgung verpflich-
teter und bevollmächtigter, höherer und niederer Staatsbeamten und Collegien überlaſſen, welche unter
der mittelbaren oder unmittelbaren Leitung und Aufſicht
des Regenten ſtehen.

---

1) Indeſſen verſteht es ſich von ſelbſt, daß es dem Regenten freyſtehen müſſe, nach Gutfinden dieſes oder
   jenes Geſchäft tiefer aufzufaſſen, und es zu ſeiner
   beſondern Unterſuchung zu ziehen, ſo weit nicht Gerechtigkeit (namentlich in Juſtizſachen) oder Staatsverfaſſung ihm ſolches unterſagen.

Zwey-

Zweyter Abschnitt.

Von Collegien überhaupt.

§. 25.

1. Wort-Erklärung.

Bekanntlich werden jetzt in den Europäischen Staaten die wichtigsten öffentlichen Geschäfte selten mehr von einzelnen Beamten, sondern von ganzen Collegien besorgt. Schon der lateinische Name zeigt, daß wir diese Art der Staatsverwaltung von den Römern angenommen haben, welche schon zu den Zeiten ihrer ersten Könige dergleichen Einrichtung hatten 1). Auch bey den alten teutschen Völkerschaften war Ausdruck und Sache schon frühe gebräuchlich 2). Ursprünglich bedeutete Col-

---

1) Collegium kömmt her von legare, abschicken verfügen; Collegare etwas zusammen (vereint) beschicken, verfügen; Collega, einer der mit dem andern zu einem Collegio gehört, der mit ihm von gleichem Range ist.

Barnab. Brisson. de Signif. verb. unt. d. W. Gleichbedeutend mit Collega ist Sodalis, welches nach dem Festus von solchen gebraucht wird: Qui inter se suadent inuicem, quod vtile sit.

2) In der Verordnung des ostgothischen Königs Theoderich vom J. 500. C. 64. (bey Georgisch S. 2219.) heißt es: vicinae ciuitatis collegio deportetur.

Schon die Druiden hatten eine collegialische Verfassung.

Cluverii germ. antiqua I. 24.

Collegium (Vniverſitas, ſodalitas) eine geordnete
Geſellſchaft von Bürgern, die einerley Gewerbe treiben
und ſich zu beſſerer Erreichung ihres gemeinſchaftlichen
Zweckes mit einander vereinigt haben. Sie hatten zu
dem Ende eigne aus ihrem Mittel gewählte Vorſteher,
Statuten, gemeinſchaftliche Caſſen und Zuſammenkünfte,
genoſſen im Staate beſondre Vorrechte und faßten durch
die Stimmenmehrheit Beſchlüſſe. Sie ſtanden unter
der Oberaufſicht des Staats, ohne deſſen Bewilligung
keine ſolche Geſellſchaft eingegangen werden durfte. Wenigſtens drey Perſonen gehörten zur Bildung eines Col-
legii ¹). Die einzelnen Mitglieder hießen Collegae,
ſodales, und keinem Bürger war es erlaubt, ſich zu
mehr als einem Collegio zu halten. Unter dieſer Benennung wurden nicht nur Staatsbeamte, ſondern auch
diejenigen Geſellſchaften von Handwerksgenoſſen begriffen,
welche in Teutſchland Zünfte, Innungen, Gaffeln,
Aemter heißen, imgleichen ſolche, die ſich zu gemeinſchaftlicher Feyer irgend einer beſondern Art religiöſer
Handlungen verbunden hatten, und welche noch jetzt in
den Catholiſchen Ländern unter dem Namen der Brü-
derſchaften üblich ſind.

Heutzutage iſt das Wort: Collegium, beſonders
von ſolchen Geſellſchaften üblich, welche zur unmittelbaren Beſorgung der öffentlichen Geſchäfte beſtimmt
ſind ²). Col-

---

1) S. tit. D. de Collegiis et Corporibus (XLVII, 22.)
L. 85. de Verb. Sign.
L. 1. D. quod cuiusque Vniuerf. nomine.

2) Die Bedeutung des Worts Collegium auf Univerſitäten, iſt bekannt. Sonſt hießen auch die gemein-
ſchaft-

Collegialisch heißt, was den Rechten und Gewohnheiten eines Collegiums gemäß ist.

Man hat vielfältig gesucht, das Wort: Collegium, durch gleichbedeutende teutsche Ausdrücke entbehrlich zu machen, z. B. durch Amtsgenossenschaft, Stelle, Behörde, Rath, Canzley u. s. w., allein keiner derselben ist so bestimmt, allumfassend und bequem, als der lateinische. Ueberdies ist letzterer so allgemein bekannt, und kann durch eine geringe Abänderung der Endsylbe dem Genius der teutschen Sprache so nahe gebracht werden, daß es keinen Uebelstand verursacht. Endlich sehe ich auch nicht ab, warum man lieber Kollegium statt Collegium schreiben sollte (Th. I. §. 117. 121.207.).

§. 26.
2. Sach-Erklärung.

Ein Collegium ist, nach der heutigen Canzleysprache, eine vom Staate genehmigte oder veranstaltete

Ge-

___

schäftlichen Wohnungen der Jesuiten so. Corpus ist von Collegium so unterschieden, daß dieses aus mehreren einzelnen Personen, jenes aus mehreren Collegiis besteht.
Hellfeld Repertorium iur. Germ. priu. unt. d. W.
Moser in seiner Abhandl. versch. Rechtsmaterien St. 1. Nr. 4. weicht von den gewöhnlichen Erklärungen ab. Nach ihm ist Collegium diejenige Versammlung von Personen, welche Geschäfte in fremdem Namen verwaltet. Corpus aber, eine Versammlung, welche eigne Geschäfte verhandelt. Er unterscheidet auch beyde von den Gerichten.

Geſellſchaft mehrerer Bürger, welche nach einer durch Geſetze oder Herkommen beſtimmten Ordnung, einen ih= rer Beſorgung beſonders anvertrauten Theil der Staats= geſchäfte, mit vereinigten Kräften, in dazu angeſetzten Verſammlungen, verhandeln, darüber nach der Stim= menmehrheit der Mitglieder gemeinſchaftliche Beſchlüſſe faſſen, die Vollziehung derſelben bewirken, und deshalb vom Staate mit den nöthigen Hülfsmitteln und Rechten verſehen ſind.

Dieſe Erklärung umfaßt die in vielen Staaten be= findlichen Reichs= und Landſtändiſchen Collegien ſowohl, als diejenigen, welche aus beſoldeten Staats= beamten beſtehen.

Das Wort: Collegium, iſt nicht zu verwech= ſeln mit Deputation, Commiſſion. Jenes bedeutet alle zu einer beſondern öffentlichen Geſellſchaft gehörige Mitglieder.

Deputation heißt,

a) wenn das Collegium einige ſeiner Mitglieder bevoll= mächtigt, Namens des Collegiums ein beſondres Geſchäft zu verhandeln, welches auf dieſe Weiſe ſchneller, leichter und mit mehrerer Zeiterſpahrung geſchehen kann. In dieſem Sinne iſt Deputa= tion gleichbedeutend mit Ausſchuß, Comite';

b) Abgeordnete von Unterthanen an den Regenten, von kleinen Republiken an auswärtige Mächte;

c) Be=

c) Bevollmächtigte der teutschen Reichsstädte zu den
verschiednen Reichsständischen Versammlungen [1] (Repräsentanten).

Commission bedeutet

a) das Geschäft selbst, welches einem Commissär aufgetragen ist;

b) einen oder mehrere Abgeordnete des Regenten zu
Reichs- und Landständischen Verhandlungen;

c) einen oder mehrere Bevollmächtigte der höhern Reichs-
und Landesgerichte, die eben nicht aus ihrer Mitte
gewählt zu seyn brauchen, zu vorschriftmäßiger Besorgung eines besondern Justiz-Geschäfts, von dessen
Ausfalle sie an das Collegium berichten müssen;

d) ein, meist aus Mitgliedern verschiedner Collegien,
zu fortwährender Besorgung eines bestimmten Neben-
zweiges der Kriegs-, Cameral- oder Polizey-Ge-
schäfte, vom Regenten niedergesetztes Collegium, welches auch wohl Deputation genannt wird.

§. 27.

3. Bestandtheile und Bedürfnisse der Collegien.

Diese sind

1. gewöhnliche und wesentliche, d. i. solche, welche sich
der Regel nach bey einem jeden wohlgeordneten Collegium finden. Dahin gehören

A. Be-

1) Bu der Repertorium des teutschen Staats- und
Lehnrechts die neueste Ausg. unter d. Wort Deputation.

Canzleyst. Th. 2.　　　　E

A. Bestandtheile, leitende, (dirigirende,) stimmende, (votirende,) ausfertigende (expedirende) Personen [1];

a) ein Chef oder ein Directorium, welches aus einer oder mehreren Personen bestehen kann, und dessen Rechte und Pflichten, in Beziehung auf die Verhandlung der Geschäfte und übrigen Glieder, durch Herkommen, Gesetze, Instructionen bestimmt sind;

b) eine gewisse Anzahl von Räthen, die nach Beschaffenheit der Collegien, verschiedne Titel führen.

c) eine verhältnißmäßige Anzahl von Subaltern en, welche der Regel nach keine Stimme bey den collegialischen Beschlüssen haben, sondern theils zur Vorbereitung der Geschäfte, theils zur Führung des Protocolls, theils zur Besorgung der Ausfertigungen gebraucht werden.

Dahin gehören

aa) die Secretarien, Registratoren, Actuarien,:

bb) das eigentlich sogenannte Canzley-Personal — Canzlisten, Copisten, mit ihren Vorstehern.

d) Eine hinlängliche Zahl von Unterbedienten, als Thürhüter, Boten, Aufwärter u. dergl.

B. Bes

[1] Elsässer Leitfaden zur Canzleypraxis. 2ter Abschn. §. 7. ff.

B. Bebürfniſſe,

a) Anſtändige, der Würbe und den Bebürfniſſen des Collegiums angemeßne Gebäube und Zim‐ mer;

aà) zu den Verſamlungen deſſelben;

bb) zu Beſorgung der Canzleygeſchäfte (Canz‐ leyen in der engern Bedeutung. Th. 1. §. 8.) ¹).

cc) zu

1) Nicht immer hat ein Collegium eine eigne Canzley oder Regiſtratur, ſondern es ſind dazu die Subaltern‐ nen eines andern Collegiums angewieſen. In den meiſten Staaten hat man öffentliche Gebäude, wel‐ che zum Gebrauche der Landes‐Collegien beſtimmt ſind. Bey einem wohleingerichteten Collegium ſind ſowohl zu den Haupt‐ als Neben‐Sitzungen mehre‐ re beſondre, anſtändige und geräumige Rathszim‐ mer nöthig, welche ſo gelegen ſeyn müſſen, daß nicht leicht jemand an den Fenſtern oder Thüren hor‐ chen kann; ferner ſollten der Regel nach die Secre‐ täre eigne Expeditionszimmer, die Canzliſten ihre Schreibſtuben haben, welche hell, und mit Verſchlägen oder verſchloßnen Cabinetern zu gehei‐ men Arbeiten, desgleichen mit den nöthigen Schreib‐ pulten, Schränken und Schreibmaterialien verſehen ſeyn müſſen. Für die Regiſtratoren und Taxa‐ toren pflegen gleichfalls beſondre Arbeitszimmer in den Collegiengebäuden beſtimme zu ſeyn, ſo wie beſonders wohlverwahrte, auch wohl gewölbte Cammern zu den Regiſtraturen, Archiven, Caſſen und dem De‐ poſiten‐Weſen erforderlich ſind. Auch hat man an einigen Orten noch eigne Stuben für die Canzley‐ diener und Boten, dergleichen für die Fremden, welche Geſchäfte beym Collegium haben. Das Haupt‐ ſitzungszimmer mancher Collegien pflegt auch wohl
E 2   mit

cc) zu Aufbewahrung der Schriften (Archive, Registraturen);

b) Feurung und Licht, Schreibmaterialien, andre nöthige Geräthschaften;

c) Bibliothek. Wenigstens sollte bey jedem nur etwas ansehnlichen Collegium eine Sammlung der nothwendigsten, unmittelbar in sein Fach einschlagenden Literatur vorhanden seyn;

2. ungewöhnliche, zufällige, die nur bey dieser oder jener Art von Collegien, in diesem oder jenem Staate, angetroffen werden.

a) Absonderung der Mitglieder

aa) in verschiedne Bänke, — geistliche, weltliche; Herrn-, Gelehrten-Bank;

bb) in mehrere Stände, Curien;

cc) in Departements, Senate ꝛc.

b) außerordentliche Beysitzer (Assessoren) mit und ohne Stimme; Auditoren, Auscultatoren, Referendarien; Accessisten in den Canzleyen, solche Räthe, die nur bey gewissen Geschäften zugezogen zu werden pflegen; Mitglieder, die gewöhnlich abwesend sind;

c) besondre Tax-Aemter, Calculaturen, Cassenbediente, Aestimatoren, Executoren, und andre Eigenheiten, die bey der speciellen Uebersicht der

mit Schranken und Bänken für die Partheyen, mit Klingeln, zum Rufen der Boten und Canzleydiener, u. dergl. versehen zu seyn.

der in Teutschland üblichen Collegien näher zu be:
stimmen sind;

d) Buchdruckereyen, Buchbinder.

§. 28.

4. Verschiedne Arten der Collegien.

Die Collegien können verschieden seyn:

1. in Ansehung ihres Wirkungskreises, —
Reichs:, Landes:, Provinzial:, Stadt:Collegien u.
dergl.;

2. in Betracht ihres Personals, — Reichsständi:
sche, Landständische, Dom:Capitularische, solche die
aus besoldeten Beamten bestehen; stark besetzte, min:
der zahlreiche; katholische, protestantische, adliche,
bürgerliche, gemischte; solche die blos aus studierten,
oder auch mit aus unstudierten Personen bestehen;

3. — ihrer Bestimmmung und des Hauptge:
genstandes ihrer Geschäfte:
Geistliche, weltliche; Civil:, Kriegs:, Regierungs:,
Justiz:, Cameral:, Finanz:, Polizey:, Schul:, Uni:
versitäts:gemischte Collegien u. dergl.;

4. — ihres Ranges und Verhältnisses zu an:
dern.

In dieser Hinsicht sind die Collegien

a) höhere, (Ober:Collegien, Hof: und Lan:
des:Stellen)

aa) solche die den Titel des Regenten führen;

bb) — die einen eignen Titel haben.

b) niedre, Unter:Collegien (subordinirte)

c) von gleichem Range, (coordinirte)

E 3   d) Haupt:

d) Haupt-Collegien, oder Deputationen, Commmissionen (§. 26.)

5. — ihrer Dauer und der Zeit ihrer Versamm-lungen; solche, die ein fortwährendes Geschäft zu besorgen haben, und daher täglich, wöchentlich, jähr-lich, zu bestimmten Zeiten ihre Sitzungen zu halten pflegen; solche die nur bey gewissen Begebenheiten in Thätigkeit kommen; solche, die zu einem besondern Geschäfte oder auf gewisse Jahre errichtet werden, nach deren Beendigung auch ihre Bestimmung aufhört.

§. 29.

5. Nachtheile der Collegialischen Verfassung.

Der Cardinal Richelieu (in seinem politischen Testamente) und andre suchen die Art, die öffentlichen Geschäfte durch Collegien zu verhandeln, aus mehrern Ursachen verdächtig zu machen. Die vornehmsten der-selben sind:

1. Verzögerung der Geschäfte.

2. Unsicherheit des Geheimnisses.

3. Unachtsamkeit, Rangstreitigkeit, Neid und Ka-balen, theils der einzelnen Mitglieder, theils gan-zer Collegien gegen einander, welche oft zum Nach-theile der Geschäfte ausschlagen.

4. Kostbarkeit der Unterhaltung.

5. Ein oft falsch geleiteter Zunftgeist und eine hart-näckige Anhänglichkeit am Schlendrian [1]).

Allein

---

1) Der falsche Collegial-Zunftgeist wird in dem schö-nen Circulare Josephs II. über die Grundsätze eines
Staats-

Allein diese Nachtheile laſſen ſich, wonicht, gänzlich wegräumen, doch durch vorſichtige Auswahl der Präſidenten, durch zweckmäßige Einrichtung der Collegien,
durch angemeßne Beſoldung der Beamten, durch gehörige
Aufſicht, durch beſſere Verbindung der verſchiednen Collegien, kluge Richtung des Gemeingeiſtes (eſprit de corps)
zum Beſten des Dienſtes, ſo wie zum allgemeinen
Nutzen u. ſ. w. ſehr vermindern und unſchädlicher machen ¹).

Dabey kömmt noch in Betracht, daß alle dieſe
Nachtheile, nebſt noch mehrern und größern Mißbräuchen

Staatsbeamten (in Schlözer Staatsanz. XIV. §.
245.) vortrefflich dargeſtellt: "So hält der Civil-
ſtand den Militärſtand blos zu Eroberungen und
zur Hintanhaltung des Friedens geeignet, in Friedens-
zeiten aber für einen Blut-Egel des contribuirenden
Standes: und der Soldat glaubt ſich wieder berechtigt, vom Lande für ſich den möglichſten Nutzen zu
erhalten; der Mautner ſieht nur auf die Vermehrung des ihm anvertrauten Gefälles; der Richter
befleißigt ſich nur, daß das Anſehn und alle Formen
in Behandlung der Gerichtshändel wohl beobachtet
werden — Dieſes ſind die Haupt-Leiter, Führer
eines Staats, welche ſamt allen ihren Individuis nur
auf ſich, und nicht auf das Allgemeine ſehen, ja unter ganz falſchen Grundſätzen die Staatsverwaltung
betrachten u. ſ. w.
vergl. mit Juſti Staatswirthſch. Th. 2. §. 594.

1) Die gegenwärtige Verfaſſung der Preußiſchen
Collegien und der Gang der Staatsgeſchäfte bey denſelben, ſtellt ein nachahmungswürdiges Muſter dar,
welches wir weiter unten genauer betrachten werden.

heil mit der Verwaltung wichtiger Staatsgeſchäfte durch
einzelne Beamten verbunden ſeyn können. Man denke
nur an die Maiores domus der ältern, an die Bureaucratie ¹) der neuern franzöſiſchen Monarchie, an die
Fünf-Männer der jetzigen franzöſiſchen Republik ²),
an die Miniſtriſſimos und Veziere mancher andern
Staaten ³)!

§. 30.

1) Die wichtigſten Zweige der Staatsverwaltung waren, der von Richelieu, Louvois und Colbert
geſchaffenen Organiſation der Staatsverwaltungs-
Maſchine zufolge, einzelnen Miniſtern anvertraut,
deren jeder ein ſogenanntes Bureau zu ſeinem Befehle hatte, in welchem mehrere Ober- und Unter-Com-
mis, nicht collegialiſch, ſondern als Unterbediente
des Miniſters, die Geſchäfte beſorgten. Die erſten
Commis hatten das Heer der übrigen Arbeiter wieder unter ihrem Befehle. Bey dem unter Ludwig
XV. u. XVI. ſehr häufigen Miniſterwechſel, mußten
ſich die neuen Miniſter oft der Leitung dieſer Commis
überlaſſen, welche dadurch ein großes Uebergewicht
erhielten, und ſolches nicht ſelten zum Nachtheile
des Staats mißbrauchten. Dieſe Art der Staatsverwaltung belegte man in Frankreich mit dem Spott-
nahmen Bureaucratie.
v. Juſti Staatswirthſch. Th. 2. §. 572.
(Meilhan) Frankreich vor der Revolution; überſetzt von Venturini. (Braunſchweig 1795.) S.
144. ff.

2) Genius der Zeit May 1797. S. 62. Not. a).

3) v. Juſti Grundr. ein. gut. Reg. §. 331. ff.
Montesquieu Eſpr. des Lois. L. 5. Ch. 14. 16.

§. 30.

6. Nutzen der Collegien.

Schon aus dem Bisherigen ergeben sich die überwiegenden Vorzüge der collegialischen Geschäftsverhandlung, vor der Anstellung einzelner Staatsbeamten. Diese werden noch durch die Vortheile der reiflicheren Ueberlegung und unpartheyischeren Entscheidung erhöhet. Oft können Sachen vorkommen, die besondre und gründliche Kenntnisse in andern Geschäftszweigen voraussetzen, welche sich nicht immer in einer Person vereinigen; aber unter mehrern Räthen wird sich leicht einer oder der andre finden, welcher dieselben besitzt und dadurch dem Urtheile der übrigen zu Hülfe kömmt. Auch bey den besten Einsichten, bey dem besten Willen und Herzen, können Temperament, augenblickliche Launen und Gemüthsstimmungen oft den wahren Gesichtspunct einer Sache verrücken, welches aber durch das Zusammentreten mehrerer Männer von verschiednen Jahren, Temperamenten, Launen und Einsichten verhütet wird. Der junge Geschäftsmann bildet sich an der Seite der ältern, ohne Nachtheil der Geschäfte; die von der Akademie mitgebrachte abstracte Theorie des ersten, der damit gewöhnlich verbundne Trieb nach Neuerungen, wird durch die Erfahrung der letztern in der wirklichen Welt, durch ihre Kaltblütigkeit gemäßigt, vorsichtig gemacht, und vor Abwegen und schädlichen Mißgriffen bewahrt, indeß die ältern Räthe durch das Feuer ihrer jüngern Gehülfen gleichsam erwärmt, unterstützt, und dadurch die Geschäfte auf der sichern Mittelstraße zwischen zu viel und zu we-

E 5

nig,

nig, zu schnell und zu langsam, zu gewagt und zu furchtsam, erhalten und fortgeleitet werden. Sollte auch zuweilen ein Mitglied des Collegiums seine Pflichten verkennen, die Geschäfte vernachlässigen, sich von Leidenschaften oder Vorurtheilen hinreißen lassen; so ist dieß doch nicht sogleich von den übrigen zu besorgen, die begangnen Fehler werden schneller und leichter entdeckt, und die Geschäfte kommen nicht ganz in Stillstand. Ein ganzes Collegium ist schwerer zur Untreue zu verleiten oder zu täuschen, als ein Einzelner. Ein einziges Mitglied, das entweder zu redlich oder zu furchtsam ist, seine Pflicht zu verletzen, kann oft die künstlichsten Plane der Ungerechtigkeit durch Verweigerung seines Beytritts zerstöhren. Hiezu kommt noch der Wetteifer zum Guten, welcher durch collegialisches Zusammenarbeiten, und wechselseitiges Lehren und Lernen ungemein belebt wird. Auch das Vertrauen des Publicums, welches Einzelne leicht, mit Recht oder Unrecht, verlieren können, erhält sich länger bey ganzen Collegien, die sich dasselbe einmahl zu erwerben gewußt haben [1]).

§. 31.

---

1) Melius omnibus, quam singulis creditur. Singuli enim decipere et decipi possunt: nemo omnes, neminem omnes fefellerunt. Plinius Paneg. 62.
Abbé de St. Pierre Discours sur la Polysynodie, où l'on démontre que la Polysynodie, ou Pluralité des Conseils est la forme de ministere la plus avantageuse pour un Roi et pour son Royaume. Londr. 1718. übersetzt v. Wagner. Halle 1720. — Leys. Spec. 181. med. 5.

§. 31.

7. Bemerkungen bey Errichtung neuer und Veränderung
alter Collegien.

In monarchischen Staaten macht, wie wir bisher
gesehen haben, die gehörige Vertheilung der Geschäfte
unter die verschiednen Collegien und Staatsbeamten, einen der wichtigsten Zweige der Staatsverwaltung
aus, und in republikanischen oder gemischten Regierungsformen ist sie selbst als ein Theil der Staats-Grund-
verfassung zu betrachten [1]). Daher kann Behutsamkeit und Ueberlegung bey Errichtung neuer und Veränderung alter, besonders höherer Staats-Collegien, nicht
genugsam empfohlen werden. Nichts ist in monarchischen Staaten gewöhnlicher, als daß mit dem Regierungs-
Antritte eines neuen Regenten schnelle Veränderungen
mit den Regierungsmaximen, den Ministern und den
höhern Departements vorgehen; — aber die Geschichte
zeigt auch, was für nachtheilige Folgen dergleichen rasche
Eingriffe in den verwickelten Gang der Staatsmaschine fast
meistens zu haben pflegen. Inzwischen ist auch auf der
andern Seite die Staatsverwaltung keines Staates so
fehlerfrey, daß nicht von Zeit zu Zeit Veränderungen
nöthig seyn sollten [2]). Nur müssen dieselben in der
feßten

1) Jean Adams de la necessité d'une balance dans
les pouvoirs d'un gouvernement libre. Paris 1792.
2 tomes 8.

2) Besonders bedürfte die Gerichtsverfassung
manchen Staates einer großen Verbesserung, sowohl
im Aeußern, als Innern. Die vielen Privilegien
und ausschließenden Rechte in Justizsachen, welche
sich

festen Ueberzeugung von ihrer Nothwendigkeit und ihrem Nutzen veranstaltet, und selbst dann auch darf die Gerechtigkeit und Billigkeit dabey nicht aus den Augen verloren werden [1]). Besonders kommen bey Errichtung

---

sich noch aus den trüben Zeiten des Mittelalters herschreiben, sind nicht nur dem Staate, sondern auch den Privilegirten selbst nachtheilig. Manches Collegium, das neben seinen eigentlichen Geschäften auch noch die Gerichtsbarkeit in gewissen Sachen zu besorgen hat, vergißt und vernachlässigt darüber seine Hauptbestimmung. Daher entzog Leopold II. den bischöflichen Gerichten in Toskana alle Jurisdiction in Civilsachen, und überließ ihnen blos die geistlichen Angelegenheiten und die Entscheidung der Gewissenssachen. Weit zweckmäßiger würden hin und wieder die eigentlichen Consistorial-Angelegenheiten — Verwaltung der Kirchengüter, Verbesserung der Kirchen-Ordnungen, Aufklärung in Religionssachen, Sorge für Kirchen und Schulen, für die Sittlichkeit der Erwachsenen, für die Bildung und Erziehung der Jugend, Aufmerksamkeit auf Prediger und Schullehrer — verwaltet werden, wenn die Consistorien und sogenanten geistlichen Gerichte, den ihnen so fremdartigen Theil der Gerichtsbarkeit an die eigentlich dazu bestimmten Collegien wieder abtreten wollten! Leopolds Staatsverw. v. Toskana. Bd. 1. S. 8. 15. 18.

(Hennings) Genius der Zeit. 1795. Julius S. 370.

1) Kais. Leopold II. verfuhr bey seiner weisen Umwandlung der Staatsverwaltung von Toskana weit billiger, als sein Bruder K. Joseph II. Den, durch die neuen Reformen unbrauchbar oder überzählig gewordnen Beamten gab er reichliche Pensionen, oder ließ ihnen ihre völligen Besoldungen, die mehrentheils aus

tung neuer Collegien folgende Umstände in Betrachtung:

1. Nothwendigkeit und Nützlichkeit.

Ist nicht schon eine Anstalt vorhanden, welche die für das neue Collegium bestimmten Geschäfte zu besorgen hat?

Ist es nothwendig und rathsam, diese von den bisher mit ihnen verbundnen Sachen zu trennen?

Kann nicht ein schon bestehendes Collegium leicht so eingerichtet werden, daß die dem neuen anzuweisenden Geschäfte, ohne Nachtheil, von ihm mit besorgt werden können? [1]).

2. Möglichkeit und Vorsicht.

Darf der Regent, nach den Grundgesetzen, diese Veränderung vornehmen?

Kann sie, nach der Beschaffenheit der Einkünfte, ausgeführt werden, ohne daß etwas Nützlicheres darunter leidet?

Ist

---

aus den Domainen des Regenten und seinen Privat-Einkünften bestritten wurden.

S. die Staatsverwaltung von Toskana unt. der Regierung K. Leop. II. aus d. Ital. von Jägemann und Crome. (Gotha 1795. 2 Bde. 4.) Bd. 2. Tab. 2.

1) So würden die Consistorien die Schuldirectorien entbehrlich machen, wenn erstere, nach dem obigen Vorschlage, die Entscheidung der Rechtshändel den eigentlichen Justiz-Collegien überließen, und statt der weltlichen Räthe, Männer, die mit dem Erziehungsfache und dem Zustande der Gelehrsamkeit bekannt wären, zu Mitgliedern schlössen.

Ist sie bey den gegenwärtigen Umständen rathsam?
Wird der Geschäftsgang der übrigen Collegien nicht
dadurch gehemmt oder erschwert?

3. Einrichtung.

a) äußre Verfassung.

Welche Stelle, was für ein Wirkungskreis ist
der neuen Anstalt, nach Maasgabe ihres besondern
Zweckes, im Staate anzuweisen?

Welches Verhältniß gegen den Staat, den Regenten, die übrigen Collegien und Staatsbeamten, muß und darf für sie festgesetzt werden?

b) innre Verfassung.

aa) allgemeine.

Anzahl und Eigenschaften der Mitglieder [1]).
Geschäfte (Ressort), Geschäftsgang. (Eintheilung in Senate, Departements, Deputationen. Bänke, Referir-Art u. s. w.) Be-
soldungsfond, Titel des Collegiums, Siegel, Ver-
sammlungsort, Zeit und Dauer der Sitzungen.
Ferien.

bb) besondre. Pflicht, Rechte, Besoldung, Rang,
Titel,
des Chefs, der Räthe, der Subalternen.

c) Re-

---

[1]) Die Anzahl der Glieder eines Collegiums muß sich
nach der Menge, Wichtigkeit und innern Beschaffenheit der Geschäfte richten. Justiz-Collegien müßten
der Regel nach, unter gleichen Umständen, zahlreicher
seyn, als solche, wobey es hauptsächlich auf Verschwiegenheit und Schnelligkeit der Ausführung ankömmt.

c) **Nebenbestimmungen.** Sporteln, Schreibmaterialien, Urlaub, Prüfung, Vereidigung, Einführung der Mitglieder, Zahl und Anstellung der Unterbedienten, Gerichtbarkeit über die Mitglieder u. s. w.

Dritter Abschnitt.

Allgemeine staatswissenschaftliche Grundsätze, vom Gange der Geschäfte.

§. 32.

1. Erklärung.

Wir haben bisher die verschiednen zur Erreichung des Staatszweckes nöthigen Arten der Staatsthätigkeit, nebst den mannigfaltigen dadurch veranlaßten Geschäften, und den zu deren Betreibung erforderlichen Collegien betrachtet. Die Art und Weise nun, wie die öffentlichen Geschäfte von diesen Collegien betrieben, oder die Ordnung, nach welcher dieselben eingeleitet, vorbereitet, durch collegialische Berathschlagung entschieden und zur Vollziehung gebracht werden, heißt der Gang der Geschäfte (Geschäftsgang). Zweckmäßige Vertheilung der Geschäfte macht das Wesen, Ordnung in Verhandlung derselben, die stärkste Triebfeder der Staatsverwaltung aus. Je systematischer die Behandlung der Staatsangelegenheiten betrieben wird, desto nützlicher ist ihr Erfolg für das allgemeine Beste, desto zuverläſſiger laſſen ſich die Reſultate der Staatskraft beſtimmen [1]). Dieſe Ordnung erſtreckt ſich nun entweder über die ganze Einrichtung der Staatsmaſchine, zur Beförderung, Erhaltung und Leitung der auf = und abſteigenden Staats = Thätigkeit; oder ſie beſchränkt ſich auf die Betreibung einzelner Geſchäfte bey den verſchiednen Staatscollegien. **Allgemeiner, beſondrer Geſchäftsgang.**

§. 33.

2. Allgemeiner Geſchäftsgang.

Regent und Staat verhalten ſich, wenigſtens der Regel nach, zu einander, wie Seele und Körper. Die **abſteigende Staats = Thätigkeit** iſt alſo in ihrem erſten Urſprunge gleichſam geiſtig, von intenſiver Stärke, abſtract, und muß, wenn ſie den beſtimmten Zweck erreichen ſoll, durch die zwiſchen Regenten und Volk befindlichen Mittelſtufen, (Collegien und Staatsbeamten) mehr und mehr verſinnlicht, verbreitet, individualiſirt und der Empfänglichkeit des Volks näher gebracht werden; die **aufſteigende Staats = Thätigkeit** hingegen, welche vom Volke ausgeht, iſt in ihrem erſten Urſprunge ſinnlich, extenſiv, individuell, und wird durch die Zwiſchenſtufen immer mehr vergeiſtigt, zuſammengedrängt, verfeinert, je näher ſie dem Regenten kömmt [2]). Die

Col

---

1) v. Benzel die Binde des Themis, im teutſchen Merkur 1795. März S. 27.

2) Man vergleiche hiemit vorzüglich die ſchöne Abhandlung von Adrian Leſay über die Schwäche

der

Collegien sind also gleichsam die Leiter der zwiefachen Staats-Thätigkeit, welche nach ihren verschiednen Richtungen bald ein analytisches, bald ein synthetisches Verfahren nöthig macht. Je zweckmäßiger nun die Collegien und Staatsbeamten über und neben einander gestellt sind, je genauer einem jeden seine Bestimmung angewiesen ist, je richtiger und treuer die vorgeschriebnen Ordnungen und Pflichten befolgt werden, desto schneller, sicherer, deutlicher und wirksamer wird auch der Kreislauf der Staats-Thätigkeit seyn. Kurz, der allgemeine Geschäftsgang kann durch die Staatsverfassung, durch die mehrere oder mindere Thätigkeit des Regenten, durch Geschicklichkeit oder Unwissenheit, Treue oder Untreue der Beamten, durch Ueberzähligkeit oder Mangel der Collegien, durch gute oder fehlerhafte Einrichtung derselben, befördert oder gehindert werden. Die Manipulation und der Kreislauf aller öffentlichen Geschäfte, vom Regenten und aus der Residenz, bis zu den niedrigsten Beamten, zu den äußersten Grenzen des Staats, und von da wieder zurück zum Oberhaupte; die leicht ineinandergreifende Unter- und Neben-Ordnung der höhern und niedern Collegien, und die dadurch über alle Theile der Staatsverwaltung zweckmäßig verbreitete Aufsicht, Zuverlässigkeit und Klarheit; das, nach Beschaffenheit der Gegenstände, nach der Zahl und den Bedürfnissen der Einwohner, nach der Größe

und

der gegenwärtigen Regierung Frankreichs, übersetzt in der neuen Klio Sept. 1796. besonders S. 31. ff.

und Verfassung eines Staats, richtig abgewogne Verhältniß der Collegien und Staatsbeamten; das mehr oder minder leichte, sichere und dauerhafte Spiel der ganzen Staatsmaschine, gewähren einen zuverläßigen Maasstab, um die Stärke oder Schwäche, die mehrere oder mindre Güte und Weisheit einer Regierung, das Wohlseyn oder Kränkeln eines Staats zu beurtheilen.

§. 34.
Nähere Bestimmungen.

Hieraus ergeben sich folgende Grundsätze:

1. Die Zahl und Einrichtung der Collegien und Staatsbeamten richtet sich nach der Größe und Beschaffenheit der Geschäfte. Die Oberaufsicht des Staats muß überall, mittelbar oder unmittelbar, gegenwärtig und wirksam seyn, jeder Unterthan muß Schutz und Rath in der Nähe finden können, kein Geschäft darf übereilt werden. Auf der andern Seite aber verbietet auch die Klugheit und Staatsökonomie die unnöthige Häufung der Beamten und Collegien, wodurch der Geschäftsgang ohne Noth verlängert, die Geschäfte selbst gehäuft, die Staatskräfte nutzlos verschwendet werden würden [1].

2. Die höhern Collegien sind dazu da,
   a) die Aufsicht (Controle) über die unter ihnen stehenden niedern Collegien und Beamten zu führen und sie zu ihrer Schuldigkeit anzuhalten.

b) ih-

---

[1] v. Justi Grundriß. §. 252.

b) ihnen die Beschlüsse des Regenten bekannt zu machen, und sie über die Ausführung derselben zu belehren [1]);

c) von denselben die nöthigen Berichte, Rechnungen, Tabellen u. f. w. abzufodern, weiter vorzubereiten, und, wo es nöthig ist, zum Entschlusse des Regenten zu befördern;

d) die ihnen unmittelbar obliegenden andern Geschäfte vorschriftmäßig zu betreiben.

3. Die niedern Collegien müssen

a) über die ihnen untergebnen Diener die Controle führen;

b) die einzelnen Unterthanen über den Willen des Regenten belehren und über die Befolgung der Gesetze wachen;

c) die einzelnen Privatgeschäfte der Bürger, wo es nöthig ist, durch ihren Zutritt und Rath befördern, und deren Rechte und Verbindlichkeiten zur Vollziehung bringen;

d) die

[1] "Der Landesfürst giebt durch seine Befehle nur seine Gesinnungen und Absichten zu erkennen, seine Hof- und Landes-Stellen sind aber dazu da, seine Willensmeynung bestimmter zu erklären, und alle Wege, welche zu deren richtigen, genauen und geschwinden Befolgung führen können, auszuwählen, Anstände zu entfernen und über die Befolgung zu wachen. Sie dürfen sich also nicht damit begnügen, diese Verordnungen den untern Stellen und Beamten, ohne alle weitere Belehrung, mitzutheilen." Circulare Josephs II. über die Grds. ein. Staatsbeamt. in Schlözer Staatsanz. XIV. 238-250.

d) die aufsteigende Staats-Thätigkeit zunächst vorbereiten, und davon an die ihnen vorgesetzten Behörden berichten.

4. Die neben einander geordneten Stellen,
gleichen Ranges, sollen,

a) je nachdem sie zu den höhern oder niedern Collegien gehören, ihre Bestimmung erfüllen;

b) einander wechselseitig, wo solches nöthig ist,
zu Beförderung der Geschäfte behülflich seyn, und
darüber bey eintretenden Fällen zusammen freund-
schaftlich communiciren.

5. Alle Collegien und Staatsbeamten müssen nach einem
gemeinschaftlichen Ziele, dem Hauptstaatszwecke, hinstreben, sich nicht blos mit der mechanischen Ausübung ihrer Dienstpflicht begnügen, sondern alle
Kräfte zur Beförderung der Geschäfte, zur Ausfül-
lung des ihnen angewiesenen Wirkungskreises aufbieten.

6. Der Gang der auswärtigen Geschäfte wird
entweder vom Regenten allein, oder mit Zuziehung
einer Auswahl von Ministern, oder vom geheimen
Staatsrathe, durch Gesandte und eigenhändige
Schreiben geleitet, und richtet sich nach den jedesmahligen Umständen. Daher für denselben keine bestimmte allgemeine Vorschrift festgesetzt werden
kann.

7. Der allgemeine Geschäftsgang muß sicher und so eingerichtet seyn, daß nur selten Ausnahmen und Abweichungen von der einmahl bestimmten Ordnung
nö-

nöthig sind, daß die einzelnen Geschäfte nach ihrer eigenthümlichen Beschaffenheit gehörig erwogen und
verarbeitet werden können, ohne jedoch durch unnöthige Umschweife über die Gebühr verzögert oder vervielfältigt zu werden [1]).

Auf diese Sätze gründet sich die ganze Lehre von dem
allgemeinen Geschäftsgange oder der Staats-Tactick,
nach dem Ausdrucke eines neuern Schriftstellers [2]).

§. 35.

3. Besondrer Geschäftsgang.

Die schriftliche und collegialische Verhandlung der
öffentlichen Angelegenheiten erzeugte eine neue Art von
Manipulation, wodurch ein einzelnes Geschäft zur
Kenntniß der sämtlichen Mitglieder eines Collegiums gelangen, darüber collegialische Berathschlagung gepflogen
und ein gemeinschaftlicher Schluß gefaßt, dieser endlich
nach dem Willen des Collegiums ausgefertigt, von demselben beglaubigt und zur Vollziehung gebracht werden
kann. Hierin besteht nun der besondre Gang eines Geschäfts, wozu der Regel nach alle Bestandtheile eines Collegiums (§. 27.) mitwirken müssen.

Ins-

1) Il faut que les affaires aillent, et qu'elles aillent un
   certain mouvement, qui ne soit ni trop lent, ni trop
   vite.
   Montesquieu Esprit des Lois. L. 2. Ch. 2.

2) v. Moser neues patriot. Archiv. 2ter Bd. S. 283.
   Man s. auch Rüdiger Anfangsgründe der allgemeinen Staatslehre. (Halle 1795-8.) §. 226. 229.

Indeſſen können zuweilen Umſtände eintreten, welche ein außerordentliches Verfahren nöthig und
rathſam machen, z. B. in eiligen Sachen, oder wo es
beſonders auf Geheimhaltung, auf Unterſuchung an Ort
und Stelle, und dergl. ankömmt, wobey der gewöhnliche Geſchäftsgang nicht gut anzuwenden iſt. In ſolchen
Fällen pflegt das Collegium oder der Regent und die höheren Collegien Commiſſionen (§. 26.), die entweder
aus einzelnen Beamten, oder mehrern Perſonen, beſtehen
können, niederzuſetzen ¹).

Zur beſſern Ueberſicht des beſondern Geſchäftsganges iſt nöthig:

A. eine genauere Kenntniß der für ein beſtimmtes
Collegium gehörigen, oder dabey vorfallenden Geſchäfte ſelbſt;

B. eine nähere Darſtellung der einzelnen Beſtandtheile eines Collegiums (§. 27.) und der für ſie gehörigen Arbeiten, worauf ſich

C. der beſondre Geſchäftsgang, oder die Verhandlung einer Sache ſelbſt anſchaulicher machen läßt;
endlich

D. eine

1) Lamprecht Encyklopädie der ökonomiſchen, politiſchen u. Cameralwiſſenſch. (Halle 1785.) §. 1065.
Rüdiger a. a. O. §. 235.
Repertorium des Staats- und Lehn-Rechts unt.
d. W. Commiſſarius.
Hellfeld Repertorium des teutſchen Privat-Rechts
unt. d. W. Commiſſarius, Commiſſion.

D. eine summarische Aufzählung der vorzüglichsten
Hülfsmittel, zur Sicherheit, Ordnung und Beschleunigung der Geschäfte.

§. 36.

A. Geschäfte eines Collegiums überhaupt.

Diese sind I. theils gewöhnliche, welche durch
die Ressort-Reglements und besondern Ordnungen oder das Herkommen bestimmt sind; theils ungewöhnliche. Die gewöhnlichen Geschäfte eines
Collegiums sind wieder verschieden, je nachdem dasselbe
ein Reichs- oder Landes-, ein Ober- oder Unter-, ein
geistliches oder weltliches, ein Regierungs-, Finanz-,
Kriegs-, Polizey-, Justiz-Collegium ist (§. 28.).

Die ungewöhnlichen Geschäfte können veranlaßt werden

1. vom Regenten oder den höhern Collegien durch
Rescripte, Aufträge, Ausschreiben, u.
s. w.;

2. von Unter-Collegien und Beamten, durch Berichte;

3. von andern in gleichem Range stehenden Collegien, durch Noten, Mittheilungsschreiben, (Insinuate);

4. von Privatpersonen, durch mündliche oder schriftliche Anzeigen, Bittschriften u. dergl.

5. von auswärtigen Collegien, durch Ersuchungs-
schreiben, Anschreiben, Fürschreiben
u. s. w.

6. von

6. von andern Umständen, Krieg, Aufruhr, Unglücksfälle u. f. w. [1]).

II. Ferner lassen sich die bey einem Collegium vorfallenden Geschäfte, nach der Beschaffenheit des Gegenstandes, eintheilen, in

a) Generalgeschäfte, (Generalien) d. i. solche, die

aa) die ganze Staatsverwaltung, oder eine ganze Classe von Gegenständen einerley Art,

bb) die allgemeine Aufsicht, Leitung und Norm der Unter=Collegien und Beamten eines ganzen Districts oder einer gewissen Gattung,

cc) die Rechte und Pflichten des ganzen Collegiums, und die Verwaltung der dazu gehörigen Anstalten,

dd) die dahin einschlagenden Verfügungen, Ausschreiben und Anordnungen, betreffen, die gleichfalls generalia genannt zu werden pflegen [2]).

b) Special=Geschäfte (Specialien), welche nur einen besondern Fall, die Rechte und Pflichten einzelner Unterthanen, und die dahin einschlagenden

[1]) Es würde zu voreilig seyn, mich hier schon, wo blos vom Allgemeinen die Rede ist, in ein genaueres Detail aller dieser Geschäfte einzulassen, welches bequemer bis zur besondern Darstellung der in Teutschland üblichen Collegien und des dabey eingeführten Geschäftsganges verspahrt wird. Aus eben diesem Gesichtspuncte sind auch die folgenden Paragraphen zu beurtheilen.

[2]) v. Massow Anl. z. prakt. Dienst. §. 21. 156.

den collegialischen Verfügungen zum Gegenstande haben.

III. Können auch dieselben eingetheilt werden, nach ihrer **innern Wichtigkeit**, in

a) **Hauptgeschäfte**, wozu collegialische Berathschlagung nöthig ist;

b) **Nebengeschäfte** (**Vorbereitungsarbeiten**), welche der besondern Bearbeitung einzelner Glieder oder Deputationen des Collegiums überlassen zu werden pflegen.

IV. Endlich kann auch in Ansehung des Geschäftsganges ein Unterschied gemacht werden, zwischen

a) **den materiellen, wesentlichen Arbeiten**, welche die Räthe besorgen, und

b) **dem mechanischen, formellen Dienste der Subalternen.**

§. 37.

B. Nähere Erörterung der Bestandtheile eines Collegiums, und ihrer besondern Bestimmung.

I. Chef.

1. Arten, Benennungen und Vorrechte.

Collegien sind **geordnete Gesellschaften** (§. 26.) d. i. solche, wo eine gewisse Unterordnung, (**Subordination**) Statt findet, wo einer oder mehrere sind, welche den übrigen anzeigen, was und wie es geschehen muß, und bey den Verhandlungen selbst die Aufsicht führen, oder kürzer, welche das Collegium und dessen Ge

schäfte

ſchäfte dirigiren, dabey den Vorſitz führen. —
Dieſe heißen, die Häupter (Chefs) der Collegien.
Ein Collegium kann einen oder mehrere derſelben, mit
gleichen oder untergeordneten Rechten, haben. Die Chefs
ſind entweder von ausgezeichnetem Range, als die übrigen
Mitglieder, (ja in einigen Staaten iſt der Regent ſelbſt
Chef der höchſten Collegien); oder nur als primi inter
pares zu betrachten. — Der Vorſitz bleibt entweder
beſtändig bey den einmahl dazu ernannten Perſonen,
oder wechſelt zu beſtimmten Zeiten, in gewiſſen
Sachen und Geſchäften, unter mehreren Chefs,
oder unter den ſämtlichen Mitgliedern, nach einer
feſtgeſetzten Ordnung (turnus), nach dem Dienſt-
alter (ancienneté), oder wird durch die Wahl des
Collegiums, oder auch durchs Loos beſtimmt.

Sodann kann es im Staate gewiſſe erbliche oder
perſönliche Aemter oder Würden geben, welche
zum Vorſitze (Directorium) bey dieſem oder jenem
Collegium berechtigen; endlich kann auch der Chef eines
Collegiums Mitglied eines höhern oder zugleich Chef eines andern ſeyn.

Nach dieſen verſchiedenen Beſtimmungen, und den
beſondern Arten der Collegien (§. 28.), erhalten auch
die Chefs verſchiedne Titel, womit der Name des Collegiums gewöhnlich verbunden wird: z. B. Statthalter, Premier-Miniſter, dirigirender Miniſter, Präſident, Chef-Präſident, Vice-
Präſident, Canzler, Groß-Canzler, Vice-
Canzler; Director, Rector, Vice-Rector,
Pro-

Pro-Rector; Hofrichter, Lehenprobst; Bur-
gemeister u. dgl. [1]).

In den Sitzungen des Collegiums hat der Chef die
erste Stelle (den Ehrenplatz) und es ist für ihn gewöhnlich ein ausgezeichneter Sessel bestimmt, der während
seiner Abwesenheit von keinem andern Mitgliede besetzt
wird. In dem Titel und den Anreden des Collegiums wird
meistens der Rang des Chefs besonders ausgezeichnet, z. B.
Excellenz, Magnificenz (excellentissime magnifice).
Die Besoldungen der Chefs, wenn solche eigentliche
Staatsdiener sind, pflegen höher zu seyn, als die der
übrigen Mitglieder, auch genießen sie gewöhnlich noch
manche andre Vorrechte und Auszeichnungen [2]).

§. 38.
2. Verrichtungen.
a) allgemeine [3]).

Die Präsidial- (Directorial) Arbeiten
bey einem Collegium lassen sich wegen ihrer großen Ver-
schie-

[1] Präses und Dirigens sind der Regel nach weni-
ger, als Präsident und Director, da jene
Ausdrücke auch von einem vorsitzenden Rathe bey
Deputationen, Commissionen u. s. w. gebraucht werden.

[2] Hellfeld Repertorium unt. d. W. Präsident.
Elsässer Leitfaden zur Canzleyprax. S. 44. ff.
Dess. Beyträge zum Canzleywesen. S. 70.
Dess. vermischte Bemerk. in Beziehung auf Canzley-
Colleg. §. 9. 10.

[3] Allgem. Gesetzb. für die Preuß. Staaten. 2ter Th.
roter Tit. §. 119-126.
v. Moser Herr und Diener. S. 325. ff.

ſchiedenheit hier nicht vollſtändig aufführen. Wir müſſen uns alſo mit der Aufzählung der vorzüglichſten und
gewöhnlichſten begnügen. Sie ſind entweder ſolche,
welche auf das ganze Collegium und die Aufrechthaltung
deſſelben Bezug haben, allgemeine, oder ſolche, welche die vorſchriftmäßige Verhandlung der einzelnen Geſchäfte des Collegiums betreffen, beſondre. Befin-
det ſich bey einem Collegium mehr als ein Präſident,
ſo pflegen ſie die Präſidial-Verrichtungen auch wohl unter ſich zu theilen.

Zu den allgemeinen Verrichtungen des Chefs
gehören nun gewöhnlich:

1. Die Aufſicht über die Räthe und Subalternen,
   und die mit dem Collegium verbundnen Anſtalten.
   Niemand darf daher ohne ſeine Erlaubniß oder
   ohne ſein Vorwiſſen die Sitzungen verſäumen oder
   verreiſen. Er viſitirt die dem Collegium untergeordneten Caſſen u. dgl.

2. Er kann, wo er es nöthig findet, außerordentliche Sitzungen anſagen laſſen oder auch zu manchen nicht wichtigen Geſchäften Nebenſitzun-
   gen verordnen. Bey manchen Collegien pflegen
   auch wohl den Tag vor den Sitzungen die vorzüglichſten darin zur Berathſchlagung zu bringen-
   den Sachen durch einen Umlauf aus der Canzley bekannt gemacht zu werden.

3. Er macht die Generalien und andere das ganze
   Collegium betreffende Verordnungen bekannt, und
   hat überhaupt den Vortrag in Gegenſtänden, die
   auf das Ganze Beziehung haben.

4. Er

4. Er ſchlichtet die etwa unter den Mitgliedern über
Dienſtſachen entſtehenden Streitigkeiten, und ſucht
möglichſt Einigkeit unter ihnen zu erhalten.

5. Er iſt Sprecher des Collegiums bey öffentlichen
Feyerlichkeiten, und Vertheidiger der Rechte deſſelben.

6. Ihm gebührt die Oberaufſicht und Verfügung über
die Schreibmaterialien und andre ökonomiſche Gegenſtände des Collegiums.

7. Bey Erledigung einer Stelle thut er, mit oder
ohne Zuziehung der Räthe, Vorſchläge zu deren
Wiederbeſetzung, wählt die Subalternen, beſorgt
die Einführung und Beeidigung neuer Mitglieder
u. dgl.

8. Er verfertigt die Conduiten-Liſten, wo ſolche
eingeführt ſind, berichtet deßhalb an die höhere
Behörde, zur Belohnung oder Beſtrafung.

§. 39.
b. beſondre Pflichten.

1. Vertheilung der einkommenden Sachen unter die Räthe, wobey er ſo viel möglich dahin zu ſehen hat,
daß keiner unverhältnißmäßig mit Arbeiten beläſtigt,
oder auch begünſtigt werde, daß jeder diejenigen zuge-
theilt erhalte, welche für ſein Fach (Departement) gehören, oder ſeinen Kräften am angemeſſen-
ſten ſind. Es werden daher der Regel nach alle einlaufenden Schriften (Exhibita) an den Chef abgelie-
fert, von ihm erbrochen und (in den mehrſten Collegien)

gien) mit dem Praesentato versehen (präsentirt) — davon unten mehr.

2. Er dirigirt die in den Sitzungen zu haltenden Vorträge, sammlet die Stimmen der Räthe (hält Umfrage); giebt bey eintretender Gleichheit derselben durch seinen Beytritt der einen oder andern Meynung den Ausschlag, und verfügt die Ausfertigung (Expedition) des Beschlusses.

3. Ihm kömmt die Revision oder Mit-Revision der Entwürfe zu den Ausfertigungen (Concepte) zu, ingleichen die Unterschrift oder Mit-unterschrift der in der Canzley besorgten Ausfertigungen (mundum).

4. Er hat der Regel nach die Siegel des Collegiums in Verwahrung, welche nur unter seiner Aufsicht zur Vollziehung der Ausfertigungen gebraucht werden dürfen.

5. Ferner sorgt er auch für die Beschleunigung des Geschäftganges überhaupt, leitet die nöthige Correspondenz mit andern Collegien oder Privatpersonen u. s. w.

6. Die zu den Präsidial-Geschäften gehörigen Papiere werden in der Privat-Registratur des Chefs aufbewahrt und gehörig in Ordnung gehalten ¹).

II. Kä-

1) J. J. Moser Einleitung zu den Canzley-Geschäften. Buch 2. Cap. 9.
v. Massow Anleitung zum praktischen Dienste. Th. 1. §. 18. ff.

II. Räthe [1].

§. 40.

1. Allgemeine Beſtimmungen.

Das Wort: Rath, im ſubjectiviſchen Sinne, wird entweder überhaupt, ohne Rückſicht auf collegialiſche Verbindung, oder mit Hinſicht auf dieſelbe gebraucht. Im erſten Falle bedeutet es eine oder mehrere, vom Regenten zum Rathen, Rathgeben, Rathſchlagen gewählte, oder nach der Staatsverfaſſung ihm beygeſellte Perſonen, welche dazu die nöthigen Fähigkeiten und Eigenſchaften beſitzen. In dieſer Bedeutung kömmt auch wohl der Ausdruck: Gebohrne Räthe (conſiliarii nati), von Landſtänden, Dom-Capiteln, Räthe von Haus aus, u. ſ. w. vor. Beſonders heißt auch dasjenige Collegium, welches die Angelegenheiten einer Stadt zu beſorgen hat, der Rath, Stadtrath, (Magiſtrat).

Hier aber, wo von collegialiſcher Verfaſſung die Rede iſt, heißen Räthe, derjenige Beſtandtheil eines Collegiums, welcher eigentlich zur collegialiſchen Verhandlung der dem Collegium zur Beſorgung angewieſenen

---

[1] Joachim Ernſt v. Beuſt conſiliarius in compendio oder Begriff vom Amte, Pflicht und Rechte fürſtlicher Räthe. Gotha 1743. 4. Mehrere ältere Schriften über dieſen Gegenſtand finden ſich in Pütter Literatur des Staats-Rechts. §. 1100. (Th. 3. S. 320. ſ.) und

Lipenii Bibl. iur. unt. d. W. Conſiliarius.

Adelung Wörterbuch der hochteutſchen Sprache unt. d. W. Rath.

nen (zu seinem Ressort gehörigen) öffentlichen Geschäfte, unter Leitung und Aufsicht eines Chefs, bestimmt
ist (§. 27.)

Sie führen, nach Beschaffenheit des Collegiums,
wobey sie angestellt sind, verschiedne Titel, z. B.: Ge-
heime-Räthe (Minister), Hof-, Kriegs-, Cammer-,
Justiz-, Kirchen-, Consistorial-, Schul-, Finanz-,
Commissions-, Polizey-Räthe u. s. w. Bey einigen
Collegien ist auch das Wort: Beysitzer (Assessor),
gleichbedeutend mit Rath, gewöhnlich; bey andern
aber bedeutet es den Rang nach den Räthen. Hat das
Collegium mehrere Unter-Collegien unter seiner Aufsicht
(zu respiciren), so wird dem Titel noch die Bestimmung: Ober, vorgesetzt. Z. B. Ober-Tribunal-
Rath u. s. w., ja es können in demselben Collegium
einige Räthe besondre Auszeichnungen vor den übrigen
genießen, daß z. B. einige geheime Hof-, Kriegs-, Ju-
stiz-, Finanz-, Legations-Räthe heißen, die andren
nicht.

Sie sind entweder ordentliche oder außerordentliche Räthe, d. i. solche, welche nur bey gewissen
vorfallenden Geschäften, mit zur Berathschlagung zugezogen werden. Diese heißen auch wohl Assessoren,
die sich wieder in solche unterscheiden lassen, welche blos
ihr Gutachten (videtur) abgeben, oder deren Stimme mitgezählt wird: (cum voto, sine voto). Bey
manchen Collegien pflegt man auch wohl einen Unterschied
zwischen solchen Mitgliedern zu machen, die ins Collegium eingeführt sind und darin einen Stuhl haben, und
denen

denen sie noch nicht ordentlich eingeführt sind. Ange=
hende Geschäftsmänner, welche bloß zur Vorbereitung
und Uebung in den Rathsversammlungen zugelassen und
gebraucht werden, heißen Auditoren, Auscultan=
ten, Referendarien u. s. w.

Endlich hat auch die immer mehr über Hand neh=
mende Titelsucht in Teutschland den Unterschied zwi=
schen wirklichen Rathschargen und bloßen Ti=
tular=Räthen, oder Raths=Charakteren, nö=
thig gemacht ¹).

Die

¹) "Alles will heutzutage plombirt seyn, so gut als
Waaren. Wer nichts heißt, ist auch nichts, und
je volltöniger einer heißt, je mehr glaubt er, oder
will andre glauben machen, daß er sey. Menschen,
die den geringsten innern Valor, den meisten Zusatz
unedler Materie haben, suchen den äußern Glanz
der Titel am meisten. Man sieht Geheime Räthe,
die in ihrem Leben nichts zu rathen gehabt oder ver=
langt haben, Hofräthe, ohne Zutritt an ihres eignen
Herrn Hof u. s. w., sagt der würdige Staatsmann,
v. Moser im neuen patriotischen Archive. Bd. 2.
S. 275. ff. Man vergleiche damit Seuffert von
den Verhältnissen des Staats und der Diener des
Staats. §. 65.
Der Vorschlag, welchen neulich Hr. v. Hoffmann
in seinen kurzen allgemeinen Bemerkungen über den
Staat, (Berl. 1796. 8.) zur Hemmung dieses Un=
wesens gethan hat, dürfte schwerlich viel helfen.
Auszeichnungen, die der Regent einem besonders
um den Staat verdienten Manne schenken
will, müssen am Ende ihren Werth ganz ver=
lieren.

Canzleyst. Th. 2.   G

Die Räthe eines Collegiums haben der Regel nach gleichen Rang, sind sich nicht untergeordnet, und folgen auf einander (roatiren) nach dem Dienstalter (ancienneté) Räthe verschiedner Collegien haben gegen einander den Rang des Collegiums; ist dieser gleich, so geht es gleichfalls nach dem Dienstalter. Der jüngste wirkliche Rath eines Staats, geht allen Titular= Räthen, die gleichen oder einen ähnlichen Titel führen, vor.

Ehe ein Rath bey einem Collegium aufgenommen wird, muß er seine Dienstfähigkeit, oder die zur Aufnahme nöthigen persönlichen Eigenschaften, einer Prüfung bey demselben Collegium oder einem hiezu besonders bestellten, unterwerfen, worauf er mit der gewöhnlichen Bestallung versehen, vom Präsidenten beeidigt, und in seinen Platz eingewiesen, auch den Räthen und Subalternen vorgestellt wird.

Die Besoldung der Räthe, so wie der übrigen Glieder des Collegiums, pflegt theils in einem bestimmten (fixen) Gehalte, (wozu eine oder mehrere Cassen gewöhnlich angewiesen sind,) theils an manchen Orten, in gewissen Einnahmen an Naturalien, (Deputaten,) theils in einem Antheile an den Nebeneinkünften, (Sporteln, Accidenzien,) worunter auch die Diäten bey Verschickungen und Commissionen begriffen sind, zu bestehen.

§. 41.

§. 41.

2. Dienſtverhältniſſe der Räthe [1]).

Die Räthe ſtehen gegen den Chef, ſowohl, als gegen einander ſelbſt, in beſondern collegialiſchen
Verhältniſſen, und haben auch gegen die Subalternen, mancherley aus dem Begriffe der Subordination
fließende, und durch die Geſetze beſtimmte Rechte und
Verbindlichkeiten. Vom erſtern ſind ſie, nach der beſondern Beſchaffenheit des Collegiums, bald mehr, bald
minder abhängig. Gewöhnlich ſind ſie ſeiner Leitung
und Aufſicht in Anſehung des Geſchäftsganges und
der Formalien, nicht aber in Anſehung ihrer Meynung, in Betreff der abzufaſſenden Beſchlüſſe, (der
Materialien,) unterworfen. Daher kann auch der
Präſident ihre Concepte wohl in Hinſicht des Ausdrucks
und der Formalien, nicht aber in Anſehung der
Materie ändern und verbeſſern. Beſcheidenheit und
Achtung gegen den Präſidenten und gegen einander ſelbſt,
darf nicht in Furchtſamkeit, Nachbeterey, Schmeicheley
oder pflichtwidrige Nachgiebigkeit ausarten. Auf der
andern Seite aber wird auch ein kluger und geſchickter
Geſchäftsmann zwiſchen hartnäckiger und eigenſinniger
Behauptung unbedeutender Nebendinge, und gewiſſenlo-
ſem Schweigen zu Hauptgebrechen, zwiſchen feſter, männ-
licher und kaltblütiger Prüfung und Vertheidigung der
als wahr anerkannten Meynung und leidenſchaftlichen
ſelbſtſüchtigen Ausfällen oder gar perſönlichen Zänkereyen,
einen Unterſchied zu machen wiſſen. Fleiß, Bereitwil-
lig-

[1]) (Elſäſſer) vermiſchte Bemerkungen. §. 11. ff.

ligkeit, Treue, Genauigkeit im Dienste, Scharfsinn und Schnelligkeit im Arbeiten, vorsichtige Benutzung neuerer Verbesserungen und Vortheile in Geschäften, kann bestehen, ohne Prahlerey, Eigendünkel, anstößige Neuerungssucht, hämische Seitenblicke auf seine Collegen, ohne sich entweder aus Furchtsamkeit, oder um es andern zuvorzuthun, über die Gebühr mit Arbeiten beladen zu lassen [1]).

Freundschaft, Dienstgeflissenheit, Achtung, wechselseitige Belehrung der Collegen gegen einander, erleichtert und befördert die gemeinschaftlichen Arbeiten ungemein; dahingegen Neid, persönliche Feindschaft, Partheygeist, Herrschsucht, Prahlerey, Anschwärzung bey den Obern, Rangstreit u. s. w. nicht nur das Leben verbittern, sondern auch immer zum Nachtheile des Staats und der Geschäfte zu gereichen pflegen.

Nächst dem Chef haben auch die Räthe eine gewisse Aufsicht über die Subalternen, bey denen sie sich durch überwiegende Kenntnisse in Dienstsachen, durch Pünctlichkeit in Geschäften, durch schonende Zurechtweisung und freundliche Belehrung, durch Ermunterungen, Empfehlungen beym Chef und billiges Lob, welches aber nicht aus blinder Vorliebe für Schmeichler und Augendiener herrühren darf, Achtung und Liebe zu erwerben suchen müssen.

§. 42.

[1]) Von den sogenannten Canzley-Eseln und ihren lautern oder unlautern Ursachen handelt Elsässer in den Beyträgen zum Canzleywesen. S. 7. f.

§. 42.

3. Departements = und Vorbereitungs = Arbeiten der Rä=
the, Plenum.

Nicht alle Geſchäfte können und müſſen ganz
vor dem geſammten Collegium, oder durch daſſel=
be verhandelt werden. Es ſind daher in den höhern
Collegien größerer Staaten, ſowohl unter den Räthen,
als bey Arbeiten der Subalternen gewiſſe Unterabthei=
lungen und Fächer üblich, welche einem oder mehrern
Räthen und Secretären beſonders zur Bearbeitung ange=
wieſen ſind.

Dahin gehören

I. die Departements, und zwar

a) Local=Departements, wenn einem oder
mehreren Räthen die Vorbereitung und der Vor=
trag der zum Reſſort des Collegiums gehörigen
Geſchäfte eines gewiſſen Landes=Diſtricts (Am=
tes, Domainen=Guts u. dgl.) beſonders auf=
getragen iſt;

b) Real=Departements, ſind ganze Claſſen
von Geſchäften einer gewiſſen Art, zu deren Be=
ſorgung (Reſpicirung) ein oder mehrere Rä=
the beſonders beſtellt ſind;

c) die Vertheilung der Arbeiten nach dem Alpha=
bet, welche in einigen Ländern eingeführt iſt,
verdient keinen Beyfall, da ſie zu manchen Unbil=
ligkeiten Veranlaſſung geben kann.

Dieſe Eintheilung pflegt beſonders bey Regie=
rungs=, Finanz=, Cameral= und Kriegs=Colle=

gien

gien üblich zu ſeyn, wird aber auch bey manchen
Juſtiz-Collegien gefunden;

2. die Eintheilung in Senate und beſtändige Deputationen iſt bey Juſtiz-Collegien vorzüglich
anwendbar,

   a) zur Inſtruction der Proceſſe;

   b) zur Bildung einer beſondern Inſtanz;

   c) zur Abſonderung der Civil- und Criminal-Sachen;

3. Commiſſionen,

   a) zu Zeugen-Verhören, Verſuchen der Güte u.
   ſ. w.;

   b) zu Beſichtigungen, Unterſuchungen an Ort und
   Stelle (Local-Commiſſionen). An einigen
   Orten ſind beſtimmte Commiſſions-Rä-
   the [1]).

Endlich pflegen auch

4. die Proceßſachen denſelben Referenten und Decernenten bis zur Abfaſſung eines Haupt- oder wichtigen Zwiſchen-Urtels zu behalten.

Alle einlaufende Schriften in Sachen, welche in ein
beſondres Departement einſchlagen, oder ſonſt ſchon einen beſtimmten Referenten haben, werden vom Präſidenten an die Räthe vertheilt, für welche ſie gehören.
Dieſe beſorgen die ihnen anvertrauten Geſchäfte, entweder in ihrem Hauſe, oder den dazu angewieſenen abgeſon-
der-

1) Moſer von Canzley-Geſch. L. 2. C. 20. §. 35. ff.

derten Zimmern des Collegienhauſes, ſo lange, bis entweder nach ihren Inſtructionen, oder der Verfaſſung des
Collegiums ein mündlicher oder ſchriftlicher Bericht darüber abgeſtattet werden muß, oder ein beſondrer Um-
ſtand die Einholung neuer Verhaltungsvorſchriften beym
Collegium nöthig macht, oder auch die Sache ſo weit
vorbereitet und reif iſt, daß ſie zur gemeinſchaftlichen
Erwägung und Entſcheidung gebracht werden kann ¹).

Endlich gehören gewiſſe Sachen, z. B. Eröffnung
der Haupt-Urtel u. ſ. w. der Regel nach, immer vor
das ganze Collegium — (den vollen Rath,
Plenum).

§. 43.

4. Eigentliche Collegial-Arbeiten der Räthe.

a) Referiren, Relationen, correferiren ²).

aa) überhaupt.

Viele, ſowohl proceſſualiſche, als andre Geſchäfte
erfordern zu ihrer Vorbereitung mehrere ſchriftliche
Aufſätze (Actenſtücke, Exhibita), dahin gehören

1) Vom Nutzen der Eintheilung in Departements ſehe
man
v. Moſer Herr und Diener. S. 338. ff.
Elſäſſer Leitfaden. §. 35.
v. Maſſow a. a. O. §. 22. 24.

2) Lipenius a. a. O. unt. d. W. Referens, Relator,
Actorum Relatio, Referendarius.
Pütter über die beſte Art aus Acten zu referiren.
Götting. 1797. 8.

hören z. B. die darüber eingeholten Berichte, Gutachten der Unter-Collegien und Beamten, die Correspondenz mit auswärtigen oder coordinirten Collegien, Instructionen und Rescripte der höhern Behörden, über ähnliche Gegenstände schon
zuvor verhandelte Acten (ante acta), nebst mancherley
Beylagen, Urkunden und dergl.; in Proceßsachen besonders, die Gerichtsprotocolle, nebst dem schriftlichen Verfahren der Partheyen, den Decreten u. s. w., welche
oft zu großen Actenbunden, (Fascikeln, vo-
lumina) anwachsen. Da nun sehr viel Zeit umsonst verloren gehen würde, wenn alle Mitglieder des
Collegiums diese Acten ganz durchlesen sollten, um darüber einen gemeinschaftlichen Entschluß zu fassen; so
wird ein Rath zum Referenten bestellt, welchem in
wichtigen Sachen, oder nach der Verfassung mancher
Collegien, in bestimmten Fällen, noch ein Rath (Correferent) zugegeben wird, um die Controle zu führen.
Beyde durchlesen zu Hause, jeder für sich, die Acten
sorgfältig und fertigen daraus zweckmäßige Auszüge
(Extracte) nebst einer möglichst deutlichen und ge-
drungnen Entwicklung oder Darstellung des Falles (fa-
cti) und der Hauptpuncte, worauf es gegenwärtig
ankömmt (momenta decidenda), welche collegialisch
beschlossen, entschieden werden sollen, wenden sodann darauf die vorhandnen Gesetze und Verordnungen an, oder
setzen die dabey eintretenden Umstände aus einander, ziehen daraus einen Schluß, was sie für Recht oder
rathsam bey der Sache halten (votum, Gutachten),
und begleiten solchen mit gegen einander abgewognen
Gründen darwider und dafür (rationes dubitandi et de-
ciden-

cidendi, Zweifels= und Entſcheidungs=Grün=
de). Dies zuſammengenommen heißt eine Relation
nach der Kunſtſprache.

Hierauf trägt zuerſt der Referent in den Sitzun=
gen des Collegiums die Sache entweder dergeſtalt vor,
daß er die ganze Relation ablieſt, oder, ohne ſich genau
an die niedergeſchriebnen Worte zu binden, in einem
freyen Vortrage, den ſämtlichen Mitgliedern die Sache
ſo deutlich, kurz und getreu, als möglich, vorzuſtellen
ſucht, die nöthigen Beweisſtellen und Urkunden aus den
Acten ſelbſt vorlieſt, die dabey beſonders eintretenden
Geſetze, wenn er es nöthig findet, bemerklich macht, und
ſeine Meynung mit Gründen beyfügt; welches alles
durch das Kunſtwort: referiren, begriffen wird.

Der Correferent, falls einer zugegeben iſt, er=
klärt entweder, daß er mit dem Referenten einverſtan=
den ſey, oder er trägt, nach Beſchaffenheit der Umſtän=
de, kürzer oder weitläuftiger ſeine abweichende Meynung
mit Gründen vor [1]).

§. 44.
bb) Ordnung im Referiren.

Der Regel nach ſoll und kann eine Relation, durch
Vermeidung unnützer Weitſchweifigkeiten, welche die
Haupt=

---

[1] Eine nähere Auseinanderſetzung der Lehre von Re=
lationen, Probe=Relationen, vom Decretiren und
den übrigen hieher gehörigen Arbeiten, wird im
dritten Bande folgen. Hier iſt es blos um all=
gemeine Begriffe zu thun.

Hauptsache nur dunkel machen, und die Aufmerksamkeit der Räthe ermüden, in Einer Sitzung abgethan werden, damit nicht der Faden und Zusammenhang des Vortrags unterbrochen und vergessen werde. Indessen kann es doch solche verwickelte und aus mehreren Nebenumständen bestehende Fälle, besonders in Rechnungs-, Criminal-Sachen u. s. w. geben, deren Vortrag durch mehrere Sitzungen fortgesetzt werden muß. Hier wird ein Referent gut thun, wenn er eine allgemeine kurze Uebersicht der ganzen Sache vorausschickt, und dann die einzelnen Nebenumstände besonders entwickelt, wodurch er schickliche Ruhepuncte zur unschädlichen Abbrechung der Relation erhält.

Gewöhnlich aber können in einer Sitzung mehrere Relationen, und zwar entweder von demselben, oder von verschiednen Referenten, abgelegt werden.

Der in unsern Dikasterien übliche Kunstausdruck von der Ordnung, in welcher die Referenten zum Vortrage kommen, heißt turnus. Dieser ist

a) der persönliche turnus, oder die Ordnung, wo die Räthe, ohne Rücksicht auf die Sache, welche sie vorzutragen haben, nach der Ancienneté, oder der Reihe wie sie sitzen, zum referiren kommen. Hier kann nun

aa) ein Rath, der mehrere Relationen bereit hat, dieselben alle vortragen, oder nur eine, höchstens zwey, und muß mit den übrigen so lange warten, bis der turnus wieder in einer folgenden Sitzung an ihn kömmt;

bb) der

bb) der turnus kann mit jeder Sitzung vom älte-
ſten Rathe wieder anfangen, oder auch da fort-
fahren, wo er in der vorigen ſtehen geblieben iſt;

b) der Sachen-turnus. Dabey wird nicht
auf die Ordnung der Referenten, ſondern auf die
Gegenſtände der Vorträge, Rückſicht genommen. Es giebt gewiſſe Sachen, welche eine
ſchleunige Entſcheidung oder Entſchließung erfodern,
indeß andre nicht ſo dringend ſind. Gewöhnlich
werden in den Reglements für die Collegien ganze
Claſſen von Gegenſtänden beſtimmt, welche vor den
übrigen zum Vortrage kommen ſollen, und deshalb
gefreyte, privilegirte Sachen heißen. Z. B. crimi-
nalia, Landesgerechtſame, Hoheitsſachen u. ſ. w.
Zuweilen können aber auch andre Sachen wegen beſondrer Umſtände eine ſchleunigere Abfertigung nöthig
haben, welches auf das Ermeſſen des Präſidenten und
des Chefs ankömmt [1]).

§. 45.
b) Vom Stimmen (Votiren) der Räthe.
aa) überhaupt.

Nach Beendigung der Re- oder Correlation, ſind
entweder alle Räthe mit der gutachtlichen Meynung des
Re-

1) Z. B. bey Juriſten-Facultäten, die Criminal-die
Bötenſtücke, Sachen die ſchon erinnert worden ſind
u. dgl.
Moſer von Canzleygeſch. Lib. 4. C. 5.
Elſäſſer a. a. O. §. 29-31.

Re- oder Correferenten einig, oder nicht. Im letztern Falle ist das Herumstimmen (Stimmensammlen, Votiren) nöthig.

Die Stimmen (vota) sind nach Verschiedenheit der Collegien und der, zu verhandelnden Gegenstände, theils in Ansehung ihres Gewichts, theils in Ansehung der nöthigen Anzahl u. s. w. von mancherley Art. Es giebt vota curiata, wo die gesammten Meynungen einer ganzen Classe von Mitgliedern eines Collegiums zusammen nur eine Stimme ausmachen, und vota virilia, wo die Stimme eines einzelnen Mitgliedes für voll gezählt wird; in gewissen Collegien haben die Stimmen entweder aller Räthe, oder einiger derselben blos gutachtliche (vota consultatiua), in andern entscheidende Kraft (vota cum effectu auch wohl decisiua); bey manchen Fällen müssen alle Glieder des Collegiums einstimmen (vota vnanimia), oder es tritt das ius eundi in partes ein, in andern entscheidet die Stimmenmehrheit (pluralitas votorum, vota maiora), und diese kann wieder bald eine beschränkte, wo die Zahl der Stimmen, welche das Uebergewicht geben soll, bestimmt ist, z. B., daß zwey Drittheile aller Mitglieder einstimmig seyn müssen, bald eine unbeschränkte seyn, wo auch schon eine Stimme den Ausschlag giebt [1]). Oft hat der Präsident keine

---

1) Hier kann das Sprüchwort: Vota non numerantur, sed ponderantur, nicht Statt finden.

J. J. Moser vom Recht der mehrern Stimmen in subalternen Collegiis, Corporibus und Gerichten. in dess. Abhandl. versch. Rechtsmat. St. 1. N. 4.

Bayle

ne Stimme, in manchen Collegien aber eine doppelte
(die für zwey gezählt wird), oder er kann nur dann,
wenn die Stimmen gleich getheilt ſind (vota paria),
durch ſeinen Beytritt den Ausſchlag auf der einen Seite
geben (votum deciſivum, in andrer Bedeutung, als
oben). In den mehrſten Collegien wird p e r ſ ö n l i ch e
G e g e n w a r t zum Stimmen erfordert, es giebt aber
auch einige, wo durch B e v o l l m ä ch t i g t e geſtimmt
werden kann; zuweilen iſt die Anweſenheit aller Mitglieder, oft einer gewiſſen Anzahl derſelben, zum Abſtim-
men nöthig, meiſtens aber nicht, und man nimmt an,
daß die Abweſenden den mehrſten Stimmen der Gegenwärtigen beygetreten ſeyen, oder in den Beſchluß gewil-
liget hätten; gewöhnlich werden die Stimmen m ü n d-
l i ch abgegeben, es giebt aber auch Fälle, wo ſolches
ſch r i f t l i ch geſchieht, beſonders in eiligen Sachen, wo
der Präſident, auch außer den Sitzungen, mittelſt U m-
laufs. (circulare, Miſſiv), die ſchriftlichen Stimmen
der Räthe ſammlen kann.

In

Bayle Continuation des penſées diverſes ſur le co-
mète. T. 1. p. 14. Si la Jurisprudence et la politique ont laiſſé la deciſion des affaires au jugement
du plus grand nombre, c'eſt cauſe, qu'il n' a pas été
poſſible de ſe ſervir de la methode de péſer les voix
et non pas de les compter. La methode qu'il a ſalu
employer, eſt ſujete à de grands inconveniens. Mais
il faut paſſer par là; car ſi, comme dans les Dietes
de Pologne, l'oppoſition d'un ſeul pouvoit rendre
nulles toutes les deliberations, on ſe jettoit dans un
abime beaucoup plus funeſte.

In Sachen, welche einen von den Räthen ſelbſt, oder deſſen nahe Verwandte betreffen, darf derſelbe ge‑ wöhnlich nicht mitſtimmen, ſondern muß nach Befinden ſolange, als darüber gerathſchlagt wird, abtreten [1]).

§. 46.

bb) Ordnung im Stimmen.

Nächſt der verſchiednen Beſchaffenheit der Stimmen, iſt nun die Ordnung, in welcher dieſelben

von

[1] Das Stimm‑Recht (ius ſuffragiorum) und die dabey eintretenden beſondern Fälle ſind ſehr gut, aus Gründen des Natur‑, des Römiſchen und Cano‑ niſchen Rechtes entwickelt in Conringii Oper. T. III. p. 809.
Henr. de Cocceii Commentar. ad H. Grotii libros de iure Belli et Pacis. L. 2. C. 5. §. 17‑20.
deſſen diſſ. de eo quod iuſtum eſt circa numerum ſuf‑ fragiorum. Frcf. 1705. 4. und in deſſ. Exercitat. cu‑ rioſ Vol. 2. n. 36. imgleichen in
Pufendorf de iure Nat. et Gent. nach der franzöſ. Ueberſ. von Barbeyrac. (Amſterd. 1734. 4.) L. 7. C. 2. §. 15‑19.
Aus der Geſchichte iſt dieſer Gegenſtand erläutert in
Alexandr. ab Alexandro Dieb. Genial. L. 4. C. 11.
Von neuern Schrifſtellern gehört beſonders hieher:
Franc. Patroni diatriba de iure ſuffragiorum. Ticini. 1782.
Gelegentlich bemerke ich hier noch
D. Stockmann diſſ. de Calculo Mineruae. P. l. II. Lipſ. 1796. 4.
Mehrere Schriften über dieſe Materie ſind aufge‑ führt in
Lipenii Bibl. Iuris und deren Fortſetzungen; unt. d. Worten: Suffragium, votum.

von den Mitgliedern des Collegiums abgegeben werden, zu merken. Dieſe iſt entweder durch Geſetze, Regle= ments und das Herkommen beſtimmt, oder kömmt auf die Willkühr des Präſidenten an, welcher zum Stim= men aufruft (umfragt, Umfrage hält §. 39.). Bald wird von oben herunter votirt, bald von unten (vom jüngſten Rathe an) hinauf. In gemiſchten Collegien, die in mehrere Bänke, z. B. in die geiſtliche und weltliche, in die Herren= und Gelehrten=Bank, getheilt ſind, pflegt das Votiren zwiſchen beyden Bänken abzuwechſeln, ſo daß immer ein Mitglied der einen, dann der andern Bank u. ſ. w. aufgerufen wird. In manchen Collegien fängt der erſte Rath auf der gelehrten Bank an, dann folgt die ganze Herren= und endlich der übrige Theil der gelehrten Bank; in Juſtizſachen pflegt auch wohl die Herren=Bank erſt nach der gelehrten zu votiren. Indeſſen ſteht auch dem Präſidenten frey, einen Rath, der vorzügliche Wiſſenſchaft von einer Sache hat, zuerſt außer der Ordnung um ſeine Stimme zu befragen. In Fällen, wo der Präſident ſelbſt eine Stimme hat, pflegt er ſolche zuletzt abzuge= ben [1]).

Noch gehören folgende Bemerkungen hieher:

1. Ein Präſident oder Rath darf außer den eigentlichen Präſidial= und Departements=Geſchäften nichts oh=
ne

[1]) Elſäſſer a. a. O. §. 33. und in den Beyträgen S. 72.
Moſer von Canzley=Geſch. L. 4. C. 6.

ne Vorwiſſen und Abſtimmung des Collegiums be-
ſchließen und ausfertigen laſſen.

2. Das Collegium muß gehörig beſetzt, und, in wichtigen Sachen wenigſtens, zahlreich beyſammen ſeyn,
wenn geſtimmt werden ſoll. Ferner muß der Gegenſtand, worüber ein gemeinſchaftlicher Schluß zu
faſſen iſt, falls etwa dieſes vom Referenten nicht gehörig geſchehen ſeyn ſollte, durch den Präſidenten genau und deutlich aus einander geſetzt, und, wo es
nöthig oder rathſam iſt, in mehrere Fragen oder
Hauptpuncte aufgelöſt werden.

3. Gewöhnlich wird erſt nach gänzlich vollendetem Re-
ferate herumgeſtimmt, ausgenommen, wenn
die Sache, in einzelne, beſonders zu beurtheilende
Abſchnitte zerlegt werden kann, und zu weitläuftig
iſt, als daß es rathſam ſeyn ſollte, dies Geſchäfte
bis zur gänzlichen Beendigung zu ſpahren. Gewöhnlich pflegen z. B. in weitläuftigen Appellationsſachen
über die einzelnen Beſchwerden, die Stimmen geſamm-
let zu werden. Vieles kömmt hiebey auf das Ermeſſen des Referenten und Präſidenten an.

4. Kein Rath kann der Regel nach abweſend, oder durch
einen Bevollmächtigten ſtimmen, oder ſich Bedenk-
zeit ausbitten, es wäre denn, daß die Umſtände,
z. B. die vorzügliche Kenntniß, welche der Abweſende von der Sache hätte, es rathſam machten, ſein
ſchriftliches Gutachten abzufodern, oder das Geſchäft
bis zu ſeiner Anweſenheit zu verſchieben.

5. Ein

5. Ein Referent oder andrer Rath, der überstimmt wird, muß sich dabey beruhigen. Sollte er aber von der Richtigkeit seiner Meynung fest überzeugt und die Sache wichtig seyn, kann er verlangen, daß sein votum schriftlich zu den Acten genommen werde, solches auch allenfalls weiter ausführen, da es sodann verschlossen den Acten beygefügt wird.

6. Jeder Rath muß seine Stimme nach den Gesetzen und seinem besten Wissen und Gewissen, ohne Menschenfurcht, Gefälligkeit oder Nebenabsichten ablegen, daher ist nöthig, daß er gleich zu Anfange des Referirens anwesend sey, während desselben mit der angestrengtesten Aufmerksamkeit zuhöre, die Gründe und Gegen-Gründe wohl erwäge, folglich sich in der Zwischenzeit nicht mit andern Gegenständen beschäftige, oder blos seinem Vorgänger nachvotire, mit den plurimis stimme [1] u. s. w. In assentiendo non fit leuitas, in dissentiendo sit prudentia.

7. Glaubt ein Rath triftige Gründe für eine andre Meynung zu haben, so darf er sich dadurch, daß bereits maiora vorhanden sind, nicht abhalten lassen, sie vorzutragen.

8. Die Stimmen müssen möglichst kurz gefaßt werden, ohne Wiederholung der schon vorgetragnen Gründe,

son=

---

1) Leider wird nur allzuoft in den wichtigsten Sachen diese Regel aus den Augen gesetzt! man vergleiche F. C. v. Moser Mannigfaltigkeiten. (Zürich) 1796. 8.) 2tes Wochen. S. 64.

sondern mit bloßer Beziehung auf dieselben, es wäre
denn, daß ein Rath noch neue stärkere Gründe beyzufügen hätte.

9. Jeder Rath muß warten, bis die Reihe zu votiren
an ihn kömmt, und darf andre nicht unterbrechen,
kann aber, wenn er bey den nach ihm abgegebnen
Stimmen etwas zu erinnern findet, dasselbe, wenn
durchvotirt ist, mit Erlaubniß des Präsidenten, noch
kürzlich nachholen.

10. Würde ein Rath durch die nachfolgenden Stimmen
auf andre Meynung gebracht, so kann er, vor abge-
faßtem Conclulo, seine vorige Abstimmung ändern ¹).

11) Findet der Präsident, daß die Sache noch nicht gehörig erwogen, oder erschöpft ist; daß die in den
letzten Stimmen enthaltnen Meynungen solche triftige
Gründe für sich haben, um auch die anders ausge-
fallenen frühern Stimmen auf ihre Seite zu neigen,
so kann er noch einmahl herumstimmen lassen, und
zu dem Ende allenfalls den Hauptgesichtspunct deutlicher darstellen, oder auch in mehrere Theile und
besondre Fragen zerlegen.

12. Jede feine oder gröbere Art von Ueberraschung, Er-
schleichung oder Erpressung einer einzelnen oder der
mehreren Stimmen, jede Beschränkung der Stimm-
frey-

---

1) Singulos, integra re, dissentire fas est; peracto,
quod pluribus placuit, cunctis tuendum. Plinius.
Lib. 6. Epist. 13.

Freyheit, ist pflichtwidrig, und dem Geiste, der Absicht collegialischer Verhandlungen gänzlich entgegen ¹).

§. 47.

c) Vom Concluso (Beschluß) ²).

Gemeiniglich wird in den Sitzungen eines Collegiums von einem Secretär oder Rathe ein sogenanntes
Sitzungs-Protocoll geführt, worin alles, was vor-
gehet, bemerkt wird. Sachen, worüber es gar nicht zur
Umfrage kömmt, z. B. Bekanntmachung von Verordnungen u. dgl. werden blos ihrer Rubrik nach, nebst
der darauf gefaßten Resolution, z. B. ad Acta, oder:
solle unterthänigst befolgt werden, darin
aufgeführt. Sind bey Relationen die Räthe, ohne Umfrage, mit dem Referenten einstimmig, wird auch dieses
kurz bemerkt. Ein Andres ist es, wenn die Meynungen über eine Sache verschieden ausfallen, und deshalb
Umfrage gehalten werden muß. Während derselben bemerkt

1) Dahin gehört auch die Stimmen-Verabre-
dung vor den Sitzungen, welche, leider! in gewis-
sen Arten von Collegien so gewöhnlich ist. In der
Baierischen Hofraths-Ordnung von 1779. ist die
Strafe der Cassation darauf gesetzt.
F. X. Moshammer (jetzt von Moßhamm.)
Sammlung der neuesten Instructionen für die Chur-
pfälzischen Dicasterien. Ulm 1783. 8.

2) Das Conclusum im vorliegenden Sinne, ist nicht
mit der im Processe bekannten Conclusione in causa, (Beschluß der Sache, Schlußschrift) zu verwechseln.

merkt der Präsident für sich ganz kurz, oft nur mit
Strichen, wieviel Stimmen für oder gegen eine Meynung sind, oder diese müssen auch aus dem Protokolle, nach Endigung der Umfrage, nochmals vorgelesen werden. Nach dem Ausfalle der mehrern Stimmen entwirft der Präsident das Conclusum, den
Schluß des Collegiums, welcher entweder von ihm oder
dem Referenten zu Protokolle gegeben, (dictirt)
wird. Sind die Stimmen unter drey oder mehr verschiedne Meynungen (vota singularia) getheilt, so muß
man suchen, dieselben auf zwey Hauptmeynungen zu-
rückzubringen, um daraus die maiora beurtheilen zu können. Hier giebt man die Regel: daß diejenigen, welche nur in Nebenpuncten abweichen, der Hauptsache
nach aber einstimmig, (in einander enthalten) sind, zusammengehören. Z. B. Es sind in einer Criminalsache
gleiche Stimmen für die Lossprechung, für mehrjähriges
Gefängniß und für die Todesstrafe; so zählt man die
Stimmen der beyden letztern Meynungen zusammen,
woraus sich ergiebt, daß die mehrsten Stimmen für die
Bestrafung seyen; unter diesen beyden aber wird die
gelindeste Meynung vorgezogen, da solche durch die Stimmen, welche auf Lossprechung gehen, schon ein Uebergewicht über die härtere Meynung erhalten hat, welches noch durch die Gesetze vermehrt wird [1]). Hier-
nach werden sich leicht andre Fälle beurtheilen lassen.

Bey

---

1) L. 38. D. de iudicata.
  L. 27. §. 3. de Receptis.

Bey eintretenden Hinderniſſen, oder Bedenklichkeiten, z. B. wo itio in partes Statt findet, oder wo paria ſind, und der Präſident keine entſcheidende Stimme hat, wird das Concluſum aufgeſchoben, oder an das Ober-Collegium berichtet und dieſem die Entſcheidung anheimgeſtellt.

Das Concluſum iſt der Regel nach für alle Mitglieder des Collegiums, auch die diſſentirenden, verbindlich, aber blos die Einſtimmenden ſind, falls dem Collegium gerechte Vorwürfe wegen des Concluſi gemacht werden können, dafür verantwortlich [1]).

§. 48.

d) Vom Decretiren [2]).

Das Referiren im eigentlichen Verſtande tritt nur bey weitläuftigen Sachen ein, worin ſchon mehrere Acten verhandelt ſind, und ein entſcheidender Beſchluß abgefaßt werden ſoll. Einzelne Schriften, z. B. Suppliken, Berichte u. ſ. w. werden ganz kurz von dem
dazu

[1] Leyſer Spec. 185. med. 6. 7. Was auf ſolche Fälle ein Rath oder Präſident für Vorſichtsmaaßregeln zu nehmen habe, zeigt
v. Maſſow a. a. O. §. 40. ff.

[2] Lipen. Bibl. und Fortſetz. unt. d. W. Decretum et Decreta.
Wangerow Theorie der gerichtlichen Decretirkunſt. Halle 1783.
Terlinden Anleit. zum Decretiren und Expediren. Th. 1-3. Halle 1786-1795.
v. Maſſow a. a. O. §. 170 ff.

H 3

dazu bestellten Decernenten vorgetragen und das
darauf abzufassende Decret in Vorschlag gebracht.
Sind die mehrsten Mitglieder damit einig; so wird entweder noch während der Sitzung, oder nach derselben,
vom Decernenten das Decret (der Bescheid) ganz
kurz, und meistens mit gewissen einmahl hergebrachten
lateinischen Kunstausdrücken und Formeln, z. B. com-
municetur ad excipiendum, rescribatur, fiat cita-
tio, abgeschlagen u. dgl. nebst dem Datum, bald
auf das Exhibitum selbst (decretum in dorso), bald
auf ein besonderes Blatt geschrieben, auch wohl die Gründe möglichst kurz beygefügt, von den Räthen signirt oder
unterschrieben, und entweder dem Supplicanten,
Extrahenten u. s. w. sofort zugestellt, oder, nach Beschaffenheit der Sache, zur weitern Bearbeitung (Extendiren) und Ausfertigung an den dazu bestimmten Secretär abgegeben. Eine ausführlichere Uebersicht der verschiednen
Arten der Bescheide wird weiter unten folgen.

§. 49.

e) Vom Revidiren, Signiren, Unterschreiben.

Nächst den bisher erklärten Geschäften haben noch
der Chef und die Räthe

1. die Revision der Concepte, welche der Referent, gewöhnlich auch ein Secretär, nach Maaßgabe des Conclusums ausfertigt. Sie besteht
darin, daß der Präsident, und die Räthe zusehen,
ob das Concept wirklich dem Beschlusse gemäß,
und in Ansehung der innern und äußern
Form nichts zu erinnern sey, welchenfalls wohl
der

der Präsident, (und wenn ein Secretär Concipient ist, auch die Räthe,) ganz kurz die nöthigen Verbesserungen in der Form beyfügen. Ist aber in den Materialien gefehlt, muß erst mit dem Referenten Rücksprache darüber gehalten werden [1]).

2. Das Signiren [2]) geschieht zur Beglaubigung des Concepts, und zur Bezeugung der Zufriedenheit des Collegiums mit dessen Inhalte (Th. I. §. 415.).

3. Die ins Reine geschriebnen Ausfertigungen werden entweder vom Chef allein, oder von einigen Räthen, auch wohl nur vom Referenten, oder einem Rathe, an dem gerade die Reihe des Unterschreibens ist, oder auch gar nicht unterschrieben, sondern blos mit dem Collegial-Siegel bedruckt (Th. I. §. 382.).

III. Von

1) Bangerow a. a. O. §. 34.
   v. Massow. §. 177.

2) Die Signaturen pflegen aus den verzognen Anfangsbuchstaben der Vor- und Zunamen der Räthe zu bestehen, die gewöhnlich so durch einandergeschlungen sind, daß man nach einem halben Jahrhunderte nicht wird errathen können, von wem eigentlich die Signatur herrührt, welches doch oft sehr nützlich zu wissen ist. Der Vorschlag, in den Canzleyen ein sogenanntes Signaturbuch zu halten, worein jeder Rath seinen vollständigen Namen, nebst seiner gewöhnlichen Signatur schriebe, verdiente daher Beherzigung.
Elsässer vermischte Beytr. §. 21.

H 4

III. Subalternen 1)

§. 50.

Erklärung.

Chef und Räthe machen eigentlich die Hauptbestand-
theile eines Collegiums aus; durch sie wird der materielle Theil, oder der Stoff, das Wesentliche
der Geschäfte (Th. 1. §. 6.), besorgt; die Ausübung
ihres Berufs erfordert daher der Regel nach vielumfas-
sendere Kenntnisse, nebst einer vorzüglichen Anstrengung
der höhern Seelenkräfte; ihr Urtheil über die zu fassen-
den Beschlüsse wird blos durch die Gesetze und ihr eignes
Gewissen geleitet, und kann allein durch die Stimmen-
mehrheit ihrer Collegen beschränkt werden. Dagegen sind die Subalternen als die untergeordneten Werkzeuge der Collegien zu betrachten, und haben es vorzüglich mit der gesetzlichen Form und dem Mechanischen

---

1) Diese Benennung ist erst im gegenwärtigen Jahrhunderte aus der französischen Militärsprache angenommen, und im Canzleystyle, sowohl von ganzen
Unter-Collegien, als von einzelnen Unterbedienten,
bey uns üblich geworden. Weder der Spathe,
noch Harsdörfer, noch Melchior von Osse
und sein Ausleger Thomasius, noch v. Seckendorf, kennen diesen Ausdruck, sondern letzterer
braucht dafür immer Canzley, Canzleybe-
diente.
Teutsch. Fürstenstaat. Th. 2. C. 6. §. 12. ff.
Von dem lateinischen Ursprunge und der ehemaligen
Bedeutung dieser Benennung s. man Brisson de
Signif. verb. und Du Fresne unt. d. W. Subalter-
nare.

schen (§. 36. IV.) der Geschäfte zu thun; ihr Dienst erfordert daher hauptsächlich ein gutes Gedächtniß, Liebe zur Ordnung, Pünctlichkeit im Detail und Routine; sie müssen sich dabey genau nach den Vorschriften der Canzleyordnungen, nach den Aufträgen des Präsidenten und der Räthe richten¹). Sie erhalten gewöhnlich besondre Reglements, werden meist vom Chef des Collegiums, mit oder ohne Zuziehung der Räthe, gewählt, (vom Regenten bestätigt,) vor ihrer Aufnahme zweckmäßig geprüft; und vom Präsidenten in Pflicht genommen. Ihr Gehalt besteht theils aus einem gewissen Fixum, theils in einem bestimmten Antheile an den Sporteln. Bey den größern und höhern Collegien theilen sich die Subalternen wieder in drey Classen, von denen jede ihren eignen Vorsteher, (Inspector) zu haben pflegt.

Ueber sämtliche Subalternen ist gewöhnlich ein Director, Protonotar u. s. w. gesetzt.

1. Die

---

1) Es bedarf wohl keiner Erinnerung, daß das Bisherige nicht so zu verstehen sey, als ob die Räthe sich gar nicht um den mechanischen Dienst zu bekümmern, die Subalternen aber gar keine Beurtheilungskraft bey ihren Geschäften nöthig hätten, oder sich nicht auch Kenntnisse vom Materiellen der Geschäfte zu erwerben suchen dürften. Eigentlich sollte jeder Rath sich eine Zeitlang in Secretärs- oder Registratur-Geschäften geübt haben.
Elsässer vermischte Bemerk. in Bezieh. auf Canzley-Collegien und Canzley-Pers. §. 8.

H 5

1. Die **Expedition**, oder **Canzley** im besondern Verstande (Th. 1. §. 8.).
2. Die **Registratur**.
3. Das **Tax=Amt**, die **Sportel=Casse**.

In kleinern und niedern Collegien pflegen alle drey
Classen unter dem Ausdrucke **Canzley** begriffen zu seyn,
und von den Canzleypersonen zugleich mit besorgt zu
werden. Bey größern Collegien hat jede dieser Classen
ihre eignen Arbeitszimmer im Collegienhause, welche
wieder in besondre **Verschläge**, **Cabinette**, abge-
theilt sind.

Der Regel nach müssen entweder alle, oder wenigstens einige der Canzley=Personen täglich, Vormittags
und Nachmittags, selbst während der Collegial=Ferien,
in der Canzley anwesend seyn, um bey nöthigen Fällen
gebraucht zu werden, oder die an das Collegium einkommenden Schriften in Empfang zu nehmen und an
den Präsidenten zu besorgen.

§. 51.

1. Von der Expedition, Canzley [1]).

a) allgemeine Bemerkungen.

Zur **Expedition** oder **Canzley** gehören theils
die Secretäre, theils die Canzlisten, denen zuweilen noch
einige Copisten, Ingrossisten, Accessisten zur Hülfe gegeben sind.

Ge-

1) Lipenii Bibl. unt. d. W. Cancellaria.
Scheidemantel Repertorium unt. d. W. Canzley.

Gewöhnlich führt der älteste Secretär unter dem Titel eines Directors, Expeditions-Raths, Canzley-Raths, Canzley-Verwalters, Protonotarii u. s. w., die Unteraufsicht über das Canzleypersonal und dessen Geschäfte.

1. Die Secretäre [1]) zeichnen sich durch den Namen der Collegien, wobey sie angestellt sind, von einander aus, z. B. Consistorial-, Cammer-, Kriegs-, Gerichts-Secretär, Stadtschreiber u. dgl., worunter wieder einige durch den Beysatz: Geheimer, von den übrigen unterschieden werden. Zuweilen pflegen sie auch den Raths-Charakter entweder von dem Collegium, wo sie angestellt sind, oder von einem andern zu führen, und haben auch oft, besonders die geheimen Secretäre, die Verrichtungen der Räthe. Ihre gewöhnlichen Bestimmungen aber sind:

a) die Protocolle in den Sitzungen des Collegiums, oder sonst, unter dem Vorsitze eines oder mehrerer Räthe zu führen;

b) die

[1]) Von den Secretären sehe man besonders: des Spathen teutscher Secretarius. 4 Bde. fol. Schilter diss. de Secretariis, in dessen Exercitatt. ad Pand. (ex edit. Thomas. Fref. 1713.) zwischen der 5ten u. 6ten Exercitat. p. 119-125. Lipenius Biblioth. Iuris, unt. d. W. Secretarius, Actuarius, Protonotarius. Wieland juristisches Handbuch. unt. d. W. Secretär. Moser von Canzley-Geschäften. L. 2. C. 11. Von den mancherley Bedeutungen dieses Worts wird weiter unten mehr vorkommen.

b) die Beschlüsse, (Decrete) zu expediren, (concipiren, extendiren) die Concepte durch die Canzlisten ins Reine schreiben zu lassen;

c) bey wichtigen und geheimen Sachen auch wohl selbst Canzlistenstellen zu vertreten;

d) zuweilen die Correspondenz des Collegiums, wozu bey vielen Collegien Kenntniß der lateinischen und französischen Sprache nöthig ist, zu führen, und

e) mündliche Ausrichtungen zu übernehmen;

f) oft haben sie auch Cassen unter ihrer Verwaltung, oder sind auch zur Revision (Monitur) der von andern geführten Rechnungen verpflichtet.

Der Secretär eines Collegiums darf daher nicht blos beym Formellen des Dienstes stehen bleiben, sondern muß sich auch um das Materielle bekümmern, ja es können Fälle kommen, wo er aufgefodert wird, selbst den Räthen mit seinen Sach-Kenntnissen an Hand zu gehen, und gewöhnlich ist die Classe der Secretäre die Pflanzschule der Räthe. Auch kann ein geschickter und rechtschaffener Secretär oft wirksamer fürs allgemeine Beste, für die Geschäfte seyn, als ein Rath.

Hiernächst muß er nicht nur vorzügliche Fertigkeit im schriftlichen und mündlichen Vortrage, hinlängliche Kenntniß der teutschen, lateinischen, auch wohl einiger neuern Sprachen, Geübtheit im Rechnungswesen, sondern auch eine genaue Bekanntschaft mit dem Canzley-Ceremoniel (Th. I. §. 252. ff.) und den Verhältnissen seines Collegiums gegen andre,

bey

ſeßen, und eine leſerliche, wo möglich, Canzleyhand mit vieler Schnelligkeit im Schreiben verbinden.

Seine Lage gegen die Vorgeſetzten, da er bald
mit dieſem, bald mit jenem Rathe zu arbeiten hat,
machen eine beſondre Menſchenkunde, Klugheit und
Gewandheit nöthig, ſo wie ſeine Verhältniſſe gegen
die Canzliſten, die eigentlich einen Grad tiefer ſtehen,
ein vorſichtiges und abgemeßnes Betragen erfodern.
Allgemeine Erfoderniſſe des Secretärdienſtes ſind,
nächſt den bisher erwähnten, Treue, Thätigkeit, Verſchwiegenheit. In denen Collegien, wo die Geſchäfte nach gewiſſen Departements, Senaten u. ſ. w.
unter die Räthe vertheilt ſind, pflegen auch ein oder
mehrere Secretäre für jedes Departement beſonders
beſtimmt zu ſeyn; in einigen Collegien werden die
Geſchäfte und die damit verknüpften Sporteln, nach
dem Alphabete der Oerter und Gegenſtände vertheilt, daher oft ein ſchädliches Drängen nach ſolchen
Secretärs-Poſten, welche die einträglichſten Buch-
ſtaben haben, veranlaßt wird.

Oft iſt auch ein Secretär beſonders zur Führung
des Protocolls bey den Sitzungen, oder zum Beyſtan-
de der auf Commiſſionen geſandten Räthe, oder zum
Revidiren der Rechnungen angeſtellt und verpflichtet,
daher die Benennung: Protocolliſt, Commiſ-
ſionsſecretär, Reviſor, (Calculator).

2. Die

2. Die Canzlisten (Cancellisten) ¹) sind bestimmt, dasjenige, was ihnen vom Chef, oder den
Räthen und Secretären aufgetragen, oder vom Canz-
ley-Vorsteher unter sie vertheilt wird, dem Canz-
ley-Gebrauche gemäß, ins Reine zu schreiben,
und dabey sowohl die äußern nothwendigen
Eigenschaften des Canzleystyls (Th. I.
§. 200-232.) als die zufällige Form desselben
(Th. I. §. 289. ff.), welche in den Concepten gewöhnlich mit Abkürzungen bemerkt zu werden pflegt,
zu beobachten. Auch haben sie oft eine oder die andere Casse für das Collegium zu verwalten, und darüber Rechnung zu führen. Von ihnen wird daher
vorzüglich eine schöne, leserliche und in den Schriftzü-
gen der Canzlisten eines Collegiums möglichst gleich-
förmige, teutsche und lateinische Canzleyhand
(Th. I. §. 219-223.), einstimmige Rechtschrei-
bung, Kenntniß des Titularbuchs, der ersten Anfangsgründe der lateinischen, auch oft der französischen
Sprache, Fertigkeit im Schreiben und Rechnen, Verschwiegenheit, Treue, Fleiß, Genauigkeit und Ordnungsliebe, Achtung und Folgsamkeit gegen die Obern
und Vorgesetzten, Einigkeit und Dienstgeflissenheit
unter einander, erfodert.

§. 52.

¹) Moser Canzley-Gesch. L. 2. C. 15.
Elsässer Leitfaden. §. 61. ff.
Hellfeld Repertorium. unt. d. W. Canzlist.

§ 52.

b) Verrichtungen der Canzleyperſonen.

aa) Protocolliren, Protocoll [1]).

Bey allen Sitzungen eines Collegiums iſt es nöthig, und der Regel nach hergebracht, daß die in denſelben verhandelten Geſchäfte zur künftigen Wiſſenſchaft glaubwürdig verzeichnet werden. Protocolliren heißt alſo hier das Geſchäft einer beſonders dazu beſtellten und beeidigten Perſon, die in den Sitzungen eines Collegiums vorgekommenen Verhandlungen, der Wahrheit und den geſetzlichen Verordnungen gemäß, aufzuzeichnen; Protocoll iſt die ſolchergeſtalt verfertigte Erzählung der collegialiſchen Verhandlungen. Gewöhnlich pflegen alſo bey jedem Collegium ein oder alle Secretäre auf das Protocoll beeidigt zu ſeyn, und in den collegialiſchen Verſammlungen beym Protocolle zu ſitzen, das Protocoll, unter Direction des Chefs, zu führen. Es ſollte daher auch, nach der Natur der Sache, der Protocolliſt ſeinen Platz bey dem Präſidenten haben; aber gemeiniglich ſitzt er ganz unten an der Tafel, oder an einem Nebentiſche. In gewiſſen Fällen pflegt auch wohl einer von den

---

[1] Lipenius und deſſen Fortſetz. unt. d. W. Protocollum.

Häberlin Repertor. unt. d. Wort Protocoll.

Moſer Canzley-Geſch. 2tes B. 8tes Cap.

Da der dritte Band vorzüglich für die genauere Betrachtung aller Geſchäftsaufſätze beſtimmt iſt; ſo können hier nur die allgemeinen Bemerkungen über dieſelben mitgetheilt werden.

den Räthen die Führung des Protocolls zu übernehmen.
Das Protocolliren geſchieht gewöhnlich auf der zur rech=
ten Hand des Schreibenden befindlichen Seite eines gan=
zen, der Länge nach gebrochnen Papierbogens, derge=
ſtalt, daß merkwürdige Puncte nach der linken Seite
hin ausgerückt, manche eingerückt, Beylagen, Zahlen
u. dgl. auf der leerbleibenden Hälfte kurzlich bemerkt
werden. Der Regel nach verzeichnet der Protocolliſt
die zum Vortrage kommenden Sachen für ſich, ſo
deutlich, beſtimmt und kurz, als möglich, wozu nicht
wenig Fertigkeit gehört, um das Wichtige vom Unwich=
tigen, Hauptſachen von Nebendingen, zu unterſcheiden,
und die oft unnöthig weitläuftigen Vorträge zweckmäßig
abzukürzen. Oft werden aber auch beſonders wichtige
Vota u. ſ. w. dem Protocollführer von Wort zu Wort
in die Feder dictirt. Die Protocolle enthalten

1. zur Ueberſchrift, den Ort der Sitzung,
die Beſtimmung der Zeit, wobey auch zu=
weilen die Stunde, wo etwas vorgenommen iſt,
angegeben wird.

2. Werden oben, linker Hand, die gegenwärti=
gen Mitglieder (praeſentes), auch wohl
die Zeit, da einer nachgekommen oder früher weg=
gegangen iſt, bemerkt.

3. Der Eingang des Protocolls ſelbſt, meldet die
Veranlaſſung der Verſammlung (wenn
ſolche eine außerordentliche iſt), oder auch das
Erſcheinen und die Beſtimmung derer
Perſonen, welche die Geſchäfte veranlaßt haben,
oder endlich die Eröffnung der Sitzung
durch

durch den Präſibenten, worauf deſſen Vorträge, und ſodann die der Räthe, nach Beſchaffenheit der Umſtände, zu folgen pflegen.

Die Sachen, welche zum Vortrage gekommen ſind, werden nach ihren Rubriken und dem Datum, nebſt den Beylagen, und der Zahl der Stücke kürzlich aufgeführt.

Von den Berathſchlagungen wird gewöhnlich das Reſultat, oder Concluſum bey wichtigen Sachen aber auch die Abſtimmung der Räthe kürzlich bemerkt.

Der Styl der Protocolle pflegt der Regel nach durchgängig erzählend, d. i. in der dritten Perſon, (ſtylo obliquo) zu ſeyn: z. B. N. N. trug vor, es wolle verlauten; es ſey u. ſ. w. In einigen Collegien iſt es aber in gewiſſen Fällen z. B. bey Zeugenverhören und dergl. hergebracht, die eignen Worte dritter Perſonen zu protocolliren, als: Deponent, zeigte an, erklärte ſich dahin: ich habe, ich bin u. ſ. w.

4. Die Protocolle müſſen möglichſt rein, frey von Ausſtreichungen und Raſuren gehalten, oder wo dergleichen nöthig iſt, ſolches am Ende bemerkt werden.

5. Am Ende jeder Sitzung pflegen die Protocolle durch die bekannten Formeln:

     Geſchehen wie oben, (Act. v. ſ.)
     Zur Beglaubigung (in fidem)

geschlossen, und vom Protocollführer unterschrieben zu werden.

6. In vielen Fällen müssen die beendigten Protocolle
nochmals vorgelesen, und wenn nichts dabey zu erinnern gefunden ist, dieses vor dem Schlusse bemerkt
werden.

7. Der Regel nach unterschreibt der Protocollführer
allein, oft aber auch ist die Unterschrift derer Personen, welche es vorzüglich angeht, nöthig. In mehrern Collegien signiren (§. 48.) die anwesenden
Räthe nebst dem Präsidenten die Protocolle, entweder auf der ersten linken Seite unter einander, oder
am Ende neben einander ¹).

Es werden entweder alle in einer Sitzung vorkommende Sachen, ohne Unterschied, in denselben Protocolle verzeichnet, oder, nach Verschiedenheit der Gegenstände mehrere besondre Protocolle verfaßt. Im ersten
Falle macht der Protocollführer nach beendigter Sitzung
aus dem Hauptprotocolle die nöthigen Auszüge, um
solche den verschiednen besondern Acten beyzufügen.

Sind mehrere Secretäre zum Protocolle bestellt, so
pflegen solche gewöhnlich nach einem gewissen turno zu
wechseln, oder auch während den Sitzungen einander ab-
zulösen, doch steht es dem Chef frey, nach Befinden, von
der bestimmten Ordnung abzuweichen.

Bey Collegien, wo die Geschäfte unter den Secretären in bestimmte Departements getheilt sind, führt
der Departements-Secretär, in denen Sachen, die dahin einschlagen, ordentlicherweise das Protocoll.

Ende

¹) Schott Vorber. zur jur. Prax. §. 45.

Endlich iſt noch kürzlich zu bemerken, daß die Pro=
tocolle entweder in ein ſchon gebundnes Buch eingetra=
gen, oder, welches bequemer iſt, auf loſe Bogen (Hef=
te, Lagen, Seſternen, die aus ſechs Bogen beſte=
hen) geſchrieben und am Ende des Jahres erſt zuſam=
mengebunden, in beyden Fällen aber mit einem alphabe=
tiſchen Regiſter verſehen, auf dem Rücken mit einer Ru=
brik und der Jahrzahl beſchrieben, und in der Re=
giſtratur an einem beſtimmten Orte in chronologiſcher
Ordnung aufgeſtellt werden.

§. 53.

bb) Vom Concipiren (expediren).

Die in den Sitzungen gefaßten Beſchlüſſe des
Collegiums (concluſa) (§. 48.) müſſen entweder vom
Referenten ſelbſt [1]), oder dem Secretäre, welchem es
aufgetragen wird, expedirt, ausgearbeitet, die
kurzgefaßten Decrete aber (§. 47.) extendirt, d. i.
ihnen die gehörige Form und Einkleidung gegeben wer=
den. Beydes wird gewöhnlich unter dem Ausdrucke, con=
cipiren, begriffen. Hiebey iſt außerdem, was oben
(Th. I. §. 352.) ſchon vorgekommen iſt, noch folgendes
zu bemerken:

1. Der Eingang des Concepts bezieht ſich gewöhn=
lich auf die Schrift, wodurch die Ausfertigung
veranlaßt worden iſt, wiederholt auch wohl kürz=
lich den Hauptinhalt, das Datum oder Präſenta=

J 2   tum

[1]) Gutachten, Commiſſions=Berichte, Schreiben an
Auswärtige, Urtel und andre wichtige Schriften,
concipirt billig der Referent ſelbſt.
Moſer Canzley=Geſch. L. 5. C. 1.

tum derselben, und fährt mit dem darauf gefaßten Beschlusse des Collegiums fort.

2. Der Concipient ist verpflichtet, das Concept dem Concluso des Collegiums gemäß, und zwar, wo möglich, mit den eignen Worten desselben, abzufassen, auch nicht mehr oder weniger zu sagen, als darin enthalten ist.

3. Muß es immer in der jedem Falle angemeßnen und vom Canzley = Ceremoniel oder dem Gerichtsbrauche bestimmten Sprache, ausgefertigt (Th. I. §. 276. 288.) ¹) und die dem Curialstyle gemäße Art der Expedition (Th. I. §. 258= 275.) nebst den gehörigen Titulaturen und Curialien (Th. I. §. 289=396.) gewählt werden ²).

4. Die

1) In manchen Collegien sind daher die Canzleyen in die teutsche, lateinische, auch wohl französische Expedition getheilt.

2) Am gewöhnlichsten pflegen bey höhern Collegien folgende Arten der Expeditionen zu seyn:
    a) in Rescriptsform (Th. 1. §. 373. 374.).
    b) in forma Resolutionis. Z. B. Se. Herzogl. Durchl. lassen dem N. auf sein ꝛc. zur Resolution ertheilen, daß u. s. w.
    c) in Beziehungsform, wenn der Concipient den Canzlisten ganz kurz auf ein Gesetz oder schon in andern Fällen beobachtetes Formular verweist, und nur die nöthigen Abänderungen bemerkt.
    d) in Form eines Ersuchungsschreibens (Requisitorialis).

4. Die innern Eigenſchaften oder die Schreibart des Concepts richten ſich nach dem Gegenſtande des Inhalts, ob z. B. im erzählenden, erſuchenden, befehlenden, bittenden Tone geſchrieben, ob Beyfall oder Mißfallen in höherm oder geringerm Grade bezeugt, ob etwas verwieſen, gebilligt, entſchuldigt, vertheidigt, genehmigt, abgeſchlagen, gerathen oder widerrathen, ob etwas an Höhere berichtet, an Niedre verfügt, gegen Anſprüche vertheidigt und ausgeführt werden ſoll. (Th. I. §. 175. ff.)

5. Das Datum des Concepts richtet ſich nicht nach der Ausfertigung deſſelben, ſondern nach dem im Collegium gefaßten Beſchluſſe (Th. I. §. 420.).

6. In den mehrſten Collegien hat man zu den am häufigſten vorkommenden Ausfertigungen gedruckte Formulare, welche blos an den gehörigen Stellen, dem vorliegenden Falle gemäß, ausgefüllt oder abgeändert zu werden brauchen. Aber wo auch dergleichen nicht vorhanden ſind, darf doch der Concipient ohne Noth nicht von der bisher üblich geweſnen Ordnung in dergleichen Aufſätzen abweichen [1]).

7. Man-

Iſt ein gut eingerichtetes Titular-Buch bey der Canzley vorhanden, ſo pflegt der Concipient ganz kurz die Nummer des beym Abſchreiben zu bemerkenden Titulatur anzugeben. Z. B. pr. T. 15. b. (praemittatur titulus Num. 15. b.).

1) Elſäſſer Leitfad. §. 123.

J 3

7. Manche Expeditionen an Gesandte, in Kriegs-
vorfällen u. s. w. werden in Chifren, entweder
ganz, oder nur die Hauptworte, Namen u. s. w.
nach dem dazu vorhandnen Schlüssel n geschrieben (Th. I. §. 219. und 400.), wozu in größern
Collegien ein oder mehrere Räthe oder Secretäre (Chifreurs, Dechifreurs) angestellt
sind [1].

8. Uebrigens kann keinem Rathe oder Secretär vom
Präsidenten zugemuthet werden, etwas zu concipiren, was offenbar gegen seine Pflicht läuft,
oder ihm Verantwortung zuziehen würde, oder
eine Meynung, von deren Rechtswidrigkeit oder
Schädlichkeit er sich überzeugt hält, als gegründet
und rathsam auszuführen, oder auch in wichtigen
Puncten zweydeutige Ausdrücke vorsätzlich zu gebrauchen und die Worte auf Schrauben zu stellen [2].

9. Ent-

[1] Z. B. in Wien ist eine eigne Chifre Canzley,
wobey noch 1791 der bekannte Schriftsteller Pezzl
mit 1200 Gulden Gehalt angesetzt wurde.
Meusel Gel. Teutschl. vierter Nachtrag.
Eine Geschichte der Kryptographie enthält der
Berliner Almanach zum Vergnügen fürs J. 1796.
N. 3.

[2] Man vergleiche hiemit noch
Moser von der Concipienten Amt, Pflichten, Rechten, Fehlern, Verbrechen und Bestrafung. In dessen Abhandl. versch. Rechtsm. St. XI. N. 2. S.
554.

9. Endlich ist noch zu bemerken, daß die Ausarbei=
tung der Concepte, gleich nach der Sitzung, mög=
lichst beschleunigt werden muß, wo die Sache bey
den Räthen und dem bestimmten Concipienten noch
in frischem Andenken ist. Gewöhnlich pflegt in
den Canzley=Ordnungen eine gewisse Frist hiezu
bestimmt zu seyn.

§. 54.

cc) Vom Umlaufe der Concepte zum Revidiren und Signiren [1]).

Davon ist schon oben unter den Geschäften der Rä=
the (§. 49.) das Erforderliche beygebracht worden, hier
also nur noch einige Bemerkungen über das, was der
Concipient dabey zu beobachten hat. Die Revision und
Signatur der Concepte geschieht entweder in den Sitzungen selbst, oder außerhalb derselben. Im ersten Falle
muß der Concipient die Ausfertigungen baldmöglichst,
und zur bequemen Zeit (nicht während dem Referiren
oder Votiren u. s. w.) dem Präsidenten oder Referenten,
dem Gebrauche gemäß, vorlegen; im letzten Falle werden die Concepte in die Wohnungen der Mitglieder her-
umgeschickt. In manchen Collegien pflegt entweder blos
der Referent, in andern auch die übrigen Räthe, die
Concepte zur Revision zu bekommen, und dem Präsidenten gebührt die Superrevision. Bald geht das
Revidiren von unten hinauf, bald von oben herab, bald
nach der Lage der Wohnungen. Das Herumschicken geschieht

[1]) Moser v. Canzley=Gesch. L. 5. C. 6.

J 4

schieht durch die Canzleydiener, und es sind dazu ver-
schloßne Kasten von Blech oder Holz gewöhnlich, wozu
jedes Mitglied des Collegiums den Schlüssel hat. Am
bequemsten aber sind die hin und wieder eingeführten
Mappen oder Taschen aus starkem Leder, welche
gleichfalls mit einem Schlosse, und den eingebrannten
Anfangsbuchstaben des Collegiums oder Departements
dem sie gehören, versehen sind. Auf diese Mappen
kann mit Kreide der Anfangsbuchstabe des Rathes, der
sie zunächst erhalten soll, gezeichnet werden, welcher beym
Weiterschicken diesen Buchstaben wegwischt, und dafür
den des nächstfolgenden Raths oder des Secretärs auf-
schreibt. Vielleicht dürfte es noch besser seyn, jedem
Rathe und Secretäre gewisse Nummern oder Buchstaben
des Alphabets zu geben, und die Canzleydiener darnach
zu instruiren, wodurch die Verborgenheit des Referenten
und die Bequemlichkeit sehr befördert werden könnte.

Oft gehen auch in einer Kapsel mehrere Concepte
zum Revidiren und Signiren herum. Gut ist es, wenn
verordnet wird, daß nicht Reuidenda und Subscribenda
in einer Kapsel vereinigt werden, weil daraus leicht Verwirrung entstehen kann.

Endlich ist noch die in einigen Collegien eingeführte
Methode sehr zu empfehlen, da die Bemerkungen, Nach-
weisungen u. s. w., welche zur Nachricht des Referenten, Concipienten oder Canzleyvorstehers dienen sollen,
z. B. wenn ein Rath für gut hält, daß ante acta beygefügt
werden u. dgl. auf kleine Zettel geschrieben, und diese
mit etwas Kleister oder Oblate ganz leicht auf die erste

Seite

Seite des Concepts oder Exhibiti geklebt werden, um
ſolche nach gemachtem Gebrauche wieder abnehmen zu
können. Gemeiniglich iſt der Concipient oder der Canzleyvorſteher angewieſen, beym Abſenden der Kapſeln im
voraus dergleichen ledige Zettel aufzukleben.

Der letzte Revident ſchickt die revidirten und ſignirten Concepte, falls dabey nichts weiter zu erinnern gefunden iſt, geradezu in die Canzley, oder auch zum Concipienten, um das Weitere zu beſorgen.

§. 55.

dd) Vom Copiren und Mundiren (Th. 1. §. 254-256).

Die, ſolchergeſtalt revidirten und ſignirten Concepte
werden nun den Canzliſten oder Copiſten zum mundiren oder copiren übergeben. Mundiren heißt in
der Canzleyſprache, ein Concept mit Beobachtung der
nöthigen äußerlichen Förmlichkeiten (Th. 1. §.
397-402.), und Curialien nach Maasgabe des For-
mularbuchs, correct ſolchergeſtalt ins Reine ſchreiben,
daß es nachher durch Unterſchrift und Beſieglung vollzogen werden kann, das ſolchergeſtalt ins Reine ge-
ſchriebne Concept ſelbſt, heißt Mundum, und wenn
ſolches vollzogen worden iſt, Original; copiren
hergegen iſt, wenn etwas blos abgeſchrieben wird, ohne
daß Unterſchrift und Beſieglung erfolgen ſoll. Gemeiniglich pflegen auch dergleichen Abſchriften oben auf der
erſten Seite, linker Hand, durch das Wort: Copie,
(Copia), bezeichnet zu werden (Th. 1. §. 419.).

Oft ſind von einer Ausfertigung mehrere Originale,
mithin auch mehrere Munda nöthig, oft iſt aber auch ein

Mundum

Mundum hinreichend, welches aber verſchiedne Copien (Duplicate, Triplicate) zu Beylagen erfodert, oder ſelbſt mehrere Male copirt werden muß. Zuweilen ſind von einem Concepte mehrere Munda für verſchiedne Perſonen nöthig, in deren Hinſicht blos die Curialien, oder einzelne Stellen des Concepts geändert zu werden brauchen, welches der Concipient durch die Abbreviatur: mut. mut. (mutatis mutandis) oder auch durch Einſchließung der wegzulaſſenden Stellen und Randbemerkungen anzudeuten pflegt.

Gewöhnlich iſt den Canzliſten vorgeſchrieben, wie viel Zeilen auf eine Seite, und wieviel Sylben auf eine Zeile kommen ſollen (Th. I. §. 222.). Auch muß der Concipient oder der Canzleyvorſteher darauf achten, in welchen Fällen die Ausfertigungen auf S t e m p e l b o g e n geſchrieben, und aus welcher C l a ſ ſ e dieſelben, den Stempelordnungen gemäß, genommen werden müſſen.

Außer dem Inhalte des Concepts, müſſen auch die Canzliſten, falls eine U e b e r ſ c h r i f t (A u f ſ c h r i f t), mit oder ohne C o u v e r t, nöthig und gewöhnlich iſt, ſolche zugleich mit beſorgen, ehe das Mundum zur Unterſchrift herumgeht (Th. I. §. 367=369.).

Zuweilen erſtreckt ſich die Eintheilung des Collegiums in Departements, auch auf die Canzliſten, ſo daß die zu einem gewiſſen Departement angeſtellten blos die darin vorfallenden Arbeiten beſorgen; zuweilen iſt aber auch eine Canzley zum gemeinſchaftlichen Dienſte für mehrere Collegien angewieſen. Gewöhnlich hat der Aufſeher der Canzley die Vertheilung der Arbeiten unter den Canzleyperſonen, welche der Regel nach, auf der Canzley ſelbſt zu verfertigen ſind, und, wenigſtens nicht ohne Erlaub-

niß

niß des Canzleyvorſtehers, nicht mit nach Hauſe genommen werden dürfen.

Zu dem Ende und damit nicht etwa geheim bleiben
ſollende Papiere von den übrigen Canzliſten oder von
Fremden geleſen werden, hat meiſtens jeder Canzliſt in
der Canzleyſtube ſein eignes Cabinett, welches von
den übrigen durch hölzernes Gitterwerk abgeſondert iſt
und verſchloſſen werden kann.

Iſt die Arbeit vollendet; ſo ſchreibt der Canzliſt den
Anfangsbuchſtaben ſeines Namens, nebſt dem Datum
der Vollendung auf das Concept, vergleicht, (collationirt) daſſelbe mit der Abſchrift unter Beyſtand
des Canzleyvorſtehers, oder eines Andern der zu dieſem
Geſchäfte beſtimmt iſt, und beſonders bey Mundis zugleich auch auf die richtige Beobachtung der Titulaturen
und andern Formalien zu ſehen hat, worauf das Concept in das Mundum gelegt, und dem Concipienten zur
nochmahligen Reviſion oder Collationirung überliefert wird.

§. 56.

ee) Von der Beförderung der Mundorum zum Unterſchrei-
ben (§. 49.), Siegeln.

Iſt das Concept ins Reine geſchrieben und collationirt, ſo muß der Canzleyvorſteher oder der Concipient
beurtheilen, ob das Mundum zu ſeiner Vollziehung,
außer dem von Canzleyhand unterſchriebnen Titel des
Regenten oder des Collegiums, (nomen collectiuum
Th. 1. §. 382.) und der Paraphe (Th. 1. §. 363.),
noch einer beſondern Unterſchrift bedürfe, und
wer ſolchenfalls unterſchreibe, um ſolches zu beſorgen,
wenn zuvor die Concepte und Original-Beylagen von
den

den Mundis und Abſchriften, den Verordnungen
gemäß, getrennt ſind. Die beſondre Unterſchrift geſchieht entweder eigenhändig vom Regenten (§. 23.) oder
vom Präſidenten, oder einem Rathe, oder von allen
Mitgliedern (Th. I. §. 381. 382.) ohne, oder mit einer Contraſignatur (Th. I. §. 418.), in den
Sitzungen, oder zu Hauſe.

Iſt vor der Unterſchrift noch eine beſondre Courtoiſie, oder Bezeichnung des Verhältniſſes nöthig, (Th.
I. §. 359.) ſo pflegt ſolche vom Regenten oder Präſidenten gleichfalls eigenhändig beygefügt zu werden. Zuweilen ſind die Canzleyen angewieſen, aus dem Titular-
buche dieſe Courtoiſie auf einen Zettel abzuſchreiben und
dem Mundo beyzulegen, damit der Unterſchreibende nicht
gegen das Ceremoniell verſtoße.

Iſt die Unterſchrift gehörig vollzogen, oder keine
nöthig, ſo erfolgt die Beſieglung, wenn die Art der
Ausfertigung dieſelbe erfodert (Th. I. §. 403-410.).
Das Geſchäft des Siegelns iſt entweder einer beſtimmten Canzleyperſon übertragen, oder geſchieht von den
Canzliſten, der das Mundiren beſorgt hat, entweder
in der Canzley, oder im Hauſe des Chefs, wo die Siegel
verwahrt werden. Sonſt wurde das Siegel mit einem
hölzernen Hammer oder Schlägel aufgeſchlagen, jetzt
ſind in den mehrſten Collegien die ſtählernen Siegel-
preſſen oder Schrauben eingeführt. In manchen
Canzleyordnungen ſind gewiſſe Sieglungstage feſt-
geſetzt, wovon nur eilige Sachen Ausnahme machen.

Viele

Viele Ausfertigungen werden nicht beſiegelt, ſondern entweder blos zuſammengeſchlagen, mit einer kurzen Rubrik verſehen, und ſo an die Behörde befördert, oder bald mit, bald ohne Convert (Decke) in Briefform zuſammengelegt, und mit dem gewöhnlichen Siegel verſchloſſen (verſiegelt), wobey der Canzleyvorſteher dahin zu ſehen hat, daß die gehörigen Beylagen hinzugefügt werden.

§. 57.

2. Regiſtratur. Regiſtrator. Archiv [1]).

a) allgemeine Bemerkungen.

Das Wort: Regiſtratur, bedeutet bald eine von einer mit öffentlichem Glauben verſehenen Perſon ſchriftlich abgefaßte Erzählung eines Vorfalls, und hat in dieſer Hinſicht viel ähnliches mit dem Protocolle; bald den Ort, wo die Acten eines Collegiums verwahrt werden; bald die Sammlung der Acten ſelbſt [2]).

Ar

1) Lipen. Bibl. und deren Fortſetz. unter d. W. Regeſtrum. Archiuum.
   Pütter Anl. zur juriſt. Praxt. I. §. 447‧520.
   Elſäſſer Leitfad. §. 56. 58.
   Moſer Canzley‧Geſch. L. 2. C. 14. L. 5. C. 14.
   Maſſow. §. 45‧54.

2) Unter den Römiſchen Kaiſern und im Mittelalter hießen dergleichen Actenſammlungen Scrinia, Regeſtoria, und diejenigen Beamten, welche dieſelben in Ordnung halten und Verzeichniſſe darüber verfertigen mußten, Regendarii.
   B. Briſſon de ſignif. verb. unt. d. W. Regeſta.

Da

Archiv und Registratur ist eine unter öffentlicher Aufsicht geordnete und unterhaltne Sammlung wichtiger Urkunden und Acten.

Beyde Anstalten unterscheiden sich in mehrerer Hinsicht von einander, davon weiter unten. Bey unserer heutigen Art, alle Geschäfte schriftlich zu verhandeln oder wenigstens die mündlichen Verhandlungen zu Protocoll zu nehmen, hat jedes Collegium das Recht und die Pflicht, die vor und von ihm verhandelten Angelegenheiten zum gegenwärtigen oder künftigen Gebrauche, in gehöriger Ordnung dergestalt aufzubewahren, daß kein Actenstück verloren gehe und jedes erforderlichen Falls leicht aufgefunden werden könne. Zu diesem Ende sind bey jedem nur etwas zahlreichen Collegium besondre Subalternen oder Canzley=Personen unter dem Namen der **Registratoren**, **Geheime Registratoren**, angestellt, welche unter der Aufsicht des Chefs diese Art von Arbeiten besorgen, und oft wieder mehrere Gehülfen, **Actenhefter** und dgl. unter sich haben. Gute Schulwissenschaften, unermüdete Thätigkeit, pünctliche Ordnungsliebe, ein gutes Gedächtniß und eine gesunde Beurtheilungskraft, nebst einer genauen Bekanntschaft mit dem bey einem Collegium eingeführten Geschäftsgange und den bey solchem vorkommenden Hauptarten

von

Du Fresne Glossarium, unt. d. W. Regestorium. Noch im vorigen Jahrhunderte war der Ausdruck: Briefgewölbe statt Archiv, sehr gebräuchlich, ob gleich auch letzteres Wort auch schon bekannt war.

von Geschäften, sind die vorzüglichsten Bedürfnisse eines Registrators.

Der Regel nach nehmen alle bey einem Collegium vorfallende Geschäfte in der Registratur ihren Anfang und endigen sich in derselben; alle beym Collegium einlaufende Schriften werden entweder sofort bey der Registratur, (wenn nicht dazu, wie in Wien, besondre Subalternen angestellt sind,) eingereicht, oder doch vom Chef nach der Erbrechung zur gehörigen Eintragung und weitern Beförderung dahin geschickt. Kurz, der ganze Geschäftsgang bey einem Collegium, besonders bey solchen Collegien, wo die Zahl der jährlich einkommenden und auszufertigenden Schriften sich oft über zwanzigtausend beläuft, beruht auf der Registratur und deren richtigen Verwaltung [1])

Es werden daher geschickte und treue Registratoren von einsichtsvollen Präsidenten und Räthen besonders geachtet, aber auch ungern zu andern Posten beym Collegium befördert. Sie verdienen deshalb, wenn sie schon geraume Zeit ihrem Amte treu vorgestanden haben, bey ihrem außerordentlich sauren, trocknen und oft nicht gehörig geschätzten Geschäfte, durch reichliche Besoldung und Ehrentitel eine vorzügliche Ermunterung [2]).

§. 58.

[1]) Man vergleiche das wegen seiner Vollständigkeit, Zweckmäßigkeit und Genauigkeit vorzüglich merkwürdige Allgemeine Registratur- und Canzley-Reglement für die K. Preußischen Landes-Justiz-Collegia. Berlin 1781. 8.
[2]) Moser Vortheile für Canzleyverwandte. (1773.) S. 26.

Spieß

§. 58.

b) Registratur-Geschäfte [1]).

Das Hauptgeschäft eines Registrators besteht in der richtigen Absonderung und Bezeichnung der bey seinem Collegium vorhandnen oder einkommenden Acten, nach der Beschaffenheit ihres verschiednen Inhalts und der Gegenstände, welche sie betreffen; in der Aufstellung zweckmäßiger Verzeichnisse derselben, und in der Sorgfalt, daß nicht nur die ganze Sammlung in der gehörigen Ordnung erhalten, sondern auch immer die zu Betreibung der Geschäfte nöthigen Acten vollständig zum Gebrauche der Räthe und Secretarien ausgeliefert, zu rechter Zeit wieder in die Registratur zurückgebracht, und die neu hinzukommenden Stücke, oder ausgefertigten Concepte den vorherigen Acten, wozu sie gehören, in chronologischer Ordnung beygefügt, ganz neue Sachen aber in die Listen eingetragen, und zu weiterer Besorgung an die Behörde befördert werden. Es sind zu dem Ende bey höhern und zahlreichen Collegien großer Staaten mehrere Haupt- oder General- und Neben- oder Special-Registraturen nöthig, welche wieder nach Beschaffenheit der Umstände, bald nach den Materien, bald nach dem Alphabete, viele kleinere Unterabtheilungen haben, die in verschiednen Repositorien

Spieß von Archiven. (Halle 1777.) S. 15.
Elsässer verm. Bem. §. 23. 24.

1) Da weiter unten noch ein besondrer Abschnitt von Archiven und Registraturen folgen wird; so sind hier blos die allgemeinsten Grundsätze, welche den Geschäftsgang zunächst betreffen, aufgestellt.

rien, Schränken, oder auch ganzen Zimmern und
Gewölben von einander gesondert ſind.   Alle dieſe Abtheilungen zerfallen wieder in zwey Haupt-Ab-
ſchnitte,

a) die currente (laufende) Regiſtratur,
worin ſolche Acten aufbewahrt werden, deren Gegenſtand noch nicht beendigt (noch im Gange)
iſt, und wo noch neue Actenſtücke hinzukommen;

b) die reponirte Regiſtratur, welche lauter
geſchloßne Acten, d. i. ſolche, deren Gegenſtand völlig beendigt und abgethan iſt, enthalten,
und hier pflegt auch wohl wieder ein Unterſchied
zwiſchen neuen und alten abgethanen Sachen
gemacht zu werden.

Ueber alle dieſe Regiſtraturen müſſen die gehörigen
Repertorien geführt und dadurch die Ueberſicht derſelben möglichſt erleichtert werden.   Beſonders muß auch
der Regiſtrator die neu einkommenden Actenſtücke, wenn
ſolche nicht ſchon vom Präſidenten mit dem Datum der
Eingabe verſehen ſind, präſentiren, ſie unter einer
fortlaufenden Nummer, welche monatlich oder jährlich
von neuem angefangen werden kann, in das Verzeichniß der eingekommnen Sachen (protocollum rerum exhibitarum) eintragen und mit derſelben Nummer bezeichnen.   Betrifft das neue Exhibitum eine Sache, die ſchon im Gange iſt, und einen
beſtimmten Referenten oder Decernenten hat, ſo ſucht
der Regiſtrator die dazugehörigen ante Acta aus der
currenten, oft auch aus der reponirten Regiſtratur
(acta combinata) auf, und ſchickt ihm ſolche nebſt dem

Canzleyſt. Th. 2.   K   neuen

neuen Actenſtücke zum Vortrage in der nächſtfolgenden Sitzung zu. Enthält dieſes aber einen ganz neuen Ge= genſtand, ſo wird es dem Präſidenten zur Ernennung eines Decernenten zugeſtellt. Damit aber der Regiſtra= tor ſtets wiſſen könne, was für Acten und an wen er ſie jeden Tag abgeſchickt habe, ſind gewiſſe Liſten und Tagezettel nöthig, welche in jeder Sitzung dem Chef zur Durchſicht oder zum Aufrufe der Decernenten nach den Numern vorgelegt werden müſſen. Solchergeſtalt müſſen, der Regel nach, alle von auswärts einkommen= de Schriften, womit ſich ein Collegium, während ſeiner Sitzungen, vorzüglich beſchäftigt, vorher durch die Hän= de des Regiſtrators gehen, und kommen auch am Ende, nebſt allen dadurch veranlaßten Ausfertigungen (Concepten), in dieſelben wieder zurück. Denn ge= wöhnlich werden, ſobald ein Decret in einer Sache ab= gefaßt iſt, oder auch nach den Sitzungen, die auf der Tafel des Seſſionszimmers befindlichen Acten zur Expe= dition befördert, und kommen entweder unmittelbar aus der Hand der Secretäre (dem Expeditionszimmer) oder aus der Canzley, wenn die nöthigen Munda und Abſchriften gehörig beſorgt ſind, mit den revidirten und ſignirten Concepten wieder in die Regiſtratur, wo letztere ebenfalls in den allgemeinen Acten=Verzeichniſ= ſen ſowohl, als den beſondern, jedem Actenbunde beyzu= fügenden Regiſtern (deſignationes actorum) nachge= tragen, den Actenbunden (Faſcikeln) in chrono= logiſcher Ordnung beygefügt oder beygeheftet, gehörig numerirt (quadrangulirt) oder paginirt (foliirt) (Th. I. §. 232.), die Actenbunde ſelbſt aber, bis zu weiterm Gebrauche, in die Regiſtraturen und

Re=

Repoſitorien, wohin ſie gehören, vertheilt und aufgeho‍ben werden.

Aus dieſem allen erhellet, wie weſentlich nöthig die Verfügung ſey, daß in den an ein Collegium zu erſtat‍tenden Berichten, oder abzulaſſenden Reſcripten, oder zu übergebenden Suppliken eben ſo wenig, als in den Protocollen und andern ſchriftlichen Auffätzen des Colle‍giums ſelbſt, zwey oder mehrere Gegenſtände, die zu verſchiednen Fächern gehören, mit einander verbunden werden (Th. I. §. 229.). Läßt ſich aber eine ſolche Vereinigung nicht ganz vermeiden; ſo ſind wenigſtens zweckmäßige Auszüge aus dergleichen Schriften zu ma‍chen, und in den Fächern wohin dieſelben eigentlich .ge‍hören, mit Rückſicht auf den Ort wo das Original zu finden iſt, aufzubewahren. Eben ſo müſſen auch, wenn etwa ein oder das andre in der Regiſtratur befind‍liche Original abgefordert wird, beglaubigte Abſchriften davon zu den Acten genommen werden.

Endlich verſteht es ſich auch von ſelbſt, daß die Re‍giſtratoren zu einer beſondern Verſchwiegenheit und Dienſttreue verpflichtet ſind, und kein Actenſtück, ohne Vorwiſſen und Bewilligung des Chefs, an ſolche, die nicht zum Collegium gehören, oder in deren Amtsge‍ſchäfte die Sache nicht einſchlägt, verabfolgen laſſen dürfen.

§. 59.

3. Vom Taxamte, den Taxatoren, und Sportel-Caſſen ¹).

Für die von Collegien und Staatsbeamten beſorgten
Geſchäfte und Ausfertigungen, müſſen der Regel nach
von denenjenigen Privatperſonen, welche dieſelbe beſon=
ders veranlaßt haben, gewiſſe Gebühren entrichtet
werden, die entweder einen Theil der Beſoldung, (Ac=
cidentien) oder auch, wie das Stempelgeld, ei=
ne Art öffentlicher Auflagen ausmachen, und gewöhnlich
unter dem Nahmen der Sporteln, Taxen bekannt
ſind ²). Beyde Wörter werden gewöhnlich gleichbedeu=
tend

1) Lipenius. unt. d. W. taxa, Sportulae.
Moſer v. Canzley=Geſchäften L. 2. C. 13. L. 5.
C. 12.
v. Maſſow a. a. O. §. 62·71.
Terlinden practiſche Anweiſung zur Regiſtratur=,
Expeditions=, Canzley= und Sportel=Caſſen=Wiſſen=
ſchaft für Gerichtsactuarien. (Halle 1796. 8.) S.
147. ff. Folgt in der Hauptſache ganz des Hrn.
v. Maſſow Anleitung, und hat auch meinen er=
ſten Theil des Canzleyſtyls benutzt, ohne mich zu
nennen.

2) Taxe bedeutet überhaupt den nach vorhergehender
Schätzung oder Würderung, geſetzlich oder obrigkeit=
lich beſtimmten Werth oder Preis einer Sache, oder
des Gebrauchs einer öffentlichen Anſtalt, z. B. der
Lebensmittel, der Grundſtücke, Mobilien, der Poſten
u. ſ. w. Hier ſind beſonders darunter zu verſtehen,
die geſetzlich beſtimmten Gebühren, welche ein Colle=
gium oder ein Staatsbeamter für ſeine Bemühung,
oder auch in gewiſſen Fällen als Staatsauflage von
denen, für welche ein Geſchäft beſorgt worden, zu
fodern angewieſen und berechtigt iſt.

Das

tend gebraucht, an einigen Orten aber bezeichnet man
durch erſteres die eigentlichen Gebühren der Gerichte,
durch letzteres aber das, was in die öffentlichen Staats-
Caſſen fließt.

Taxator [1]) iſt derjenige Subaltern, welchem die
Beſtimmung der, für die Ausfertigungen eines Collegiums zu erlegenden Sporteln und Taxen, imgleichen
die Erhebung derſelben, aufgetragen iſt. Bey zahlreichen
Collegien ſind beſondre Taxämter dazu angeſtellt, welche
auch die S p o r t e l = C a ſ ſ e n beſorgen und davon Rechnung ablegen.

Hieraus laſſen ſich nun die verſchiednen A r t e n der
Sporteln näher beſtimmen.   Sie ſind

a) eigentliche Gerichtsgebühren (bey Cammer= und
   andern Collegien, Fiſci-Gebühren), welche in die
   gemeinſchaftliche Sportel=Caſſe (Fiſcum) eines
                                                 Col-

Das Wort S p o r t e l n kömmt her von S p o r t u l a
einem Körbchen, worin Geſchenke getragen wurden,
(Plin. Lib. 10. ep. 18.) und hatte ſchon bey den Römern die Bedeutung, unter welcher es bey uns noch
vorkömmt.

tit. Cod. de Sportulis et ſumtibus in diverſis iudiciis
faciendis. (Lib. 3. tit. 2.) Nou. 82. Cap 7. und an
mehreren Stellen des Codicis und der Pandecten.
S. B Briſſon de ſignif. verb. und
Du Freſne Gloſſar. unt. d. W. Taxa, Sportula.

1) Dieſer darf nicht mit den bey manchen Collegien beeidigten Taxatoren der Grundſtücke oder Mobilien
   verwechſelt werden, welche auch zum Unterſchiede
   Schätzer (Eſtimateurs) heißen.

Collegiums fließen, um theils den nöthigen Aufwand für Schreibmaterialien, Feurung und Licht
u. ſ. w. zu beſtreiten, theils nach feſtgeſetzten Verhältniſſen, unter die Mitglieder des Collegiums,
denen ſie als Theil ihrer Beſoldungen angewieſen
ſind; vertheilt zu werden;

b) Gebühren, die einem oder andern Mitgliede aus-
ſchließlich für ſeine Bemühung zu kommen, z. B.
Copialien für die Canzliſten, Diäten für
die Commiſſäre u. ſ. w.;

c) zur Erſtattung der baaren Auslagen des Collegiums an Stempelpapier, Porto, für die an
andre Gerichte, oder auch an die Zeitungs-Expe-
ditionen, Intelligenz-Comtoire u. ſ. w., bezahl-
te Gebühren, für die Kapſeln an das Siegel
bey gewiſſen Ausfertigungen, (Capſelgeld) und
dergl.

Die Sporteln können höher oder niedriger ſeyn,
nach Beſchaffenheit des Collegiums, welches das Geſchäft
betrieben hat, oder des Gegenſtandes der Ausfertigungen,
oder der Perſonen, welche ſie betreffen. In Lehens-
Sachen machen bey manchen Collegien auch die Laude-
mien und Anfallsgelder einen Theil der Sporteln,
(Accidentien) aus [1]).

In

---

[1]) Nicht immer beſtehen die Sporteln im baarem Gelde, ſondern auch in andern Sachen; z. B. beym
Rhofrathe in einer beſtimmten Anzahl Exemplare,
für Bücherprivilegien, bey manchen Conſiſtorien,
wenn

In jedem wohleingerichteten Staate hat man geſetz-
liche Verfügungen, über dieſen Gegenſtand, (Sportel-
taxen, Taxordnungen) worin nach gewiſſen
Claſſen die für jede einzelne Ausfertigung oder Verrich-
tung der Collegien, Gerichte und einzelnen Beamten,
zu entrichtenden Gebühren oder Sporteln genau
beſtimmt, auch diejenigen Fälle, Perſonen und Anſtalten aufgeführt ſind, welche die Sportelfreyheit
genießen, in deren Angelegenheiten die Collegien von
Amtswegen, (ex officio, unentgeltlich) verfahren ſollen.

Um aber zu verhüten, daß dieſe Verordnungen gehörig beobachtet werden, iſt eine ſtäte Aufſicht und Controle nöthig, die bey den höhern Collegien durch den
Chef und die Räthe, bey den Unterbeamten durch Viſi-
tationen u. ſ. w. beſorgt wird, und wobey nicht blos
darauf, ob die Taxordnungen befolgt ſind, ſondern auch,
ob nicht der Beamte aus Sportelſucht ungebührliche
Weitläuftigkeiten oder unnöthige Expeditionen verfügt hat,
geſehen werden muß *). Auch können die Intereſſen-
ten

wenn Eheverlöbniſſe getrennt werden, in den Braut-
geſchenken (arrha sponsalitia).
Die der Geiſtlichkeit zu entrichtenden Sporteln ſind
unter dem Namen der Stolgebühren bekannt.
S. Greßmann kurze Geſchichte der Stolgebühren
oder geiſtlichen Accidenzien. Gött. 1785. 8.

*) Ein auffallendes Beyſpiel einer dergleichen Sportel-
rechnung liefert das Journal von u. f. Teutſchl. v.
1786. Bd. 2. S. 366.

Um

tenſelbſt, wenn ſie glauben überſetzt zu ſeyn, deshalb
Beſchwerde führen, und um (Moderation) Ermäßi-
gung oder Niederſchlagung (gänzliche Tilgung) der
geſetzwidrigen Gebühren nachſuchen.

Der Anſatz und die Beſtimmung der Sporteln,
mit genauer Angabe der Poſten, wofür und von wem
ſie, wenn mehrere Partheyen oder Perſonen bey dem
Geſchäfte intereſſirt ſind, bezahlt werden ſollen ¹), geſchieht entweder vom Concipienten auf dem Concepte,
wonach der Sportel-Einnehmer ſich zu richten hat, oder
das

Um einer ganz liquiden Schuldforderung willen, die
2 Fl. 30 X. betrug, ſoderte der Beamte, bey dem
ſie vergebens ausgeklagt war, dem Kläger 22 Fl. 51 X.
ab, und als dieſer vorſtellte, daß ihn der Richter ſchon
ſo lange vergebens auf dem Spruch habe warten laſſen, ließ ſolcher ihn gar ins Gefängniß ſetzen. Die
Anſätze waren nach der Taxe richtig, beſtanden
aber aus lauter unnöthigen und fruchtloſen Verzu-
gungen.

In England muß der Kläger gewöhnlich bey Un-
tergerichten 60 und bey Obergerichten 200 Pfd. St.
Koſtenvorſtand machen, wovon am Ende nicht viel
übrig bleibt.

1) In Proceßſachen pflegt die Entſcheidung, wer die
Gerichtsgebühren tragen, ob ſolche compenſirt
(verglichen, gegen einander aufgeho-
ben), oder erſtattet (refuſis expenſis), und zwar
entweder ganz, oder nur zum Theil (z. B die Contuma-
cial, oder durch einer Neben-, Incident-Punct
durch ein Rechtsmittel verurſachten) erſtattet oder
noch zur Zeit ausgeſetzt werden ſollen, einen Haupt-
gegenſtand des Urtels auszumachen.

das Mundum der Ausfertigung wird, wenn es gehörig
besiegelt ist, dem Taxator oder dem Taxamte abge-
liefert, um die Sporteln, nach Maasgabe der Taxord-
nung und der Umstände, darauf zu verzeichnen, und solche zugleich in seine Rechnungen und Bücher einzutra-
gen. Das Taxamt behält entweder die Ausfertigungen
so lange in Verwahrung, bis die Partheyen oder deren
Anwälde sie durch Entrichtung der Gebühren auslö-
sen; oder die Expeditionen werden auch an die unmittelbaren Obrigkeiten der Extrahenten geschickt, um
die Sporteln zu heben und einzusenden. Zuweilen pflegen auch die Canzleydiener und Boten zum Eincassiren
der Sporteln gebraucht zu werden.

Das Taxamt, oder der Sportel-Cassen-Ren-
dant, nimmt die solchergestalt einlaufenden Gelder in
Empfang, führt darüber Buch, und besorgt zur gehörigen Zeit die nöthigen Ausgaben und ordnungsmäßigen
Vertheilungen an die Mitglieder.

Da bey Collegien, wie wir gesehen haben, oft baare Geldauslagen für die Geschäfte der Partheyen vorfallen, welche erst nach einer bestimmten Zeit wieder er-
stattet werden; so ist in den Preußischen Staaten neuerlich die Einrichtung, vorzüglich bey den Justiz-Collegien, getroffen, daß die Partheyen, besonders der Kläger, gleich zu Anfange des Processes, nach den Umständen, eine gewisse Geldsumme in die Vorschuß-
Casse zahlen muß, woraus sodann die vorfallenden baaren Geldauslagen bestritten und berechnet werden, und
der

K 5

der am Ende etwa bleibende Ueberſchuß zurückgezahlt
wird [1]).

IV. Von

[1]) Vieles iſt ſchon für und gegen das Sportelweſen geſchrieben worden, und ließe ſich noch dafür und dagegen ſchreiben. Man muß bey dergleichen Unterſuchungen die Sache vom Mißbrauche oder unrechten
Gebrauche derſelben ſorgfältig unterſcheiden, und
unter dieſer Einſchränkung läßt ſich das Sportelweſen gar wohl vertheidigen. Collegien und Staatsbeamten ſind dazu da, das Beſte des Staats zu beſorgen. Die Geſchäfte derſelben beziehen ſich nun entweder unmittelbar auf das gemeinſchaftliche Beſte, und in dieſer Hinſicht iſt jeder Bürger
verpflichtet, ſeinen verhältnißmäßigen Antheil zu ihrer gänzlichen Unterhaltung und Belohnung beyzutragen, welches auch durch die Steuern und Auflagen geſchieht, oder ihre Verrichtungen nützen dem
Staate mittelbar, indem dadurch vorzüglich das Beſte
einzelner Bürger befördert wird. Hier muß
ebenfalls jedes Mitglied des Staats, da es auf die
eine oder andre Weiſe in den Fall kommen kann, des
Beyſtandes eines ſolchen Collegiums oder Staatsbeamten perſönlich zu bedürfen, zur Unterhaltung derſelben
mit beytragen. Weil aber doch nicht alle Einwohner eines Staates, wenigſtens nicht in gleichem
Maaße, dergleichen öffentliche Anſtalten, (z. B.
die Gerichte und Juſtiz-Collegien) mit ihren Angelegenheiten beſchäftigen, ſo erfodert die Regel der
Billigkeit, daß ein Theil der zu ihrer Unterhaltung nöthigen Koſten von denen Einwohnern, welche dieſelben am mehrſten benutzen, verhältnißmäßig
getragen werde. Hierzu iſt ein zweckmäßig eingerichtetes Sportelweſen ſehr dienlich. In dieſer Hinſicht verdient die neulich in den Preußiſchen
Staaten getroffne Einrichtung, nach welcher die
Sporteln in eine Caſſe fließen, woraus die beſtimmten

IV. Von den niedern Canzleyofficianten und deren Bestimmung.

§. 60.

a) Vom Botenmeister, den Canzleydienern und Boten [1]).

Jedes größere Collegium hat der Regel nach zu allerley Diensten und Verschickungen einen oder mehrere Canz-

ten Besoldungen der Gerichtspersonen e r g ä n z t werden, den größten Beyfall, und die schnelleste Nachahmung. Die Moralität des Beamten wird auf keine gefährliche Probe gesetzt, die Unterthanen wissen, daß die Gebühren nicht unmittelbar dem Richter zugehören, wodurch der Verdacht von Bedrückungen sehr geschwächt wird. Allein wie wenig Staaten können sich einer so trefflichen Einrichtung rühmen! daß auch diejenigen, welche durch gesetzwidrige Handlungen die Staatsbeamten beschäftigen, Gebühren erlegen müssen, ist den Rechten gemäß; daß aber der Richter einen Theil an der von ihm selbst verhängten Geldstrafe habe, u. dgl. läßt sich schwerlich vertheidigen. Eben so wenig Beyfall verdient auch die in vielen Staaten eingeführte Sitte, daß nicht nur bey Justiz-Collegien (wo die Sporteln auch mit zur Abhaltung der Processirsucht dienen können), sondern auch bey Cammern, Regierungen u. s. w. beynahe jedes Wort mit Gelde abgekauft werden muß, daß selbst die Noth armer Supplicanten durch die theure Auslösung abschläglicher Decrete noch erhöht wird, daß vom Rechnungsführer sogar für Abnahme seiner Rechnungen beträchtliche Revisionsgebühren erlegt, und von richtig bezahlten Pachtzinsen, noch oben ein Procentgelder entrichtet werden müssen. Oft wurden unnöthige Einschränkungen der bürgerlichen Freyheit ersonnen, bloß um den Unterthan von Zeit zu Zeit

Canzleydiener, Pedellen, Thürhüter u. ſ.
w., reitende oder gehende Boten, welche ge=
wöhn=

Zeit Conceſſions-Diſpenſations-Gelder und andre
ungebührliche Sporteln abzunehmen.

Es giebt z. B. Gegenden in Teutſchland, wo je=
des einzelne Grundſtück nach des Vaters Tode, jedem
Kinde einzeln ab- und zugeſchrieben wird, wodurch bey
12 Grundſtücken und 12 Kindern die Ab- und Zuſchrei=
begebühren 277mahl vervielfacht werden. S. Frey=
müth. Gedanken. 1ſter Th. S. 221.

Möchten doch alle Regenten ſo gerecht und edel
handeln, wie der weiſe Herzog von Braun=
ſchweig, der in der Verordnung vom 5ten May
1795 befohlen hat, "daß die bisher zu erlegen gewe=
ſenen Fisci- Schreib- und Siegelgelder von den, den
Unterthanen bewilligten Erlaſſungen am Dienſt und
Dienſtgelde, an den öffentlichen Cammer- und ſonſti=
gen Abgaben, imgleichen an Remiſſion an Zinsfrüch=
ten wegen erlittnen Mißwachſes und an der Contri=
bution, ferner für die Bauholz- oder ſonſtigen Ma=
terialien-Vermilligungen, gänzlich aufgehoben ſeyn
ſollen, damit der Percipient die ihm be=
willigten Begnadigungen ganz und oh=
ne allen Abzug und Koſten genießen
möge!

Dafür könnten die Sporteln für nachgeſuchte und
ertheilte Chargen u. ſ. w. immer noch etwas erhöht
werden.

Man vergleiche hiebey noch
v. Eggers Archiv für Staatswiſſenſchaft und Ge=
ſetzgebung 1ſter Bd. (Zürich 1795. 8.) unter d. W.
Accidenzien. Genius der Zeit. März 1796. S.
563 ff.
v. Bülow Annalen des teutſchen Reichs. 4tes Heft.
S. 82. ff. Etwas über Abſchaffung der Gerichts=
ſporteln auf dem Lande. Teutſches Muſeum
1780.

wöhnlich eine beſtimmte Livree tragen, und wovon letztere ſich durch ein Schild, oder eine ſogenannte Boten-
büchſe auszeichnen: Es werden dazu geſunde, thätige, willige, treue, gewandte, verſchwiegne und nicht
neugierige, auch wohl angeſeßne Leute erfodert, welche
zur Noth Geſchriebnes leſen und ſelbſt ein wenig ſchreiben
können. Sie müſſen bey ihrer Anſtellung den in den
Canzleyordnungen gewöhnlich vorgeſchriebnen Eid ablei-
ſten, und erhalten auch wohl eigne Inſtructionen.

Die Canzleydiener, wovon einer oder der andre
in dem Collegiengebäude ſelbſt ſeine Wohnung zu haben
und über die Inventarien Aufſicht zu führen pflegt, ſorgen für die Sicherheit, äußre Ordnung, Reinlichkeit
und Erhaltung des ganzen Gebäudes und der Arbeitszimmer insbeſondre, für Einheitzen, Anzünden der Lichter,
Füllung der Dintefäſſer und Streubüchſen, legen vor
den Sitzungen Papier und geſchnittne Federn für die
Räthe zurecht, erhalten während derſelben die nöthige
Ruhe vor den Zimmern, beſcheiden diejenigen, ſo etwas
beym Collegium zu ſuchen haben, melden ſie an, oder
holen ſie zur Audienz ab. Sodann befördern ſie unter
Aufſicht des Canzleyvorſtehers oder Regiſtrators die auszufertigenden Acten in das Expeditionszimmer, oder
von da in die Regiſtratur, oder nach der Wohnung des
Chefs und der Concipienten. Sie haben, nebſt den
Bo-

1780. Febr. S. 194. Staats-Anz. H. 12. S.
481. H. 21. S. 99. H. 26. S. 227.

1) Elſäſſer Leitfaden. §. 65-71.
Moſer Canzley-Geſch. L. 2. C. 16. 17. 18.

Boten, eine besondre Stube in der Nähe der Sitzungszimmer, damit sie nöthigenfalls entweder mündlich, oder
vermittelst des im Sitzungszimmer befindlichen Glocken-
zugs, leicht abgerufen werden können.

Die Canzleyboten, stehen unter der unmittelbaren Aufsicht des Botenmeisters, wozu gewöhnlich
einer der ältern Canzlisten, oder sonst ein Secretär, Re-
gistrator ernannt wird.

An den Botenmeister liefern die Boten der Regel nach alles ab, was ihnen von Außen her zur Besorgung übergeben ist, der es nachher an die Behörde befördert, und an ihn werden von der Canzley alle zu ver-
schickende Ausfertigungen abgegeben, der sie sodann, seiner Instruction gemäß, entweder durch die ordentlichen
Boten und Beyboten, oder auf andre Weise besorgt.

§. 61.

b) Versendung der Ausfertigungen (Th. 1. §. 428.
431.)

Die Ausfertigungen werden, wenn sie nicht bis zur
Auflösung im Taxamte bleiben müssen, entweder ohne
Unterschied vom Collegium selbst, an die Behörde versandt,
oder dem Extrahenten (Veranlasser der Ausfertigung) zur weitern Besorgung (Insiuuation) ausgehändigt. An dem Wohnorte des Collegiums pflegen
gewöhnlich die Canzleydiener die Einhändigung der Schriften an die Partheyen oder deren Anwälte zu besorgen.
An Auswärtige geschieht die Versendung bald durch die
Boten, bald durch Staffetten oder Couriere, bald
durch

durch die Poſt, entweder **p o ſt f r e y** (ex officio), oder
u n f r a n k i r t. Der Regel nach müſſen die Ausfertigungen ſogleich abgeſendet werden, wie ſie vollzogen
ſind, oft aber pflegt ſie der Botenmeiſter in ſeinem Cabinette bis zum nächſten Poſt- oder Botentage,
oder ſo lange, bis noch mehrere Acten hinzukommen, zu
verwahren. Die Abſendung geſchieht bald unmittelbar
an die Behörde, für welche die Ausfertigung beſtimmt
iſt, bald mittelſt **E i n ſ ch l u ſ ſ e s** an die bey auswärtigen Höfen und Gerichten angeſtellten Geſandten oder
Agenten und Bevollmächtigte, durch welche ſie am gehörigen Orte übergeben werden ſollen, bald mittelſt Befehls
(reſcriptum de inſinuando) an die Untergerichte, bald
mittelſt Erſuchungsſchreibens (requiſitoriales) an auswärtige Collegien, um die Einhändigung oder auch die Ein-
rückung in die öffentlichen Intelligenzblätter und Zeitungen, oder die öffentliche Anſchlagung durch dieſelben bewirken zu laſſen.

Bey der Abſendung einer Ausfertigung bemerkt
der Botenmeiſter auf den Rand des bey den Acten zu-
rückbleibenden Concepts, wann und auf welche Art die
Abſendung geſchehen ſey. Um mehrerer Ordnung willen hält derſelbe mit jedem Boten ein beſondres **J n ſ i-
n u a t i o n s b u ch,** in welchem die Numern, nebſt den
Namen und Wohnorte derer, an welche ſie abzugeben
ſind, aufgezeichnet werden, und hebt auch, bey Verſen-
dungen die durch die Poſt geſchehen, die Poſtſcheine u.
dgl. auf.

Iſt bey einer Ausfertigung ein Beweis nöthig, daß
ſolche wirklich an die Behörde eingehändigt ſey, ſo werden

den die Boten angewieſen, ſich einen Empfangſchein
(recepiſſe) geben zu laſſen, oder der Empfänger muß
ſolches in ein beſondres Buch beſcheinigen. Bey gerichtlichen Ausfertigungen pflegt dem Boten eine gleichlau-
tende Abſchrift mitgegeben zu werden, worunter er auf
ſeinen Dienſteid die geſcheßene Einhändigung bezeugt,
oder er ſtellt einen beſondern Schein darüber aus, oder
berichtet ſolches mündlich zum Protocolle. Oft pflegen
auch Notarien und Zeugen zur Einhändigung wichtiger
Schriften gebraucht zu werden, welche ſodann förmliche
Zeugniſſe (documenta inſinuationis) darüber ausſtel-
len (Th. I. §. 433.).

C. Kurze Darſtellung des beſondern Geſchäftsganges ſelbſt (§. 35.).

§. 62.

a) überhaupt.

Nach der bisherigen Betrachtung der gewöhnlichen
Beſtandtheile eines Collegiums und ihrer verſchiednen
Beſtimmungen, kann es nicht ſchwer fallen, den
Gang der bey Collegien vorkommenden Geſchäfte
(§. 36.), blos in allgemeinen Umriſſen darzuſtellen.

Alle bey einem Collegium vorfallende Geſchäfte nehmen der Regel nach, den in den bisherigen Paragraphen ge-
zeichneten Gang.

1. Der Chef erhält durch die Regiſtratur oder
unmittelbar diejenigen Exhibita, wodurch ein
collegialiſches Geſchäft veranlaßt wird, und bringt
entweder ſelbſt das in dieſer Hinſicht Nöthige zum
Vor-

Vortrage, oder trägt Nichts einem von den Räthen auf (§. 38. 39.).

2. Dieser untersucht zu Hause den Gegenstand, und trägt solchen sodann in den Sitzungen nebst seiner Meynung vor (§. 43.).

3. Hierauf berathschlagt sich das Collegium, und faßt nach den mehrsten Stimmen einen gemeinschaftlichen Schluß (§. 45. 47.).

4. Diesem zufolge wird vom Referenten, oder Decernenten das Decret kurz entworfen (§. 48.), welches

5. entweder sofort, oder gleich nach der Sitzung von einem Secretär in der Expeditionsstube concipirt (§. 53.),

6. vom Decernenten, oder auch dem Chef revidirt und signirt wird (§. 49. 54.).

7. Hierauf kömmt das Concept in die Canzleystube, um da entweder mundirt oder copirt und collationirt zu werden (§. 55.).

8. Von da gelangen die Munda zur Unterschrift und Besieglung (§. 49. 56.).

9. Sodann werden die Ausfertigungen entweder dem Taxamte zur Ansetzung und Einhebung der Sporteln ausgehändigt (§. 59), oder

10. dem Botenmeister zur Versendung übergeben (§. 61.).

11. Endlich kommen die Exhibita und dadurch veranlaßten Concepte zur Registratur zurück, wo sie

entweder zur weitern Betreibung und Fortsetzung des Geschäfts, oder zur künftigen Nachricht gehörig verwahrt werden (§. 58.).

§. 63.

b) besondre Bemerkungen.

Die Geschäfte eines Collegiums sind

I. fortlaufende, fortdaurende, und zwar

a) solche, die zum Wesen und zur Bestimmung des Collegiums gehören, und der Regel nach nie aufhören, z. B. bey Cammer-Collegien, Aufsicht über die Domainen und deren Verwaltung, Revision der Rechnungen. Bey Justiz-Collegien, Aufsicht über die untergebnen Gerichtsbezirke und Beamten, u. s. w.

Hier ist der gewöhnliche Gang der Geschäfte durch die gesetzlichen Verordnungen genau bestimmt; die nöthigen Verfügungen an die untern Behörden, die anbefohlne Einsendung der Berichte und Tabellen an die obern Collegien, werden zur gehörigen Zeit, von Amtswegen, ohne Veranlassung von Außen, besorgt und gehen den einmahl vorgeschriebnen Gang.

b) solche, die ihrer Natur nach in einem bestimmten Zeitraume sich endigen, z. B. einzelne Vormundschaften und die darüber nöthige gerichtliche Aufsicht u. s. w. Auch hier kann der Geschäftsgang bestimmt vorgeschrieben und von Amtswegen geleitet werden;

2. vorübergehende, zufällige Geschäfte, welche zwar auch mit zum Ressort eines Collegiums angewiesen sind, die aber erst von außenher veranlaßt
werden müssen, und deren Gang oder Dauer durch
allgemeine, gesetzliche Verfügungen, für jeden einzelnen Fall, nicht genau vorher bestimmt werden kann.
Diese sind

a) so beschaffen, daß sie durch einen einzigen Vortrag und einzelne Ausfertigungen völlig abgethan
oder beendigt werden können. Z. B. die meisten
Suppliken, Memoriale u. s. w. Hier tritt der
im vorigen Paragraphen dargestellte Geschäftsgang
ein; oder

b) sie erfodern mehrere Vorbereitungen, collegialische Berathschlagungen und Ausfertigungen,
um

aa) die eigentliche Beschaffenheit, den Zusammenhang oder die Wahrheit des Gegenstandes
zu untersuchen, auszumitteln, und solchergestalt die Sache zur Entscheidung vorzubereiten
(zu instruiren); oder

bb) die gefaßten Beschlüsse zur Vollziehung zu
bringen.

Hauptsächlich gehören hieher die mehrsten richterlichen Geschäfte der Justiz-Collegien, die Untersuchung und Bestrafung der Polizey- und Criminal-
Verbrechen u. s. w., welche bald mehr, bald weniger
Nebengeschäfte und Zwischenausfertigungen erfodern,
ehe sie zur collegialischen Entscheidung gelangen kön-
L 2   nen.

nen. Die vorzüglichsten von diesen Arbeiten und Ausfertigungen sind:

a) Verfügungen an den Gegentheil — Ladung (Citation), Strafbefehle (Mandate);

b) Verfahren, Schriftwechsel der Partheyen (Klage, Einlassung, Replick, Duplick);

c) Abhörung der Partheyen der Zeugen, Untersuchung der Urkunden, Besichtigung an Ort und Stelle, Schätzung beweglicher und unbeweglicher Sachen, Aufnahme von Güterverzeichnissen, Anschlag und Versteigerung, nebst den darüber abzuhaltenden Protocollen und zu erlassenden Decreten (Bescheiden) öffentlichen Anschlägen und Bekanntmachungen u. s. w.;

d) Befehle, Schreiben um Bericht (Rescripte) an die Unter-Collegien und Beamten;

e) Ersuchungs-, Begleitungs-Schreiben an Auswärtige;

f) Berichte an die obern Behörden, Insinuate, Mittheilungsschreiben, an die Neben-Collegien (coordinirten Behörden);

g) Bekanntmachung an das Publicum [1].

Alle diese zu einem besondern Gegenstande gehörenden Aufsätze, nebst den dadurch veranlaßten Schriften (Exhibitis), kommen nach der Zeitfolge in die Registratur (§. 58.) und es entstehen daraus sogenannte Acten.

Eine

---

[1] Von allen diesen einzelnen Aufsätzen wird unten noch besonders zu handeln seyn.

Eine Acte iſt alſo eine nach der Zeitfolge geordnete Sammlung mehrerer Concepte und ſchriftlichen Aufſätze, welche einen gewiſſen beſondern Gegenſtand, oder die Vorbereitung, Leitung und Aufklärung eines einzelnen Geſchäfts betreffen. Die einzelnen dazu gehörigen Schriften heißen Actenſtücke.

Die zweckmäßig und künſtlich geordneten, münd-lichen oder ſchriftlichen Vorträge über ganze Acten, heiſ-ſen im eigentlichen Verſtande Relationen (§. 43.), und diejenigen Beſchlüſſe des Collegiums, wodurch ent-weder ein Hauptpunct des Geſchäfts, oder die ganze Sache entſchieden wird, werden Urtheile (Urtel), Sentenzen, Erkenntniſſe, genannt.

D. Mittel zur Sicherheit, Ordnung und Beſchleunigung des Geſchäftsgangs.

§. 64.

a) des allgemeinen Geſchäftsganges (§. 33. 34.)

Weiſe Geſetzgebung, zweckmäßige Aufſicht und gu-tes Beyſpiel von oben, ſind die Hauptpfeiler der Staaten und die wirkſamſten Triebfedern der geſamten Staats-Thätigkeit. Beſonders ſind in gegenwärtiger Hin-ſicht zu empfehlen:

1. Beſtimmtheit, Deutlichkeit, Gerech-tigkeit, möglichſte Allgemeinheit und Stätigkeit der Geſetzgebung. Wo dieſe Ei-genſchaften fehlen, wiſſen ſo wenig die Unterthanen als Staatsbeamten, was ſie eigentlich zu thun und zu befolgen haben; die zu ſchnelle Häufung neuer

Ge-

Gesetze, die öftere Widerrufung der vorhandnen, die vielen Ausnahmen von denselben, die Unanwendbarkeit mancher Verfügungen auf die einzelnen Fälle, die einander widersprechenden und oft dunkeln fremden Gesetzbücher, die Zerstreuung und das Vergessen der einzelnen Verordnungen, schwächen das Ansehen des Gesetzgebers, ersticken die Ordnung und hemmen den Lauf der Staats-Thätigkeit [1]).

2. Weise Unter- und Nebenordnung der Collegien und Staatsbeamten. Die verschiednen veräußerlichen Zweige der Staatsgeschäfte müssen gehörig vertheilt seyn, und nach Beschaffenheit des Landes und seiner Verfassung in verschiednen Abstufungen dergestalt neben einander fortlaufen, daß keiner den andern hindert, kein unnützer Auswuchs die Säfte an sich zieht, aber auch keine Lücke den Kreislauf derselben hemmt.

3. Bestimmte und detaillirte Instructionen und Reglements für den Wirkungskreis und die Handlungsweise der Collegien und Beamten. Es ist unmöglich, die richtige Mittelstraße zwischen dem zu viel und zu wenig hier im Allgemeinen vor-

1) Mein Programm von den teutschen Landesgesetzen, der Nothwendigkeit und besten Einrichtung einer Sammlung derselben. (Helmst. 1795.) S. 6. ff. Erhard Versuch über das Ansehen des Gesetzes. (Dreßd. 1791.) S. 68.

vorzuzeichnen. Zu weit getriebne Pünctlichkeit,
zu vieles Hofmeistern kann auch schaden. Man
muß zu der Rechtschaffenheit und Geschäftskunde
der Staatsdiener auch Zutrauen haben, und ihrer
Beurtheilung vieles überlassen, um nicht ohne
Noth den Dienst zu erschweren, den Gang der
Geschäfte langsam, verwickelt und für die Unterthanen kostspielig, die Arbeiter aber verdrießlich
oder ängstlich und unentschlossen zu machen. Desto
vorsichtiger aber sey man

4. In der Wahl der Staatsbeamten, besonders des
Collegien-Chefs und der Minister. Nur geprüfte,
redliche, thätige, der Geschäfte und der Staatsverfassung kundige, moralisch gute, für das Wohl
des Regenten und des Volks gleich stark beseelte,
Ordnung und Gerechtigkeitliebende, das Vertrauen
und die Liebe des Publicums, den Beyfall und
die Achtung ihrer Collegen und Untergebnen, be-
sitzende Männer sollten hiezu gewählt werden.

5. Eine stäte, doch nicht drückende, Aufsicht (Controle) von oben herab, welche an einer ununter-
brochnen Kette von einem Collegium zum andern
in den verschiednen Staatsverwaltungszweigen
fortläuft, und sich bis auf die untersten Bedienten erstreckt. Dazu dienen die stufenweise von
unten herauf einzusendenden Berichte, Tabellen
u. s. w.; die von oben herab vorzunehmenden
Visitationen, imgleichen die ungehinderte Freyheit
der Unterthanen, Beschwerde zu führen. Die
Controle der Minister und höhern Staatsbeamten

L 5

ist

iſt eine wohlgeleitete Publicität, und unter der Aufſicht der Geſetze ſtehende Preßfreyheit. Den Regenten controllirt ſein Gewiſſen, aufgeklärte Religioſität und Sittlichkeit, richtige Begriffe von ſeiner Beſtimmung, Bekanntſchaft mit der öffentlichen Meynung, Liebe zu ſeinen Bürgern und gehörige Schätzung ſeines eignen Intereſſe [1]).

6. Beſonders wichtig in dieſer Hinſicht iſt ein zwiſchen kleinlichem und menſchenfeindlichem Mißtrauen und zwiſchen ſorgloſem Vertrauen, die Mitte haltender Beobachtungsgeiſt des Regenten, und die Kunſt auf die ihm zunächſt ſtehenden Staatsdiener ſo nachdrücklich zu wirken, daß aus jedem komme, was in ihm iſt, damit keiner in den ihm angewieſenen Pflichten erſchlaffe, und ſelbſt der Uebelgeſinnte befürchten müſſe, daß jede Abweichung vom geraden Wege ſofort bemerkt werde. Wie kräftig eine kluge, durch Welt und Menſchenkenntniß geleitete Behandlungsart auf den Willen der Beamten wirke, wie ſchnell ſich der Geiſt eines thätigen Regenten über die ganze Maſſe derſelben verbreiten, zeigt Heinrichs IV. und Friedrichs Beyſpiel, dem auch mancher jetzt

lebende

1) Le mal arrive à ſon comble, ſi des ames perverſes parviennent à perſuader au Souverain, que ſes intérets ſont différents de ceux de ſes ſujets. Friedrichs II. Verſuch über die Regierungsformen und die Pflichten des Regenten im 6ten Bande der Oeuvres poſthumes.

... lebende teutsche Fürst, ohne Schmeicheley beygesellt zu werden verdiente [1]).

7. Nachdrücklicher Schutz der Staatsbeamten gegen grundlose Verläumdungen, hinlängliche Unterstützung bey der Ausübung ihrer Amtsgeschäfte [2], schonende Nachsicht mit menschlichen Schwachheiten, stufenweise geschärftere Warnung der nachlässigen oder unordentlichen, zweckmäßige und

[1] Zimmermann Fragm. über Friedrich II. B. 2. S. 195.

[2] Was hilft es dem Richter, daß er mit möglichster Anstrengung, Unpartheylichkeit, und Gerechtigkeits-Eifer einen Proceß untersuche und entscheidet, wenn es Mittel giebt, seine Entscheidung zu eludiren, oder ihm die nöthige Macht zur Hülfsvollstreckung versagt ist? Kann man es einem solchen Gerichte verdenken, wenn es mißmüthig und nachlässig in Betreibung der ihm anvertrauten Geschäfte wird? Besser es wäre gar kein Gericht vorhanden, als ein solches Schattenspiel. Dieß scheint beynahe jetzt die traurige Lage des teutschen Reichs-Cammergerichts zu seyn, dessen Erkenntnisse entweder durch die immer mehr überhand nehmienden Recurse an den Reichstag eludirt, oder durch die Versagung der Hülfsvollstreckung von Seiten der dazu aufgerufnen Stände fruchtlos werden. Hiezu kömmt noch das immer unverschämter werdende Schimpfen und Syndiciren der Recurrenten gegen die Urtelsverfasser, welches nie untersucht und nach Verdiensten bestraft wird. S. freymüth. Gedanken über die allerwicht. Angeleg. Teutschl. 1ster Th. S. 180. ff. Verglichen mit der neuest. Wahl-Capitul. Art. 12. §. 5.

und gerechte Beſtrafung wirklicher Verbrechen, unpartheyiſche Belohnung, ausgezeichneter Dienſte und vorzüglicher Geſchäftskunde.

8. **Eignes Beyſpiel der Thätigkeit und Ordnungsliebe von oben** [1]). Wo dieſes fehlt, wo der Regent ſich um die Geſchäfte gar nicht bekümmert, wo Lieblinge, Premier-Miniſter u. dergl. allein am Ruder ſitzen, wird bald Mißmuth, Stockung, Verwirrung, Cabale, gegenſeitiges Mißtrauen, Trägheit, Eigenmächtigkeit und Willkür ꝛc. ſich über den ganzen Geſchäftsgang verbreiten. Wenn die Berichte und Anfragen der ſubalternen Collegien ohne Antwort und Entſcheidung bleiben, wenn der Miniſter die Anſchreiben, Supplicken, Anzeigen, Urtheile, Jahre lang zu Hunderten unentſiegelt durcheinander poltern läßt, wenn die wichtigſten Ausfertigungen Monate lang auf die nöthige Unterſchrift warten müſſen, und am Ende, ungeleſen unterſchrieben werden, dann nimmt Miniſterial, Collegial- und Beamten-Despotismus und Nepotismus immer mehr überhand, die ehrlichen Leute entfernen ſich, oder werden auf alle Weiſe verdrängt,

[1] Wie ſehr auch hier die goldne Mittelſtraße zu empfehlen ſey, iſt bereits oben beym §. 22. bemerkt, wobey ich hier nur noch auf die vortrefflichen Lehren des ehrwürdigen Staats- und Geſchäftsmannes von Seckendorf im teutſchen Fürſtenſtaate, Addit. §. 30. S. 128. u. 129. aufmerkſam machen will, welche v. Moſer im patriotiſchen Archive Bd. 12. S. 454. ff. wieder hat abdrucken laſſen.

drängt, und Untergünstlinge, Unwissende, Miethlinge, schleichen, schmeicheln, kaufen, drängen
sich in die wichtigsten, ehrenvollesten und einträglichsten Plätze.

9. Sorgfältige Sonderung und Unterscheidung der
positiven und negativen Staats-Thätigkeit, nebst stäter Hinsicht auf die Reichs-
Grundgesetze.

10. Fortpflanzung des Andenkens an verdienstvolle
Geschäftsmänner auf die Nachwelt. Dergleichen
unverdächtige Beweise von fortdaurender Achtung
und Dankbarkeit gegen würdige Chefs der Collegien und andre verdienstvolle Geschäftsmänner,
welche in zweckmäßigen, wahrhaften und auf öffentliche, oder von den Mitgliedern der Collegien
u. s. w. zu bestreitende Kosten gedruckten Lebens-
beschreibungen bestehen könnten, würden nicht nur
sehr zur Unterhaltung und Erweckung eines nützlichen Geschäftseifers beytragen, sondern auch als
Muster und Bildungsmittel angehender Geschäftsmänner, und oft als Bruchstücke der vaterlän-
dischen Geschichte von vielfachem Nutzen seyn [1]).

§. 65.

---

[1]) S. Klein Annal. der Gesetzgeb. B. 1. S. 398. f.
Möfer patr. Phant. Th. 1. S. 153:
Einzelne Beyspiele finden sich schon hin und wieder,
und verdienten in besondern Sammlungen gemein-
nützlger gemacht zu werden.

§. 65.

b) des besondren Geschäftsganges.

Hier treten im Kleinen und nach den besondern Verhältnissen eines einzelnen Collegiums die mehrsten im vorigen Paragraphen auseinandergesetzten Hülfsmittel ein. Der Chef und die Räthe müssen sowohl mit den allgemeinen, als mit den sie besonders angehenden Verordnungen genau bekannt seyn, und nicht nur dafür sorgen, daß solche von ihren Untergebnen genau befolgt werden, sondern auch ihre Pflichten selbst gehörig erfüllen.

Vorzüglich aber dienen zu Erhaltung der Ordnung:

1. Das Präsentiren (Th. I. §. 432.) und Numeriren der Schriften, nebst den Tagezetteln und dem sogenannten Protocollo, (Diario) rerum Exhibitarum (ExhibitenBuch, Producten-Buch) [1]). Von Rechtswegen sollten alle an ein Collegium einlaufende Schriften, wenn solche nicht ausdrücklich an den Chef überschrieben wären, in der Registratur oder von einem besonders dazu ernannten Subaltern in Empfang genommen; in die Tagezettel oder Verzeichnisse eingetragen, und dann dem Chef eingehändigt werden. Der Chef kann öfters mit andern Geschäften überhäuft seyn, und die bey ihm unmittelbar abgegebnen Schriften ver

[1] Moser Canzley-Gesch. L. 3. C. 8.
v. Moser vom Protocollo oder Diario rerum exhibitar. in dessen kleinen Schriften. Bd. 6. N. 1.

vergessen, welches aber bey einer solchen Controle nicht leicht möglich ist.

2. Referenten-Tabellen, sowohl allgemeine für den Präsidenten, als besondre für die Räthe.

3. Calender, wo gleich im Anfange des Jahrs alle von den Unterbeamten in gewissen Terminen abzustattende Berichte, imgleichen die an die Ober-Collegien einzusendenden Tabellen, Rechnungsanzeigen u. s. w., ferner die anberaumten Gerichtstage bemerkt werden.

4. Verzeichnisse der ausgefertigten Sachen (Protocollum rerum expeditarum).

5. Oeftere Anwesenheit des Präsidenten und der Räthe in den verschiednen Expeditionsstuben, Visitation der Cassen, Vergleichung der von der Registratur, Canzley, dem Taxamte, dem Botenmeister zu führenden Bücher und Tagezettel gegen einander.

6. Bey höhern Gerichtshöfen dient der Gebrauch der Procuratoren und Agenten sehr zur Abkürzung und Beschleunigung der Geschäfte.

7. Zweckmäßige Einrichtung und Ordnung der Registratur, imgleichen

8. zuverlässige und umständliche topographische Nachrichten von der Beschaffenheit des Bezirks, worüber sich der Wirkungskreis des Collegiums erstreckt, nebst persönlicher Kenntniß der Unterbeamten.

9. Ge

9. Genaue Kenntniß der verschiednen Ober-Collegien und ihrer Ressorts u. s. w.

10. Hinlängliche Besoldung der Collegial-Personen, daß sie nicht genöthigt sind, durch Nebenarbeiten sich noch etwas zu ihrem standesmäßigen Auskommen zu verdienen [1]).

[1]) Ueberhaupt kommt hieben fast alles auf die Geschäftskunde, die Thätigkeit und das Savoir faire des Chefs, auf die Eintracht, Geschicklichkeit und Treue der Räthe, und auf den über das ganze Collegium verbreiteten und zweckmäßig geleiteten Collegialgeist an, wodurch alle zu gleichem Eifer für den Dienst, zu einem edlen Stolze auf ihr Vaterland, und auf die Stelle, welche sie bekleiden, entflammt werden. Dieß ist das wirksamste Mittel, nicht nur zur Beschleunigung des Geschäftsgangs, sondern auch zur Sicherung der nöthigen Verschwiegenheit. Schlözer Briefwechs. H. 7. Num. 3. ff. v. Massow a. a. O. §. 24. ff. v. Moser Herr und Diener. S. 364. ff.

Vier-

Vierter Abschnitt.

Von den Staatsbeamten, ihren Rechten, Pflichten und Verhältnissen zum Staate.

§. 66.

Vorerinnerungen.

Jede bürgerliche Gesellschaft (Genossenschaft) hat zur Beförderung ihres gemeinschaftlichen Zweckes mehrere Anstalten und Geschäfte nöthig, welche durch einzelne Mitglieder verwaltet oder besorgt werden müssen. Die gesellschaftliche Gleichheit erfodert, daß diese Verrichtungen in einer zweckmäßigen Ordnung, Reihe umgehen, und so nach und nach alle Gemeindeglieder in einem richtigen Ebenmaaße sich diesen Gemeinde-Lasten (Gemeindepflichten) unterziehen.

Eben dies gilt auch in noch höherm Maaße vom Staate (§. 4.), wo besonders zwey Gattungen öffentlicher Geschäfte (negotia publica §. 3.) unterschieden werden müssen:

1. Die ursprünglichen, unmittelbaren, d. i. diejenigen, welche die höchste Staatsgewalt (der Regent) durch den mit dem Volke geschloßnen oder als geschlossen vorauszusetzenden Vertrag, zu besorgen übernommen hat.

2. Die abgeleiteten, mittelbaren, welche der Regent zur bessern Besorgung der unmittelbaren Geschäfte nöthig findet, und wozu er die Kräfte der Bürger aufbieten kann (§. 4. verglichen mit §. 23. und 24.).

Beym

Beym ersten Ursprunge der Staaten wurden diese mittelbaren Geschäfte von den Bürgern, so wie sie die Reihe traf, unentgeltlich besorgt, oder die Greise übernahmen die Friedens-, die Männer und Jünglinge die Kriegsgeschäfte; allein beym Fortrücken der Cultur [1]) sah man sich in der Nothwendigkeit, besoldete Staatsbeamten (officiales) anzustellen (§. 6.), deren Anzahl mit der Verfeinerung, Vervielfältigung und Verwickelung der Geschäfte (§. 8.) bis zu derjenigen Größe angewachsen ist, welche wir in den gegenwärtigen Verfassungen der Europäischen Staaten erblicken. Die Lehre von Staatsämtern, von der Wahl und Anstellung der Staatsbeamten, von ihrer Besoldung und ihren Verhältnissen zum Staate, macht also einen wichtigen Theil der Staatsverwaltungswissenschaft aus, welchen man erst zu unsern Zeiten angefangen hat in sein gehöriges Licht zu stellen [2]). Eine kurze Erörterung der vorzüglichsten hier

1) An einigen Orten ist der Ausdruck: Officialen, Officianten, mit Subalternen gleichbedeutend.

2) Krefs de iure officiorum et officialium. Helmst. 1752 und 1753.

Anton Ferd. de Otero de officialibus reipublicae.

Nic. Myler ab Ehrenbach hyparchologia, seu de officialibus, magistratibus et administris. Stuttg. 1678 4.

Mehrere ältere Schriften über diesen Gegenstand sind angezeigt in

hier eintretenden Grundsätze dürfte daher in einem für
angehende Staatsbeamten gewidmeten Werke, um so
mehr

Pütter Litteratur des Staatsrechts. §. 1096-1100.
(Bd. 3. S. 316. ff.) und in
Klüber Fortsetzung. S. 295. ff.
Lipenii Bibl. nebst den Fortsetzungen unt. d. W.
Confiliarius, Minister, Officialis etc.
Christ. de Wolff Ius naturae. Part. 8. Cap. 4. §.
884-924.
v. Justi Grundriß einer guten Regierung. 4tes B.
5tes Hauptst.
de Kreittmayr ad Cod. ciuil. Bauar. Th. 5. Cap.
24. S. 2343. ff.
v. Lamprecht Encyklopädie der Cameralwissensch.
S. 323. ff.
J. M. Seuffert von dem Verhältnisse des Staats
und der Diener des Staats gegen einander im rechtlichen und policischen Verstande. Würzb. 1793. 8.
Schlözer allgem. Staatsrecht. S. 22. ff.
Franz Arnold von der Becke von Staatsämtern und Staatsdienern. Heilbronn 1797. 8.　Ich
habe diese, im Ganzen genommen, sehr schätzbare
Abhandlung zu kurz vor dem Abdrucke dieses Abschnitts erhalten, um da, wo ich von den darin
aufgestellten Grundsätzen abweiche, die nöthige Rücksicht darauf nehmen zu können, welches aber in der
Folge noch geschehen soll.
Vorzüglich practisch und aus eigner Erfahrung nie-
dergeschrieben ist der vortreffliche Aufsatz: Gedanken und Erfahrungen eines alten Für-
dieners, in v. Mosers neuem patriotischen Archive Bd. 2. S. 273. ff. wie sich schon aus den Rubriken der Capitel ergiebt.　1. Vom Dienen und
Herrndienst überhaupt.　2. Pflicht und Verbindlichkeit zu dienen.　3) Wahl der Dienste.　4. Wahl der
Diener.　5. Art und Kunst zu dienen.　6. Besol-

Canzleyst. Th. 2.　　　　M　　　　　　　dung

mehr einen Platz verdienen, als auf Universitäten, nach dem bisherigen Collegien-Schlendrian, die Studirenden fast gar keinen Begriff von dieser ihrer künftigen Hauptbestimmung erhalten.

Erstes Hauptstück.

Begriff und Arten der Beamten und ihr Verhältniß zum Staate.

§. 67.

1. Wort-Erklärung.

Es sind in der teutschen Sprache verschiedne Ausdrücke gewöhnlich, um den Begriff eines Staatsbeamten zu bezeichnen, deren grammaticalische Bedeutung hier näher erörtert werden muß:

1. Dienst bedeutet überhaupt jede Handlung, wodurch der Vortheil eines Andern befördert wird [1]. Staatsdienste sind also solche Handlungen, wodurch der Nutzen (Zweck) des Staates befördert wird, und in dieser Bedeutung kann man auch von der obersten Staatsgewalt sagen: daß sie dem Staate biene. Besonders aber bedeutet Die-

---

dung und Pension. 7. Belohnungen. 8. Dienstveränderung. 9. Beharren im Dienste. 10. Abschied nehmen und geben. 11. Wiedereintritt in den Dienst eines Herrn oder Staats. 12. Von den Ruhetagen alter abgelebter Staatsdiener.

[1] Adelung Wörterbuch unt. d. W. Dienst, Dienen.

Dienen, Dienſt, dasjenige Verhältniß zwiſchen Vorgeſetzten und Untergebenen, vermöge
deſſen die Letztern die Befehle, Aufträge, Geſchäfte der Erſtern beſorgen müſſen, oder wirklich
beſorgen. Daher die Redensarten: in eines
Dienſten ſtehen, Dienſte ſuchen, die
Ausdrücke: Diener, Bedienter ¹) u. dgl.
In dieſem Sinne können dieſe Benennungen von
der oberſten Staatsgewalt nicht gebraucht
werden, wohl aber von den Staatsbeamten,
und ſelbſt hier ſind ſie gewöhnlich nur bey den niedern
Claſſen gebräuchlich. Endlich bedeutet: Dienſt,
auch den ganzen Umfang öffentlicher Geſchäfte eines beſtimmten Staats, oder einer gewiſſen Claſſe,
welche durch beſoldete Beamten beſorgt werden.
Z. B. der Preußiſche Dienſt, Kriegs-
dienſte u. dgl.

2. Das Wort: Amt, wovon Staatsbeamter
abgeleitet iſt, hat mancherley Bedeutungen ²).

Be-

---

1) Bedienter, kömmt her von der Redensart: Einem bedient ſeyn. Adelung unt. d. W. verglichen
mit den
Beyträgen zur Ausbildung der teutſchen Sprache.
(Braunſchw. 1796.) N. 5. S. 119. und St. 7. S.
146.

2) Vor Alters ſchrieb man dieß Wort: Ambacht,
Ampt, Ambt.
Schilter, Du Freſne, Wachter, Gloſſar.
unt. d. W. Ambactus, Ambacht.
Heutzutage bedeutet es noch außer der im Texte an-
geführten Erklärung

1) einen

Besonders gehört diejenige hierher, da es den ganzen Umfang der Geschäfte und Pflichten, nebst den damit verbundnen Rechten und Vorzügen bedeutet, welche jemanden von einem Höhern übertragen sind.

In dieser Hinsicht sind die Wörter: Bedienung, Stelle, Charge, mit dem Ausdrucke: Amt, gleichbedeutend.

Beamter, kömmt her von dem, nur in der Oberteutschen Mundart noch üblichen, Zeitworte: Beamten, einem ein Amt auftragen, daher es auch zuweilen: Beamteter, geschrieben wird.

Nach diesen Voraussetzungen werden sich die Redensarten: sich um eine Stelle, ein Amt, bewerben; ein Amt bekleiden [1]), verwalten; eine Be-

1) einen gewissen zu einer ehemaligen Burg gehörigen Landesbezirk und die darin wohnenden Unterthanen;

2) die zur Handhabung der Rechtspflege und Verwaltung der Einkünfte eines solchen Districts angestellten Staatsdiener, auch wohl den Ort, wo diese zu wohnen oder sich zu versammlen pflegen;

3) ein zu gewissen Geschäften bestimmtes Collegium, oder eine Deputation. Z. B. Postamt, Bauamt;

4) gewisse ältere Zünfte und Handwerksinnungen in größern Städten.
Hellfeld Repertorium des teutschen Privatrechts. Adelung unt. d. W. Amt.

1) Die Redensart: ein Amt bekleiden, kömmt wahrscheinlich aus dem Sprachgebrauche des Mittel-

Bedienung, Stelle ſuchen, vergeben; ſeine Stelle niederlegen, verlieren, leicht erklären, auch das
Wort: Staatsamt, von dem Ausdrucke:
Staatswürde ſich hinlänglich unterſcheiden
laſſen. Anfangs waren immer die Staatswürden mit beſtimmten Aemtern verbunden, jetzt aber
giebt es auch viele Titular-Würden ohne Amt,
dahingegen mit jedem Amte auch eine beſtimmte
Würde verknüpft iſt.

§. 68.

2. Sach-Erklärung.

Es giebt, wie wir oben (§. 66.) geſehen haben, mehrere zur Erreichung des Staatszweckes nöthige Geſchäfte (negotia publica), zu deren Beſorgung der Regent
die geiſtigen und körperlichen Kräfte der Bürger aufbieten kann und muß. Unter dieſem Geſchäfte finden ſich
ſehr viele, welche nicht nur die Anwendung geiſtiger
Kräfte vorzüglich erfodern, ſondern auch eine beſondre
Fähigkeit und Vorbereitung bey demjenigen vorausſetzen,
der ſich denſelben unterziehen ſoll, mithin nicht von einem Jeden aus dem Volke bekleidet werden können.
Einige dieſer Geſchäfte ſind wieder von der Beſchaffenheit, daß ſie in einer gewiſſen Zeit beendigt werden,
(vor-

---

telalters her, da veſtire ſo viel hieß, als einem etwas
übertragen, übergeben, einen einweiſen, wobey allerhand ſinnliche Zeichen und Feyerlichkeiten die Stelle
ſchriftlicher Verträge erſetzten. Eigentlich müßte
man alſo ſagen: Mit einem Amte bekleidet ſeyn.
du Freſne unt. d. W. veſtire.

M 3

(vorübergehende) andre hingegen erfodern vermöge
ihres besondern Verhältnisses zum Staatszwecke, der als
fortwährend angenommen werden muß (§. 4.), ununter-
brochne, auf keinen bestimmten Zeitraum einzuschränken-
de Anstrengung und Thätigkeit (fortdaurende Geschäfte).

Endlich müssen auch die zur Verwaltung solcher Geschäfte bestellten Staatsdiener, mit den zur zweckmäßigen und wirksamen Betreibung derselben nöthigen Mitteln, oder gewissen äußern Vorzügen und Rechten (Ausflüsse der höchsten Gewalt) vom Regenten versehen werden.

Ein Staatsamt (officium publicum) in eigent-
licher Bedeutung, ist also nach den bisherigen Voraussetzungen, ein abgeleitetes (§. 66.), fortdaurendes, die Anstrengung geistiger Kräfte vorzüglich erfoderndes öffentliches Geschäft (§. 3.),
welches einem dazu besonders vorbereite-
ten und geübten Bürger (Unterthan),
nebst den zu dessen Verwaltung nöthigen
Vorzügen und Rechten, vom Regenten
entweder mittelbar, oder unmittelbar übertragen zu werden pflegt [1]).

Ein

1) Die von Seuffart §. 9. aufgestellte Erklärung
   eines Staatsamtes, daß es ein Recht sey, dürfte
   schwerlich Beyfall finden. S. von der Becke.
   §. 31.

Ein Staatsbeamter aber iſt derjenige, welcher ein öffentliches Amt, und mit demſelben, neben
ſeiner allgemeinen Bürgerpflicht, noch die beſondre Verbindlichkeit übernommen hat, die zu deſſen Verwaltung
nöthigen geiſtigen und körperlichen Kräfte
und erworbnen Fähigkeiten ſowohl, als die mit demſelben
verknüpften äußerlichen Mittel, dergeſtalt anzuwenden, daß dadurch der beſondre Zweck des ihm
anvertrauten Amtes auf das vollkommenſte erreicht
werde.

§. 69.

3. Nähere Beſtimmungen.

Nach den im vorigen Paragraphen enthaltnen Erklärungen können nur diejenigen, Staatsbeamten
im eigentlichen Verſtande heißen, welche

a) zur Beſorgung eines zur Erreichung des Staatszwecks nöthigen Geſchäfts, das der Regel nach

b) fortdauernd iſt (§. 68.), und

c) mehr geiſtige als körperliche Kräfte, überdies

d) eine ſorgfältige Vorübung derſelben, und beſondre
Fähigkeiten und Kenntniſſe erfodert,

e) von dem Regenten entweder unmittelbar, oder
mittelbar und mit Genehmigung deſſelben,

angeſtellt ſind. Es können alſo diejenigen, denen eine
oder mehrere der angegebenen Beſtimmungen mangeln,
unter der Zahl der eigentlichen Staatsbeamten
nicht mit begriffen werden.

Dahin gehören

1. in monarchiſchen Staaten die höhern und niedern
Hofbedienten, welche blos zum Glanze des Ha-

M 4 feß,

fes, zum Privatdienfte oder zu Hausgefchäfeen des Regenten und feiner Familie beftimmt find [1]);

2. die leeren Titel-Chargen;

3. diejenigen Staatsdiener, welche ein vorübergehendes Gefchäft zu verhandeln übernommen haben.   Z. B. Gefandten;

4. folche Bediente, deren Verrichtungen mehr die An- wendung körperlicher Kräfte und Fertigkeiten, als geiftiger, vorausfetzen, z. B. die Boten und Unter- bedienten der Collegien, die gemeinen Soldaten, u. dgl.;

5. in gemifchten Regierungsverfaffungen, diejenigen Mit- glieder des Staats, welche als integrirender Theil der höchften Staatsgewalt, oder als Repräfentanten des Volks, die ihnen nach den Grundgefetzen zu kom- menden Gefchäfte beforgen. Reichs- und Land- ftände

6. laffen fich auch nach dem allgemeinen Staatsrechte keine erblichen, oder mit gewiffen Staatswürden ver- bundnen öffentlichen Aemter gedenken, da die zu ei- nem Amte nöthigen Geiftesfähigkeiten und Kenntnif- fe

[1] Schon im Mittelalter machte man einen großen Un- terfchied zwifchen Hof-Minifterialen und Va- fallen, zwifchen Hofpfründen und Kriegs- lehen, obgleich die Hofdiener oft aus ihrer fteten Gegenwart um den Regenten beträchtliche Vortheile zu ziehen und fich nicht felten einen wichtigen Einfluß in die Staatsgefchäfte zu verfchaffen wußten. Schlözer allgem. Staatsrecht. §. 6.

ſe nicht fort erben, noch immer mit den Staatswürden vereinigt ſind.   Eben ſo wenig gehören in die
Claſſe der Staatsbeamten;

7. die Pächter der Regalien, Domainen und Cammergüter, welche mehr ihren Privatnutzen, als das Beſte
des Staats beſorgen.   Endlich können auch

8. diejenigen, welche zur Vorbereitung auf ein künftiges Amt, oder auch als überzählige Gehülfen, bey
Collegien oder ſonſt angeſtellt ſind, noch keinen An-
ſpruch auf die Benennung und Rechte der Staatsbeamten machen;

9. diejenigen, welche zwar zu einem Amte berufen ſind,
oder Anwartſchaften darauf erhalten haben, aber noch
nicht wirklich eingeführt oder mit einer Beſtallung
(Inſtruction) verſehen ſind.

Dagegen gehören nicht nur immatriculirte Advocaten und Procuratoren, ſondern auch die Patronat-Geiſt-
lichen, die Beamten bey den Patrimonial-Gerichten die
in den Städten und auf dem Lande angeſtellten Phyſici
und Wundärzte unter die Zahl der Staatsdiener.

§. 70.
4. Arten der Staatsbeamten.

Die Staatsbeamten ſind verſchieden.
1. Nach den beſondern Geſchäften, welche ſie zu beſorgen haben, von welchen ſie auch ihre beſondern Benennungen erhalten. Z. B. Regierungs-, Juſtiz-,
Finanz-, Cameral-, Forſt-, Berg-, Medicinal-,

M 5   Kriegs-,

Kriegs-, Polizey-, Kirchen-, Universitäts-, Schul-
Beamte u. s. w.;

2. nach dem Umfange ihres Wirkungskreises, nach ihrer nähern oder entferntern Mitwirkung zur Staats-
Thätigkeit, nach ihrem mittelbaren oder unmittelbaren Einflusse auf die Beförderung des Staatszweckes.
In dieser Hinsicht lassen sich die Staatsbeamten eintheilen

a) in die hohen, oberen Beamten,
Staatsmänner [1]), welche unmittelbar unter
dem Regenten stehen, und vermittelst ihres Amtes einen wichtigen Theil der Staatsgeschäfte, in
dessen Namen und vermöge seines besondern Auftrages besorgen. Dahin gehören die Staats-Minister, die Chefs der
verschiednen Departements, die Statthalter der Provinzen, die Feldherrn
und Admirale, die Präsidenten der
höhern Gerichtshöfe u. dgl. [2]);

b) die mittlern Staatsbeamten (Geschäftsmänner, welche von den höhern Befehle empfangen und ihnen untergeordnet sind,
aber

---

[1] Staatsmann bedeutet überhaupt einen jeden,
der die Fähigkeit besitzt, die wahren Verhältnisse der
Staatsangelegenheiten gehörig zu beurtheilen und
bey Verhandlungen wichtiger Geschäfte die zweckdien-
lichsten Maasregeln zu ergreifen.

[2] Pufendorf Droit de la nature et des Gens. L. 7.
Ch. 2. §. 24.

aber ebenfalls noch andre Beamte unter sich haben.
Z. B. die Directoren und Räthe der Provinzial=
und Unter=Collegien u. s. w.;

c) die niedern (Subalternen, Offician=
ten), welche blos zur Besorgung des Details,
des mechanischen Dienstes, oder zur Ausführung
der von den obern Beamten beschloßnen und ihnen
aufgetragnen Geschäfte bestimmt, und in dieser
Hinsicht auch den mittlern Staatsbeamten unter=
geordnet sind;

3. äußert sich auch ein Unterschied zwischen solchen Be=
amten, deren Geschäfte collegialisch betrieben werden,
und solchen, deren Amt in keiner collegialischen Ver=
bindung steht [1]);

4. in

_____

1) Vielleicht ließe sich auch die Eintheilung der Staats=
beamten in Theoretiker und Praktiker recht=
fertigen, so daß unter jenen diejenigen academischen
Lehrer begriffen würden, welche nicht nur das Bil=
dungsgeschäft der künftigen Staatsdiener zu besorgen
haben, sondern auch bestimmt sind, die zur Erhal=
tung und Regierung des Staats dienenden allgemei=
nen Wahrheiten deutlicher und richtiger zu entwickeln,
und unter neue Gesichtspuncte zu bringen; unter
diesen aber solche Staatsbeamte zu verstehen wären,
welche sich vorzüglich mit der Anwendung der schon
bekannten Wahrheiten und Regeln auf die gegenwär=
tigen Bedürfnisse des Staats und die Verhandlung
der vorkommenden Geschäfte abgeben, und daher mit
dem Namen der Geschäftsmänner bezeichnet
werden.

4. in Anſehung ihrer Wahl und Annahme;

    a) Einige werden allein und unmittelbar vom Regenten gewählt und in das Amt geſetzt;

    b) andre werden von Collegien und Gemeinheiten dem Regenten zur Wahl vorgeſchlagen. Beyde Arten gehören zu den **unmittelbaren Beamten**;

    c) Oft haben Städte, Gemeinheiten und Patrimonial=Gerichtsherrn das Recht die anzuſtellenden Beamten zu ernennen, welche ſobann, wenn ſich dabey nichts zu erinnern findet, vom Regenten beſtätigt werden — **mittelbare Beamten**;

5. in Anſehung ihrer Beſoldungsart;

    a) Einige erhalten aus den Staats = Caſſen eine feſtgeſetzte Beſoldung:

    b) andre werden von Gemeinheiten und Privatperſonen, dem Anſtellungsvertrage gemäß, beſoldet;

    c) noch andre erhalten blos für einzelne Dienſtleiſtungen und nur von denen, welche ſie nöthig haben, eine angemeßne, meiſt geſetzlich beſtimmte, Belohnung, — Advocaten, Procuratoren u. ſ. w.

§. 71.

§. 71.

5. Rechtliches Verhältniß der Staatsbeamten zum
Staate [1]).

Die ältern Rechtslehrer, welche keine andern rechtlichen Verhältniſſe kannten oder gelten laſſen wollten,
als die in den römiſchen, päbſtlichen oder longobardiſchen
Geſetzbüchern enthaltnen, haben die Lehre von dem
Amtsverhältniſſe der Staatsbeamten, anſtatt ſie aufzuklären, nur noch mehr entſtellt und verdunkelt. Einige
verſuchten die Grundſätze des Miethsvertrags darauf anzuwenden, andre ſegten einen Contractum: do
vt facias, oder ein römiſches Precarium, auch wohl
einen Lehensvertrag zum Grunde, noch andre
glaubten einen bloßen Vollmachtsvertrag, oder
gar

[1]) Es läßt ſich auch ein Zahlverhältniß der
Staatsbeamten zum Staate, oder zur Volksmenge
deſſelben denken, welches aber noch zur Zeit nicht
mit der Genauigkeit erörtert worden iſt, als es die
Wichtigkeit des Gegenſtandes verdiente. Ein Unge-
nannter berechnet für einen proteſtantiſchen teutſchen
Staat das Verhältniß der geiſtlichen Staatsbeamten
zur Einwohnerzahl wie 1:200. der weltlichen aber
wie 1:100.
Hannöv. Magaz. v. J. 1773. N. 78.
Ferner dürfte es auch nicht undienlich ſeyn, die Verhältniſſe der verſchiednen Claſſen von Staatsdienern
gegen einander auszumitteln, worauf man bisher ebenfalls zu wenig geachtet hat. So zählt man
z. B. in den Herzogthümern Schleswig und Holſtein
faſt 200 beſtallte Anwälde gegen 21 Stadt- und Land-
phyſiker.
Schlesw. Holſt. Provincialberichte v. J. 1796. 6tes
Heft. S. 340.

gar ein Privilegium vorausſetzen zu müſſen [1]).
Erſt ſeit kurzem hat man angefangen, dieſen Gegenſtand
auf folgende, aus der Natur der Sache hergeleitete und
den gegenwärtigen Staatsverhältniſſen angemeßnere
Grundſätze zurück zu führen.

1. Jeder Bürger iſt verpflichtet zur Erreichung
des Staatszweckes mitzuwirken, und die oberſte
Staatsgewalt hat das Recht, die dazu nöthigen geiſtigen und körperlichen Kräfte der Bürger aufzubieten (§. 4.).

2. Jeder Bürger iſt alſo auch verbunden, dem Staate
zu dienen, ein öffentliches Amt oder Geſchäft zu übernehmen, wenn er vom Regenten unter den gehörigen Vorausſetzungen, dazu aufgefodert wird [2]).

3. Dieß gilt auch von ſolchen Dienſtleiſtungen, welche
ihrer Beſchaffenheit nach nicht Reihe um gehen können,

[1]) Die Unanwendbarkeit aller dieſer Meynungen iſt
ſehr überzeugend dargeſtellt in der oben angeführten
gründlichen Abhandlung:
Seuffert von dem Verhältniſſe des Staats u. ſ. w.
§. 25-27.
Daher ich um der Kürze willen darauf verweiſe.
Die von d. Hrn. Geh. R. von der Becke §. 17-29.
gegen dieſen Grundſatz aufgeſtellten Gründe haben
mich nicht bewogen, davon abzugehen.
Ern. Fr. Manzel de coactione ad munera et officia publica. Roſtock. 1755. 4.

[2]) In Venedig werden diejenigen, welche ſich der
Annahme eines ihnen übertragnen Staatsamts weigern, entweder auf immer, oder auf gewiſſe Jahre
verbannt.

nen, ſondern vorzügliche Geiſtesfähigkeiten, eine beſondre Vorbereitung und anhaltende Thätigkeit erfodern ¹).

4. Dagegen iſt der Staat ſchuldig, den ſolchergeſtalt
mit einer beſondern Verpflichtung belaſteten Bürger

    a) für die, mit Hintanſetzung ſeiner eignen Ge-
    ſchäfte, dem allgemeinen Beſten gewidmeten vor-
    züglichen und mit den gemeinſchaftlichen Bürger-
    pflichten in keinem billigen Verhältniſſe ſtehenden
    Dienſte, auf eine oder die andre Weiſe zu ent-
    ſchädigen ²);

    b) ihm die zur gehörigen Verwaltung des über-
    nommnen Geſchäfts nöthigen Rechte und äußere
    Mittel (§. 68.) zu ertheilen.

5. Dieſe wechſelſeitigen Pflichten und Rechte werden
zwiſchen dem zu einem öffentlichen Amte aufgeforder-
ten Bürger und dem Staate durch den Anſtellungs-
Vertrag genauer beſtimmt, vermöge deſſen der er-
ſtere die beſondre und der Regel nach fortdaurende
(§. 69.) Verbindlichkeit anerkennt, alle zu Beſorgung des ihm anvertrauten Geſchäfts nöthige Gei-
ſteskräfte, Kenntniſſe und Eigenſchaften treulich an-
zu-

1) Hat der Staat vollends Anſtalten, in welchen junge
Bürger, wie z. B. die Stipendiaten in den Wirten-
bergiſchen Clöſtern, auf ſeine Koſten zu Geſchäften
gebildet und auf öffentliche Koſten erzogen werden;
ſo ſind dieſe dem Vaterlande mit ihren Dienſten und
Kräften doppelt verpflichtet.
v. Moſer neues patriot. Archiv. 2ter B. S. 281.

2) Schlözer a. a. O. S. 23.

zuwenden, der Regent aber, als Repräsentant des Staats, eine verhältnißmäßige Entschädigung, nebst den zur Amtsverwaltung nöthigen Rechten, dem Beamten zusichert.

6. Die Staatsbeamten bleiben Bürger, und den gemeinen bürgerlichen Lasten und Verbindlichkeiten unterworfen, wenn sie nicht vermittelst des Anstellungsvertrages ausdrücklich oder durch das Herkommen stillschweigend von letztern befreht worden sind.

7. Nur Bürger können Staatsbeamte werden, daher denn auch Fremde vor ihrer Anstellung sich als Bürger des Staates dem sie dienen wollen, müssen verpflichten lassen. Daher läßt sich auch mit allem Rechte behaupten, daß in Teutschland Reichsunmittelbare Adeliche, wenn sie öffentliche Bedienungen in einem besondern teutschen Staate annehmen, als Bürger und Unterthanen desselben, in dieser Hinsicht, zu betrachten sind und als solche behandelt werden können [1].

1) J. J. Moser von der Landeshoheit der teutschen Reichsstände überhaupt. 5tes Cap. §. 12. Von der Becke S. 32. und 37. ist hier andrer Meynung, allein seine Gründe sind für mich nicht überzeugend.

Zwey-

Zweytes Hauptstück.

Pflichten und Rechte der Staatsbeamten [1]).

§. 72.

A. Pflichten.

a) allgemeine.

Die allgemeinen Pflichten der Staatsbeamten sind von zwiefacher Art.

I. Bürgerpflichten. Nur Bürger können Staats-beamten werden (§. 71.), und bleiben auch als solche noch Bürger. Sie müssen also nicht nur die Gesetze des Staats überhaupt beobachten, sondern sind auch der Regel nach den gemeinen bürgerlichen Lasten in Ansehung ihrer Personen und Güter unterworfen, wenn nicht ausdrückliche oder stillschweigende Aus-nahmen (Privilegien, Herkommen,) sie von dieser Verbindlichkeit befreyen, und selbst auch alsdann, können sie, bey eintretenden Nothfällen, sich der Uebernehmung der gemeinen bürgerlichen Lasten nicht entziehen [2]).

2. allge-

[1]) Vortreflich sind dieselben bestimmt in dem allge-meinen Gesetzbuche für die Preußischen Staa-ten. 2ter Th. 10ter Titel. §. 68-145.

[2]) Dahin gehören die Besoldungssteuren bey außerordentlichen Bedürfnissen des Staats. Als ordentliche Abgabe aber dürften sie schwer-lich anzurathen seyn, da bey Bestimmung der Be-soldungen gewöhnlich schon auf die ordentlichen Staatslasten, welche auch der Beamte als Bürger mit tragen muß, Rücksicht genommen ist.

2. allgemeine Pflichten in Hinſicht der Staatsämter. Dieſe äußern ſich

a) bey der Wahl und Annahme der Bedie=nungen. Von Rechtswegen ſollten nur diejeni=gen jungen Bürger zu künftigen Staatsdienern gebildet und erzogen werden, an welchen man ſchon frühe Neigung und die dazu nöthigen körperlichen und geiſtigen Eigenſchaften entdeckte, billig ſollte hiebey der Staat ſelbſt mit eine rathende Stim=me haben, um die läſtige Ueberzähligkeit der Can=bidaten in einigen Fächern zu verhüten, und auf der andern Seite dafür zu ſorgen, daß es ihm zu manchen Bedürfniſſen nicht an geſchickten Bürgern fehle; allein meiſtens wird die künftige Lebensart der Söhne von den Eltern blos nach Convenienz und Launen, durch Eigennutz, Stolz, Aberglau=ben u. ſ. w. beſtimmt. Selbſt der Jüngling, wenn ihm auch von den Eltern völlige Freyheit gelaſſen würde, lernt ſelten früh genug die zu den einzelnen Geſchäftszweigen nöthigen Eigen=ſchaften und die damit verbundnen Pflichten ken=nen, um diejenige Laufbahn mit Zuverſicht wäh=len zu können, zu der er Neigung und Talent bey ſich ſpührt. Wie vieles bleibt hier nicht dem blin=den Zufall überlaſſen, wie Mancher, der den ge=lehrten Stand gewählt hat, wird zu ſpät ſeinen Mißgriff gewahr!

Daher

v. Juſti Staatswirthſchaft. Th. 1. §. 405. Th. 2. §. 301. u. 350.
Seuffert a. a. O. §. 50=55.

Daher die Ueberhäufung so manches Landes mit Candidaten zu öffentlichen Aemtern, die sich und dem Staate zur Last fallen; daher die Ueberfüllung einiger Staaten mit kärglich besoldeten Dienern, die einander selbst im Wege stehen, indeß der Handlung, den Gewerben, dem Ackerbau die nöthigen Hände entzogen werden; daher endlich die gänzliche Verwirrung des ursprünglichen Begriffes von Staatsämtern und Staatsbeamten. Von Rechtswegen dürfte keiner auf ein Amt Anspruch machen, ohne die damit verbundnen Geschäfte, die dazu nöthigen Erfordernisse, wenigstens historisch zu kennen, und daß er die letztern besitze, in seinem Gewissen überzeugt zu seyn [1]). Eigentlich sollten Statsbedienungen als bürgerliche Pflichten und Lasten betrachtet werden, die nur auf den Ruf des Staats übernommen würden, und der Berufne sollte nur dann in die Annahme willigen, wenn er sich dem angetragnen Amte völlig gewachsen fühlte; aber wie selten sind die Beyspiele, daß Aemter aus bescheidnem Mißtrauen verbeten werden!

b) bey Verwaltung der Staatsämter.

Ein jeder, der öffentliche Aemter aus dem bisher angegebnen Gesichtspuncte betrachtet, wird nicht sowohl von der ihm anvertrauten Bedienung Ehre und

---

1) v. Massow Anl. zum practischen Dienst. §. 213.
Saepe magistratuum et officiorum reipublicae sunt candidati, qui quod petunt, non intelligunt; discere regendi artem volunt, dum regendum est.
Ant. Perez in Cod. Lib. 12. tit. 60. n. 12.

und Vortheile erwarten, als vielmehr ſelbſt ſeinem
Amte Ehre zu machen und durch daſſelbe dem
gemeinen Beſten nützlich zu werden ſtreben.
Die Staatsbeamten ſind Aufſeher, Rathgeber und
Muſter der übrigen Bürger, und haben mithin
eine zwiefache Verpflichtung zur Sittlichkeit und
Treue, zu uneigennützigen Aufopferungen für das
gemeine Beſte; der Bürger befördert der Regel
nach das allgemeine Beſte mittelbar, indem
er ſein Privat-Vermögen auf erlaubte Weiſe zu
erhöhen ſtrebt, und zunächſt auf ſich und ſeine Familien Rückſicht nimmt; der Beamte iſt zur unmittelbaren Beförderung des Staatswohls
verbunden. Aechte Religioſität, thätige Sittlichkeit, teutſche Redlichkeit, ſtrenge Wahrheits- und
Gerechtigkeits-Liebe, Verſchwiegenheit, Amts-
eifer, richtiges Selbſtgefühl, Ehrfurcht für den
Regenten und ſeine Befehle, können gar wohl
mit Aufklärung, Denkfreyheit, Geſchäftsklugheit,
Welt- und Menſchen-Kenntniß, Schonung und
Billigkeit, Dienſtfertigkeit, Beſcheidenheit, Treue
gegen den Staat beſtehen, ohne in frömmelnde
Heucheley, Empfindeley, Bedrückungen oder ſtraf-
bare Nachſicht, pedantiſche Geheimnißkrämerey,
anmaßliche Zudringlichkeit, unruhige Neuerungs-
und Projectirſucht, oder Trägheit und blinde
Vorliebe für das Alte, in hartnäckigen Eigendünkel, oder in kriechende Schmeicheley und gewiſſen-
loſe Nachgiebigkeit auszuarten.

Wer mit Neigung dient, wird ſich nicht an
der einmahl erlernten Theorie und den erworbnen

me-

mechanischen Fertigkeiten begnügen, sondern stets
mit der Ausbildung der Wissenschaften fortzuschreiten, seine Geschäftskenntnisse zu erweitern, seine
Grundsätze durch Erfahrung zu berichtigen oder
zu befestigen, und sich zu seinem Berufe immer
geschickter und brauchbarer zu machen suchen.
Daß die Staatsdiener durch übertriebne Arbeiten
ihre Gesundheit vor der Zeit untergraben, kann
und wird kein Staat fodern, sondern muß ihnen
auch Ruhestunden zu erlaubten Vergnügungen und
Erholungen gönnen, wozu bey den mehrsten Collegien, außer den Sonn= und Festtagen, besondre
Ferien von einigen Wochen oder Monaten fest=
gesetzt sind, wie denn auch den Beamten zu eignen Geschäftsreisen, zu Brunnenkuren u. dgl.
der erbetne Urlaub nicht versagt zu werden pflegt.
Aber ein gewissenhafter Staatsdiener wird auch
die müssigen Nebenstunden nicht alle auf Spielen
und andern Belustigungen verwenden, sondern
wenigstens einen Theil derselben mit dem Studium der Landesgeschichte und Statistik, der
neuern Literatur u. s. w. auszufüllen und solchergestalt mittelbar dem Staate nützlich zu machen
suchen. Am allerwenigsten aber darf ein Beamter in Dienstsachen seine persönlichen Neigungen
oder Abneigungen mit einwirken, oder sich durch
Privatvortheil und Leidenschaften zum Handeln
oder Nichthandeln bestimmen lassen [1]).

§. 73.

[1]) Man vergleiche hiemit Josephs II. Circulare über
die Grundsätze und das Benehmen der Staatsbeamten

N 3

§. 73.

b) beſondre Pflichten und Eigenſchaften (§. 70.) [1]).

Hierunter ſind diejenigen Geiſtesfähigkeiten und Dienſte zu verſtehen, welche von den verſchiednen Claſſen der Staatsbeamten nach ten individuellen Verhältniſſen ihres Amtes und ſeines beſondern Zweckes gegen den

ten in Schlözers Staatsanz. XIV, 238. ff. "Eigennuß aller Art (heißt es da) iſt das Verderben aller Geſchäfte und das unverzeihlichſte Laſter des Staatsbeamten. Wer dem Staate dienen will, muß ſich demſelben hintanſetzen. Kein Nebending, kein perſönliches Geſchäft, kein Autoritäts-, kein Ceremoniell- oder Rang-Streit muß ihn abhalten für das Beſte des Staats zu wirken. Ob alſo Inſinuate, Noten und dergleichen Canzleyſprünge beobachtet ſind, ob in Stiefeln oder Schuhen die Geſchäfte geſchehen, muß für einen vernünftigen Mann, der nur auf Vollziehung derſelben ſieht, gleich ſeyn. --- Nation, Religion muß im Dienſte des Staats keinen Unterſchied machen. Jeder Diener des Staats muß den Grundſatz haben, daß das Beſte des Ganzen, oder der größern Anzahl Bürger, ſeinen, jedes Einzelnen und ſelbſt des Landesfürſten Privatvortheil übertreffe."

Man ſehe auch noch die Geſetztafel des Fürſt-Biſchoffs von Speyer für ſeine weltliche Dienerſchaft vom 12ten Febr. 1781. in

von Moſer patriotiſchem Archive. Bd. 8. S. 387. ff.

v. Juſti Staatswirthſch. Bd. 1. §. 391. und Seuffert. §. 59.

1) Ahasverus Fritſch Gebühr eines Regenten, Raths, Hofmanns, Richters, Advocaten, Predigers u. ſ. w. Rudolſtadt 1666. 12mo.

den Staat und den Hauptzweck desselben, gefordert wer-
ten.   Diese Pflichten pflegen der Regel nach einem jeden einzelnen Beamten durch die Justruction, oder die
genau bestimmte Vorschrift aller Geschäfte, welche mit
seinem Amte verbunden, und der Art wie dieselben zu
betreiben sind, gleich beym Antritte des Dienstes, bekannt gemacht zu werden [1]).

Da es unmöglich seyn würde, hier ins Detail zu
gehen, so müssen wir uns begnügen, die eigenthümlichen Pflichten der verschiednen Beamten=Classen
nur im Umrisse zu betrachten.

1. Die ersten oder vornehmsten Staatsdiener [2]), welche unmittelbaren Einfluß auf
den Staatszweck haben, deren Wirkungskreis sich
auf das Wohl und Wehe ganzer Provinzen und
Volks=Classen, über große weitverbreitete Geschäftszweige erstreckt, sind auch den schwersten
und wichtigsten Pflichten unterworfen, welche
ausgezeichnete Kenntnisse, nebst einem vorzüglich
hohen Grade der allgemeinen Pflichten,
voraussetzen.   Der Staatsmann muß einen geübten Scharfblick, eine seltne Menschenkenntniß, und
die Gabe besitzen, Herzen und Geschäfte, der Red-
lich-

1) Seuffert. §. 57. 58.
2) F. C. v. Moser Herr und Diener. S. 199. ff.
    Commentar über das Werk: La Politique naturelle,
    ou Discours sur les vrais principes du Gouvernement
    par un ancien Magistrat. T. I. II. (Londres 1773.)
    Heilbronn 1795. 8.

N 4

lichkeit und Gründlichkeit unbeschadet, leicht und
sicher lenken zu können. Oft sieht er sich in nie
versuchten Lagen, wo er vieles zu gleicher Zeit
überschauen, alle möglichen oder wahrscheinlichen
Folgen eines Schrittes berechnen muß, über nichts
erstaunen darf; oft ist er den stärksten Versuchun-
gen ausgesetzt, die Politik auf Kosten der Moral
und Gerechtigkeit zu befriedigen, seinen Privatvortheil, dem gemeinen Besten vorzuziehen, die
einseitigen Absichten des Regenten, mit Vernachlässigung des Staatszweckes zu befördern, oder
auch die Vorrechte des Oberhaupts, die Sicherheit
und Ruhe des Staats, dem blinden Ungestüm,
den Cabalen und Drohungen arglistiger Volksver-
führer feigherzig aufzuopfern und Preis zu geben;
oft hängt Glück und Unglück ganzer Familien,
Provinzen, Generationen an seiner Unterschrift;
oft verbietet die Eile eines günstigen Augenblicks,
der Drang der Umstände, das zu viel oder zu wenig
gehörig abzuwägen, die Grenzlinie zwischen Recht
und Unrecht, zwischen positiver und negativer
Staats-Thätigkeit (§. 10.) genau zu bestimmen,
die Wirksamkeit der zu ergreifenden Maasregeln
richtig zu berechnen, oder sich durch bestimmte
Vollmachten gegen Verantwortlichkeit sicher zu
stellen [1]), und ein Staatmann, der in solchen
Fäl-

---

[1]) Ja nicht selten werden besondre Vollmachten ver-
weigert, oder mit Fleiß auf Schrauben gestellt, um
beym Mißlingen einer Unternehmung den Regenten
oder Staat zu decken, und mit Aufopferung des
Ge-

Fällen, Pedanterey, Aengstlichkeit, Unentschlossenheit blicken lassen wollte, würde sich den beissend-
sten Vorwürfen aussetzen. Mit Recht wird daher in den ältern Reichsgesetzen und sonst den obersten Staatsbeamten das Prädicat der Tapferkeit beygelegt, (tapfere, mannhafte Räthe). Fürwahr es gehört oft hoher Muth, unerschütterliche Standhaftigkeit, seltne Seelengröße,
Selbstverleugnung, Thätigkeit, Geistesgegenwart
und Geschäftsklugheit dazu, auf dem einmahl als
richtig erkannten Wege fortzuschreiten, die persönlichen Launen und Neigungen des Regenten zu
besiegen oder zu schonen [1]), die Cabalen mächti-
tiger Nebenbeamten, Familien und Partheyhäup-
ter zu vereiteln oder zu besänftigen, die Verläum-
dung des Neides und der Bosheit zu verachten
oder zu vernichten, im Glücke nicht übermüthig,
in ruhigen Zeiten nicht sorglos, im Sturme nicht
verzagt zu werden, dem Unglücke neue Hülfsquel-
len, dem Undanke und der Verkennung ein ruhi-
ges Gewissen und das Bewußtseyn edler Absichten
entgegen zu setzen [2]). Hiezu kömmt noch, daß
die

Geschäftführers einen sichern Rückzug vorzubehalten.

[1]) v. Moser neues patriotisches Archiv. Bd. 2. S.
361.

[2]) Iustum et tenacem propositi virum,
Non ciuium ardor praua iubentium,
Non vultus instantis tyranni
Mente quatit solida.
Horat. Od. III, 3.

Klug

die obern Beamten zur Ausführung ihrer Plane
eine Menge untergeordneter Werkzeuge und Ge=
hülfen nöthig haben, von deren Launen und Fä=
higkeiten, von deren gutem oder böſem Willen
ein großer Theil des Gelingens oder Mißlingens
abhängt. Sie müſſen alſo die Kunſt verſtehen,
einen jeden derſelben nach ſeinem eigenthümlichen
Charakter zu bearbeiten, zu gängeln, mit ihrem
Geiſte das Ganze zu beleben, durch unermüdete
Wachſamkeit den Strom der Geſchäfte in unge=
hemmter und regelmäßiger Bewegung zu erhal=
ten und ihn ſicher zum beſtimmten Ziele fortzu=
leiten.

2. Die mittleren Beamten haben einen minder
gefährlichen Poſten, keinen ſo weiten Wirkungs=
kreis und meiſtens beſtimmtere Verhaltungsvor=
ſchriften als die obere Claſſe, ihre Arbeiten gehen
mehr auf das Detail der Geſchäfte, auf die Be=
dürfniſſe einzelner Bürger und Gemeinheiten;
aber demungeachtet iſt die ſorgfältige Auswahl der=
ſelben, die gewiſſenhafte Beobachtung ihrer beſon=
dern Amtspflichten von großer Wichtigkeit für
den Staat. Unter ihren Händen durchkreutzen
ſich die Fäden der auf= und abſteigenden
Staats=Thätigkeit (§. 33.); ſehr vieles
bleibt

Klug und thätig und feſt, bekannt mit allem nach
oben,
Und nach unten gewandt — Er ſey Miniſter und
bleib's.
Schiller Muſenalman. v. 1797. S. 31.

bleibt noch lediglich ihren Einsichten, ihrer Treue,
ihrem Geschäftseifer überlassen; die Sittlichkeit
ihres Privatlebens dient dem Volke, dem sie zunächst stehen, zum Vorbilde, und das beschämende
Beyspiel ihrer Rechtschaffenheit ist oft selbst für
die obern ein Verwahrungsmittel gegen Verirrungen. Ihnen ist die unmittelbare Aufsicht über
die zahlreiche Classe der Unterbedienten anvertraut,
deren Leitung eine stäte Wachsamkeit und genaue
Bekanntschaft mit dem mechanischen Dienste erfodert. Strenge Gerechtigkeitsliebe, besondre
Kenntniß der auf sein Amt Beziehung habenden
Gesetze, Vorschriften und Gegenstände, des unter seinem Wirkungskreise liegenden Locals, des
Geistes und der Bedürfnisse der ihm zunächst stehenden Volksmasse, Fleiß, Ordnung, scharfe Beurtheilungskraft und Fertigkeit im Arbeiten,
Bescheidenheit und Bereitwilligkeit gegen die
Obern, Vorsicht und anständiges Betragen gegen
die Untern, Verträglichkeit, Achtung und Dienstfertigkeit gegen die nebenstehenden Beamten, Klugheit und Verschwiegenheit gegen Auswärtige,
Wohlwollen, Uneigennützigkeit und Würde gegen
den Bürger, Ehrbarkeit, Ordnung und Wohlstand
im Privatleben, sind die vorzüglichsten besondern
Pflichten und Eigenschaften des mittlern Staatsdieners [1]).

3. Die

---

1) Berliner Monatschrift v. J. 1791. Bd. 1. S
148. ff.

3. Die Unterbeamten haben hauptsächlich den mechanischen Theil der Geschäfte (§. 36.) zu besorgen, welcher für das Ganze zwar ebenfalls wichtig und unentbehrlich ist, aber der Regel nach mehr Routine, als Scharfsinn und gelehrte Kenntnisse, mehr Folgsamkeit als eigne Ueberlegung, mehr körperliche Geschicklichkeit, als Geistestalente erfodert. Gesunder Menschenverstand, anhaltender Fleiß, mikrologische Pünktlichkeit in Befolgung der Aufträge, Diensttreue und Ehrfurcht gegen die Obern, Gewandheit im Arbeiten, Verschwiegenheit, Höflichkeit gegen Fremde und Einheimische, sind daher die vorzüglichsten Eigenschaften und Pflichten der untern Staatsbedienten.

<h3 style="text-align:center">§. 74.</h3>

e) Rechte des Staats in dieser Hinsicht.

aa) Dienst = Amts = Eid.

Der Staat hat das Recht, die besondern Dienste und Pflichten, welche er von dem anzustellenden Beamten fodert, zu bestimmen, ihm eine Instruction (Bestallung) zur Befolgung mitzutheilen, in manchen Fällen eine Sicherheitsleistung (Caution, Vorstand) zu fodern, und sich die genaue Befolgung der vorgeschriebnen Amtspflichten von ihm eidlich angeloben zu lassen.

Die gerichtlichen und außergerichtlichen Eidschwüre sind durch die blinde Aufnahme und Befolgung des päbstlichen

lichen Rechts [1]) in Europa und besonders in Teutschland so gehäuft worden, daß der alte teutsche Grundsatz:
Ein Wort, ein Wort, ein Mann, ein Mann, seinen
Werth ganz verloren zu haben scheint, und viele durch
ein bloßes Versprechen, durch einen Handschlag, wenn
kein Eid dazu kömmt, sich nicht gebunden oder gesichert
glauben.

Besonders gehören hieher die Amts= oder Dienst=
Eide, wohin auch der sogenannte Religions=Eid,
das Simoniacum, zu zählen sind, als womit fast in
allen Staaten ein offenbarer und ärgerlicher Mißbrauch
getrieben wird, und deren Abschaffung schon von so vielen würdigen und gelehrten Männern umsonst gewünscht
und aus den triftigsten Gründen angerathen worden ist.
Jeder, der nur irgend einen Begriff von Verträgen und
übernommenen Pflichten hat, wird wissen, daß sie,
auch ohne Eidschwur, pünctlich befolgt werden müssen,
und ihre Unterlassung oder vorsätzliche Verletzung verhältnißmäßig bestraft werden könne. Der redliche Mann
wird auch ohne eidliche Zusage seinem Versprechen nach-
kommen, dem minder redlichen hingegen wird es selten
an geheimen Ausflüchten, aus dehnenden oder einschrän-
kenden Erklärungen und Vorbehalten fehlen, um sein
Gewissen einzuschläfern und sich Verletzungen der be-
schwornen Pflichten zu erlauben. Der Staat wird daher durch den Diensteid keinesweges so sehr gesichert,
daß er sich der Last einer stäten Aufsicht entledigen könnte.

---

1) I. H. Boehmer Ius Ecclesiast. Protestant. Lib. 2.
tit. 24. §. 21-23.

te. Hiezu kömmt noch, daß die zu beschwörenden Instructionen, welche gewöhnlich nach ältern Formularen
abgefaßt zu werden pflegen, oft viele Pflichten enthalten, die auch der redlichste Mann, bey dem besten Willen, nicht befolgen kann, bey deren Uebertretung die
Obern selbst durch die Finger sehen müssen, und deren
genaue Befolgung zum Theil, bey veränderter Lage der
Umstände, sogar den Geschäften schädlich seyn würde.
Oft wird ein gewissenhafter Mann, aus Furcht vor dem
Meineide, durch dergleichen unnütze Formalien abgehal-
ten, ein Amt zu übernehmen, worin er dem Staate
wichtige Dienste hätte leisten können, und mancher läßt
sich auch wohl durch dergleichen Mißbräuche zu leichtsin-
niger Beurtheilung und Uebertretung seiner wichtigern
Amtspflichten verleiten. Es wäre daher in jedem Be-
trachte sehr zu wünschen, daß der Gebrauch des Eides
überhaupt mehr eingeschränkt, und besonders die Dienst-
eide gänzlich abgeschaft oder wenigstens in bestimmtere
Grenzen gewiesen werden möchten [1]).

§. 75.

[1]) J. P. v. Ludewig Erl. d. G. B. Tit. 1. §. 7.
Note h.
Leyser Sp. 137. m. 2. Sp. 567. m. 6.
Struben rechtl. Bed. Bd. 4. Num. 104.
Garve Anmerkung und Abhandl. über Cicero von
den Pflichten zum dritten Buche. (Bresl. 1788.) S.
267. ff.
Möser führt zwar im 2ten Theile seiner patrioti-
schen Phantasieen Num. 87. verschiedne Gründe für
Beybehaltung des Diensteides an, welche aber die
entgegengesetzten schwerlich überwiegen dürften.
Man vergleiche noch Kohlschütter (resp. Iunghans)
de causis contemti iurisiurandi. Viteberg. 1792. 4.

Han-

§. 75.

bb) Aufſicht über die Staatsbeamten.

1. überhaupt.

Der Staat iſt berechtigt, und der Regent deſſelben ſogar verpflichtet, auf die Verwaltung der
Staatsämter und die Betreibung der öffentlichen Geſchäfte wachſam zu ſeyn, die Staatsbeamten entweder
ſelbſt, oder durch höhere Collegien zu controliren
(beobachten), und deshalb die nöthigen Viſita-
tionen (Unterſuchungen an Ort und Stelle) anzuordnen, oder auch den Staatsdienern ſchriftliche Rechenſchaft und Bericht entweder von ihrer Amtsverwaltung überhaupt, oder von einzelnen Dienſtverrichtungen,
bald auf vorher entſtandnen Verdacht, bald aus eignem
Gutfinden abzufodern, oder ihnen ſolche ſchon beym An-
ſtellungsvertrage mit zur Pflicht zu machen. Kein
Beamter, von welcher Art er auch ſey, darf ſich dieſer
Aufſicht weigern, oder ſich durch die Verfügung einer
Unterſuchung, durch Abforderung einer Rechenſchaft,
für beleidigt halten [1]). Vielmehr wird ein redlicher
Mann ſich freuen, wenn er auf ſolche Weiſe Gelegenheit
erhält,

Hannöv. Magaz. v. J. 1761. S. 1393. ff. und 1780.
S. 1105.
Teutſch. Muſ. v. J. 1783. April. S. 319.
Henke Euſebia 2tes St. (Helmſt. 1796.) S. 177.
184. 203.

1) Daß auch die Patrimonialbeamten des mittelbaren
Adels und der Landſtände in Teutſchland der Oberaufſicht des Regenten unterworfen ſeyen, leidet keinen Zweifel. Krefs a. a. O. §. 3. not. 1.

erhält, sich gegen die heimlich schleichende Cabale zu wahr‐
ren und schlaue Verläumdungen durch die That zu wi‐
derlegen. Auf der andern Seite, muß aber auch mit
möglichster Schonung der Ehre eines noch keines Fehl‐
tritts überwiesenen Dieners zu Werke gegangen und
nicht so fort, wie leider oft der Fall ist, mit der Execu‐
tion der Anfang zur Untersuchung gemacht, oder diese
wohl gar einem gehässigen und der Partheylichkeit ver‐
dächtigen Richter aufgetragen werden, ohne den Beam‐
ten mit seiner Verantwortung hinlänglich zu hören und
auf wahre Entschuldigungsgründe die gehörige Rücksicht
zu nehmen [1]). Am besten ist es, eine fortwährende
Controlle und zu bestimmten Zeiten Untersuchungen an
Ort und Stelle anzuordnen [2]), wodurch der gute Ruf
der Beamten geschont und außerordentliche Untersuchungen
möglichst vermieden werden können [3]).

§. 76.

2. Präsenz-Tabellen, Conduiten-Listen.

In manchen Staaten hat man zu Bewirkung einer
noch genauern Aufsicht sogenannte Präsenz-Tabel‐
len

---

1) Io. Vlr. de Cramer Obseru. iur. vniu. T. 3.
   num. 502.
2) Schon Carl der Große hatte in seinem Reiche der‐
   gleichen Visitationen durch die missos dominicos an‐
   geordnet. Im Hessischen durchreist jährlich ein Ad‐
   uocatus fisci auf herrschaftliche Kosten einen ihm an‐
   gewiesnen District, um die Beschwerden der Unter‐
   thanen zu sammlen, und das Betragen der Beamten
   an Ort und Stelle zu untersuchen.
3) Seuffert a. a. O. §. 60.

len und Conduiten-Listen eingeführt, welche zu bestimmten Zeiten an die höhern Behörden eingesandt werden müssen ¹). Jene betreffen den Amtsfleiß, diese, das Privatleben der Beamten. Letztere werden gewöhnlich von den Präsidenten der Collegien geführt, und können, wenn diese durchgehends rechtschaffene, unpartheyische, vorsichtige und Billigkeit liebende Männer sind, ihren guten Nutzen haben, im entgegengesetzten Falle aber auch äußerst nachtheilig werden. Gewöhnlich bekommt dieselben keiner von den Räthen zu sehen, und wie leicht kann da nicht ein Chef seine Leidenschaften gegen die Untergebnen befriedigen, die Räthe und andre Beamte furchtsam oder gefällig gegen sich machen, redliche Diener anschwärzen, Günstlinge hervorziehen. Dabey haben diese Listen noch den Fehler, daß sie zu unbestimmt sind, die Urtheile nicht mit Gründen unterstützt werden, und oft blos durch einen übelgewählten, zweydeutigen oder mißverstandnen Ausdruck ein rechtschaffener Diener, selbst gegen die Absicht des Verfassers, bey

den

¹) Im Oesterreichischen Staate waren die Conduiten-Listen erst bey der Armee üblich und wurden 1781 auch bey den Civil-Beamten eingeführt. In demselben Jahre sind sie auch im Preußischen gesetzlich anbefohlen worden.

S. Corpus Iuris Frideric. 1tes Buch 3ter Th. 2ter Tit. §. 7, 12.

auch im Maynzischen sind sie eingeführt.

Das Schema einer Oesterreichischen Conduiten-Liste enthält 14 Rubriken, welche wieder in mehrere Fragen zerfallen.

Schlözer Briefwechs. XLVII. S. 335. ff.

den Obern in Verdacht gerathen kann. Ueberdieß möchte es auch dem rechtschaffensten Präsidenten schwer fallen, genaue Conduitenlisten von allen Beamten die zu
seinem Ressort gehören, zumahl wenn sie vom Sitze des
Collegiums mehrere Meilen entfernt sind, aufzustellen,
wenn er nicht Klätschereyen, heimliche Angeber und
Spione zu Hülfe nehmen und begünstigen will, deren
Schädlichkeit in jeder Staatsverfassung außer Zweifel
beruht. Beym Militär, wo eine weit strengere Subordination eintreten kann, und die Vorgesetzten nicht so
leicht Veranlassung haben, auf Befriedigung ihrer Leidenschaften oder persönlichen Abneigung zu verfallen,
mögen daher die Conduiten-Listen weniger Bedenklichkeiten unterworfen seyn, als im Civilstande, wo die
Verhältnisse der untern zu den obern Staatsbeamten
nach ganz andern Grundsätzen abgemessen werden müssen, und wo so leicht Menschlichkeiten mit unterlaufen
können [1]).

§. 77.

---

[1]) "Ich sorge, (sagt Schlosser in seinen Briefen
über die Gesetzgebung S. 336.), daß der sich ein-
schleichende Gebrauch der Conduiten-Listen allen Patriotismus, allen wahren Eifer für das Gute, alle
Männlichkeit vertilge, und nichts als Avancirsucht,
oder sklavische Submission unter das Commando des
Vorgesetzten, oder Heucheley, oder kindische Aengstlichkeit, in das Leben und die Geschäfte einführen
werde."
Man vergleiche damit den Aufsatz in Schlözer
Briefwechs. LVI, 101. — Diener- und Völkerfrey-
heit vertheidigt gegen Conduiten-Listen und Präsi-
denten-Despotismus.

§. 77.

d) Fehler und Verbrechen aa) der höhern Staatsbeamten [1]).

Daß auch die pflichtmäßigsten Handlungen der
Staatsbeamten, besonders der höhern, oft fälschlich für
Verbrechen ausgegeben und ungerechter Weise bestraft
werden, zeigt die Geschichte, weshalb ich mich um der
Kürze willen auf die unten angeführte vortreffliche Abhandlung von Leyser beziehe. Die wahren Verbrechen der Staatsbeamten aber sind entweder gemeine, d. i. solche, welche auch von andren Bürgern begangen werden können, oder Amtsverbre-
chen, welche in einer strafbaren Verletzung oder
Unterlassung der mit dem ihnen anvertrauten Amte verbundnen besondern Pflichten, oder auch in einem bös-
lichen

---

1) Leyser de fictis criminibus und de veris delictis
ministorum principis. In dess. Meditatt. ad Pand. Spec.
670. und 571.
Ahasu. Fritsch Minister peccans. Ien. 1674. 8.
— — Senator peccans
— — quaestor peccans. Norib. 1682. 12.
Fr. Gottl. Zoller de magistratu male procedente
eiusque poena. Lips. 1766. 4.
In wiefern ein ganzes Collegium für die Vergehungen seiner Mitglieder hafte, untersucht
C. F. Chr. Becker d. an et quatenus collegium cul-
pam ab vno alteroue ex suis membris vel antecessori-
bus commissam praestare teneatur. Gotting. 1741.
Hommel Rhapsod. Obs. 601. p. 1240.
Man vergleiche damit die vortrefflichen Verfügungen
des Allg. Gesetzb. f. die Preußisch. Staaten. 2ter Th.
10ter Tit. §. 127. 154.

lichen Mißbrauche der damit verknüpften Rechte bestehen. Diese laffen sich nun wieder eintheilen in solche,
welche unmittelbar gegen den Regenten und den Staat,
oder gegen einzelne Mitbürger, oder gegen Auswärtige,
von ganzen Collegien oder einzelnen Beamten, aus Fahr-
läffigkeit, Unwiffenheit und Uebereilung, oder mit Vor-
satz und bösem Willen begangen werden, welche eine
gröbere oder geringere Verletzung der Amtstreue enthalten. Die gewöhnlichsten Verbrechen, besonders der höhern Staatsbeamten, haben Geitz oder Stolz zur Quelle, und werden von Lepser a. a. O. folgendermaaßen
aufgezählt: Uebertriebne Strenge oder Nachsicht gegen
die Untergebnen; blinde Befolgung oder Beschönigung
ungerechter und verderblicher Befehle; absichtliche Ver-
drehung und Auslegung der erhaltnen Aufträge zu eigennützigen Zwecken; unvorsichtige und mit Nachtheil verknüpfte Befolgung derselben bey veränderten Umständen;
Hintansetzung der Amtspflichten aus Furcht oder Gefälligkeit gegen die Familie des Regenten, gegen Lieblinge
oder mächtige Collegen; Verletzung der Achtung gegen
dene Regenten durch unüberlegten Tadel, durch unbeschei-
den oder ungegründete Vorwürfe; unnöthige Verwickelung des Staats in Krieg und Streitigkeiten; Entfernung des Regenten von den Geschäften; Verhehlung der
Gefahren des Staats und der wahren Lage der Umstände
vor demselben; Ertheilung unvorsichtiger, der Gerechtigkeit oder dem Staatsinteresse zuwiderlaufender Rathschläge oder Einstimmung in dieselben ¹); Zulaffung
nach-

1) Daß ein Staatsbeamter für den Erfolg seiner
   Rathschläge nicht einzustehen brauche, wenn er nur
   bey

nachtheiliger Unternehmungen, die man verhindern konnte; Diensthandel; Nepotismus, Beförderung unwür-
diger Günstlinge und Anhänger; Anschwärzung und Zurücksetzung geschickter und redlicher Staatsdiener; eigen-
mächtiges Verfahren der Collegien-Chefs in Sachen die
für das gesamte Collegium gehören, oder Nichtachtung
dessen, was durch die mehrsten Stimmen beschlossen ist;
Ausdehnung der Gewalt des Regenten mit Verletzung
der Grundgesetze des Staats, oder auf der andern Seite
sorglose Nachgiebigkeit und Zulassung gefährlicher Einschränkungen der höchsten Gewalt gegen die bestehende
Verfassung; Vermehrung der Staatseinkünfte durch
rechtswidrige Bedrückungen und Erpressungen; unnöthige Veräußerung der Domainen und Regalien, oder Ver-
schleuderung öffentlicher Güter unter ihrem Werthe;
Mißbrauch der öffentlichen Gewalt zu Befriedigung der
Privatleidenschaften, oder partheyische und eigennützige
Verwaltung des anvertrauten Amts; Annahme auswärtiger Geschenke und Ehrenbezeigungen gegen den Willen
des Regenten; Verkehr mit heimlichen oder öffentlichen
Feinden des Staats und des Regenten; Verrätherey des
Staats- und der Collegial-Geheimnisse. Mit einem
Worte, jede Vernachlässigung der positiven, oder Unterdrückung der negativen, oder schädliche Verwechselung
beyder Arten von Staatsthätigkeit, jede Uebertretung
oder Unterlassung der Amtspflichten [1]).

D 3   §. 78.

bey Ertheilung derselben mit der gehörigen Einsicht und Treue zu Werke gegangen ist, wird Niemand bezweifeln.
1) Man vergl. noch das allgem. Gesetzb. für die Preuß.
Staaten. Th. 2. Tit. 2. Abschn. 8.

§. 78.

bb) Vergehungen der mittlern und niedern Beamten [1]).

I. Allgemeine Grundſätze. Es können Fehler und Verbrechen von den Staatsbeamten begangen werden;

1. bey Erlangung eines Amts;

A. von Seiten des Candidaten [2]),

B. von Seiten des Wahlberechtigten;

2. bey Verwaltung deſſelben. Hier ſind zu unterſcheiden:

A. Eigentliche Amtsverletzungen, wobey es wieder darauf ankömmt, ob ſie

a) aus Vorſatz,

b) aus grober Fahrläſſigkeit oder Unwiſſenheit,

c) aus bloßem Leichtſinn, oder menſchlicher Schwachheit, oder Mangel an Routine begangen ſind;

d) ob dadurch ein großer oder geringer Schade für den Staat oder einzelne Unterthanen veranlaßt, ob die öffentliche Sicherheit mehr oder minder verletzt wird.

Dieſe Verletzungen des Amtes können begangen werden:

aa)

[1] Ich bin bey dieſem Paragraphen ganz der vortrefflichen Darſtellung des Neuen Preußiſchen Geſetzbuchs Th. 2. Tit. 20. Abſchn. 8. §. 526-462. gefolgt.

[2] Dahin gehört mit das crimen ambitus, Simoniæ, wenn einer ſich durch verbotne Mittel in ein geiſtliches oder weltliches Amt eindrängt. Quiſtorp Grdſ. des peinl. R. §. 213. ff.

aa) von Vorgesetzten,

1. durch Verleitung der Untergegebnen zur Pflichtwidrigkeit.

Ein Vorbeugungsmittel dagegen ist, daß die Vorgesetzten sich mit ihren Untergebnen, ohne Vorwissen und Genehmigung der Obern, in keine Geld= oder enge Familien=Verbindung einlassen dürfen;

2. durch Vernachlässigung der Aufsicht;

3. durch Mißhandlungen der Untergebnen;

bb) von Subalternen, Vergehungen gegen die Subordination;

1. Ungehorsam, der durch grobe Anzüglichkeiten und Thätlichkeiten noch verstärkt werden kann,

2. willkürliche Entfernung von dem angewiesenen Posten;

3. Ausbleiben über die Zeit des erhaltnen Urlaubs, ohne gegründete Ursach;

cc) von beyden Classen der Staatsbeamten;

1. gebrochne Amtsverschwiegenheit, gefährliche Eröffnung der Amtsgeheimnisse, Staatsverrätherey;

2. Bestechlichkeit [1]);

3. im Amte verübte Injurien, gegen Amtsgenossen oder Andre.

B. Ver=

---

[1]) Crimen repetundarum. Quistorp. §. 420. Leyser. Sp. 147. m, 9. Sp. 618.

B. Verbrechen, die mit der Amtspflicht in keiner Verbindung stehen;

  1. gröberere oder geringere Verletzung der allgemeinen Strafgesetze des Staats;

  2. unsittlicher Lebenswandel, Spielsucht, Verschwendung, niederträchtige Aufführung, Schuldenmachen.

II. Besondre Amtsverletzungen, nach Verschiedenheit der Staatsämter;

A. der Justizbeamten;

  1. Ungerechtigkeit, Verzögerung oder Verweigerung der Justizpflege, unerlaubtes Consuliren in bürgerlichen Rechtssachen ¹);

   a) aus Eigennutz,

   b) aus Leidenschaft,

   c) aus Fahrlässigkeit oder Unwissenheit;

  2. Sportel-Excesse ²);

  3. Deposital-Vergehungen;

  4. in Criminalsachen;

   a) Verzögerung des Verhörs der Gefangnen;

   b) vorsätzliches peinliches Verfahren gegen Unschuldige; unnöthig hartes Gefängniß,

   c) eigenmächtige Bestrafung der Verbrechen;

   d) vorsätzliche Schärfung der durch Gesetze oder Urtel bestimmten Strafe;

            e) Ver-

¹) Praeuaricatio, crimen Syndicatus. Quistorp a. a. O. §. 430. ff.

²) Superexactio. S. Lib. 10. Codic. tit. 29.

e) Versehen bey Vollstreckung der Strafen;

f) Verschweigung oder Unterdrückung der zur Anzeige gekommenen Verbrechen, oder Saumseligkeit bey Untersuchung derselben;

5. Verfälschung der Acten;

6. Mißbrauch des richterlichen Ansehens zur Befriedigung des Eigennutzes, durch Bedrückungen und Erpressungen ^{1}), besonders

a) durch Uebernahme strittiger Forderungen, als Gläubiger oder Schuldner, ohne Erlaubniß der Obern;

b) durch Mitbietung bey öffentlichen Versteigerungen.

B. der Finanzbeamten, und zwar

1. der Cassen-Curatoren und Aufseher, wenn sie die nöthige Aufsicht vernachlässigen;

2. der Cassierer u. dgl.;

a) Verwendung der erhobnen Gelder in ihren Privatnutzen ^{2});

b) Nachlässigkeit in Verwahrung derselben;

c) Veruntreuung der öffentlichen Gelder;

d) Unordnung oder Verfälschung der Rechnungen;

e) Saumseligkeit in Beytreibung der Reste;

3. bey Officianten, die nicht eigentliche Cassenbediente sind. — Bedrückungen der Unterthanen bey Er-

---

1) Concussio. Quistorp a. e. O. §. 195.

2) Crimen de residuis. Quistorp. §. 416.

D 5

Erhebung oder Beytreibung der Staatseinkünfte. — Vorbeugungsmittel sind hier:

a) Accise- und Zollbedienten sollen sich mit denen
Bürgern, die wegen ihrer Gewerbe ihrer Aufsicht unterworfen sind, ohne Genehmigung der
Vorgesetzten, in keine Geld- oder genaue Fami-
lien-Verbindung einlassen.

b) Sie sollen selbst keine bürgerliche Nahrung treiben, wodurch sie zur Versäumung oder Uebertretung ihrer Amtspflicht verleitet werden
könnten.

C. der Polizeybeamten;
1. strafbare Nachsicht gegen Polizey-Verbrechen;
2. Mißbrauch ihrer Amtsgewalt, zu Erpressungen, zur Befriedigung ihrer Privatleidenschaften;
3. Unterlassung der gehörigen Wachsamkeit.

D. der Magazinbeamten;
1. Vernachlässigungen;
2. unrichtiges oder ungleiches Maas.

E. der Archivbeamten;
1. pflichtwidrige Mittheilung der Urkunden und Acten
an andre;
2. Vernichtung oder Verfälschung derselben.

§. 79.

§. 79.

Ahndung und Bestrafung derselben ¹).

Die Erstattung des Schadens, welchen Privatpersonen oder der Staat durch Verletzung der Beam-
tenpflichten erlitten haben, so weit solcher ersetzt werden
kann, ist eigentlich keine Strafe zu nennen, und es sind
daher nicht nur vorsätzliche Verbrecher, sondern auch alle
diejenigen dazu verbunden, durch deren Verschuldung
oder bloßes Versehen der Schade veranlaßt worden
ist ²) Die Gerechtigkeit und das gemeine Beste erfodert auf der einen Seite, daß die Versehen und Verbrechen der Staatsbeamten nicht ungeahndet bleiben, und
man hat Beyspiele, daß oft das Volk oder die Landstände auf Entfernung solcher Staatsdiener, welche das öffentliche Vertrauen verloren hatten, angetragen haben;
auf der andern Seite aber, ist es den Regeln der Gerechtigkeit und Billigkeit eben so gemäß, daß besonders harte Strafen, wohin die unten von Num. 7. an bemerkten
zu zählen sind, nicht ohne gegründete Ursach und gehörige Untersuchung verhängt, daß nicht sofort bey jeder
kleinen Verletzung der Amtspflichten mit Härte verfahren, sondern erst gelindere Besserungsmittel versucht werden

1) Leyser Sp. 80. de foro delicti ministror. princ.
Sp. 572. de iudicio in ministrum principis
delinquentem.
Sp. 575. de poenis ministror. principis de-
linquentium.
von Justi Grundriß ein. guten Regierung. §. 294.
297.

2) von der Bede. S. 173. ff.

ben [1]). Die Erfahrung giebt uns folgende Stufenlei-
ter von Ahndungen oder Bestrafungen der von den Staatsbeamten verschuldeten Fehler und Verbrechen an die
Hand:

1. Entfernung eines Ministers unter einem ehren-
   vollen Vorwande von den wichtigern Staatsgeschäften;

2. wenn der Regent einem höhern Staatsdiener
   stillschweigend seine Unzufriedenheit merken läßt;

3. wenn

---

[1]) Vielleicht dürfte hier die weise Lehre, welche der gekrönte Verf. des Antimachiavell (Cap. 22.) den Regenten giebt, hier nicht am unrechten Orte stehen:
"Einige Fürsten ändern mit ihren Ministern allzuleicht-
sinnig, und strafen die geringsten Versehen allzustreng.
Die Staatsdiener, welche unter den Augen des Fürsten
arbeiten, können ihre Fehler nicht auf die Länge ver-
bergen. Je scharfsichtiger ein Fürst ist, desto leichter
entdeckt er sie. Unphilosophische Regenten werden
leicht ungeduldig, entrüsten sich über die Schwachheiten ihrer Diener, danken sie mit Ungnade ab und
machen sie unglücklich. Einsichtsvolle Fürsten hergegen, bedenken, daß sie auch Menschen sind, daß
nichts in der Welt vollkommen ist, daß große Eigenschaften mit großen Fehlern gleichsam Hand in Hand
gehen, und ein Weiser aus allem Nutzen zu ziehen
wissen muß. Deswegen behalten sie ihre Minister
mit ihren guten und bösen Eigenschaften, die Treulosigkeit ausgenommen, und ziehen die, welche sie
genau kennen gelernt haben, den neuen, die sie haben kennen, vor, fast wie geschickte Tonkünstler lieber auf einem Instrumente spielen, dessen Stärke
und Schwäche sie kennen, als auf einem neuen, dessen Güte ihnen noch unbekannt ist.

3. Wenn er mit Beybehaltung seiner Stelle und seines Gehalts in wichtigen Angelegenheiten gar
   nicht mehr zu Rathe gezogen wird.

4. Wenn einem höhern Staatsdiener zu verstehen gegeben wird, daß er um Urlaub oder Entlassung
   nachsuchen möge.

5. Uebergehung eines Staatsdieners bey Beförderungen, wenn dieses sonst der Regel nach nicht zu geschehen pflegt.

6. Mündliche oder schriftliche, anfangs geheime, und
   wenn diese fruchtlos seyn sollten, öffentliche
   Aeußerungen des Mißfallens von Seiten des Regenten oder der Obern ¹). Diese leiden wieder
   verschiedne Abstufungen, z. B. Erinnerung, Warnung, Verweis, Androhung härterer Strafen
   (Th. 1. §. 188. 190.).

7. Suspension, Entziehung oder Verminderung
   des Gehalts, auf eine Zeitlang.

8. Geldstrafen, drey-, vier- bis zehenfache
   Erstattung der zu viel erhobnen Sporteln u.
   s. w.

9. Versetzung auf eine weniger ehrenvolle oder
   einträgliche Stelle (Pönitenzstelle bey Geistlichen).

10. Entfernung mit einer geringen Pension;

11. Entlassung ohne Pension (in Gnaden, mit
    Vorbehalt der Ehre).

12. Re-

---

1) v. Justi Staatswirthschaft. Th. 2. §. 502.

12. Remotion, Dienſtentſetzung, Verabſchiedung in Ungnade.

13. Caſſation, oder beſchimpfende Entlaſſnng, Fortjagung.

14. Confiſcation der Güter, förmliche Ehrloßmachung, Gefängniß=, oder andre harte Leibes= und Lebens=Strafen.

Landesverweiſungen ſind bey Staatsbeamten ſelten der Klugheit gemäß, auch kann es ſehr oft rathſam ſeyn, das eigentliche Verbrechen, weswegen einer Strafe verdient hat, geheim zu halten, und ihn gelinder oder insgeheim zu beſtrafen. Gewöhnlich wählt man in ſolchen Fällen, ſtatt der verdienten Caſſation, den Weg der Entlaſſung, oder der anbefohlnen Reſignation. Beſonders iſt auch den Regenten bey Beſtrafung angeſehener Staatsbeamten, ſelbſt wenn ſie wirklich eine harte Strafe verwirkt haben ſollten, Behutſamkeit und Klugheit anzurathen, damit ſie nicht dadurch, daß ſie dieſelben ſofort, gleich jedem gemeinen Verbrecher, der öffentlichen Schande Preis geben, bey dem großen Haufen Verdacht oder Geringſchätzung gegen alle öffentliche Aemter und Staatsdiener, oder auch Mitleiden und Bedauren für den Beſtraften, und Unwillen gegen ſich ſelbſt erregen, wovon noch einige merkwürdige Beyſpiele in friſchem Andenken ſind [1]).

§. 80.

1) Chr. Fr. G. Meiſter über den Einfluß, den der Stand des Verbrechers auf die Strafen und auf das Verfahren in Straffachen hat. Gött. 1784. 4.

§. 80.

B. Rechte der Staatsbeamten.

1. wesentliche oder Haupt-Rechte.

Die Rechte der Staatsbeamten sind theils allgemeine bürgerliche Rechte, welche sie mit allen übrigen Mitgliedern des Staates zu genießen haben [1]), theils besondre Vorzüge und Gerechtsame, die sie wegen des übernommenen Amtes, entweder als Mittel zur Ausübung ihrer Amtspflichten, oder als Entschädigung für ihre mit den gewöhnlichen Bürgerpflichten nicht im Verhältnisse stehenden Arbeiten, oder als Belohnung für ausgezeichnete Verdienste um den Staat, von demselben erhalten. Diese lassen sich nun wieder in nothwendige und Neben-Rechte eintheilen. Zu jenen gehören diejenigen, welche die Beamten als Mittel zur Ausübung der Amtspflichten fordern können, und nach Beschaffenheit der Beamten verschieden sind. Gewöhnlich zählt man hieher:

1. Oeffentliche Anerkennung von Seiten des Staats, Ertheilung eines Bestallungsbriefes, einer Instruction und Verpflichtung auf dieselbe; Anweisung der Untergebnen zum Gehorsam.

2. Ertheilung eines auszeichnenden Titels und Ranges, den ihnen jeder Bürger zugestehen muß [2]).

3. Ein-

[1]) Seuffert a. a. O. §. 62.

[2]) Derselbe. §. 65. Bey den Römern hießen daher die höhern Staatsbedienungen selbst honores. L. 14. D. de muner. et honorib.

3. Einführung in ein Collegium und Anweisung des gehörigen Sizes in demselben.

4. Befugniß ein öffentliches Siegel zu führen, seinen Verfügungen durch den Gebrauch des Amts- oder des Regenten-Titels und Beydrückung des Amtssiegels, Glaubwürdigkeit und Wirksamkeit zu verschaffen.

5. Gebrauch der Archive, Registraturen und Canzleyen zu den Amtsgeschäften.

6. Ertheilung einer, der Beschaffenheit der Geschäfte angemeßnen Macht oder Anzahl von Unterbedienten, zu Vollstreckung der Beschlüsse.

7. Besondrer öffentlicher Schutz bey der Ausübung der Amtspflichten gegen Beleidigungen und Verletzungen oder Hindernisse [1]).

8. Achtung des Staatsamts und wohlwollende, anständige Behandlung treuer und geschickter Beamten von Seiten des Regenten und der Obern. Diese können die Staatsdiener als ein Recht fodern, wenn sie ihre Pflicht thun, zumahl da durch entgegengesetzte Behandlung ihnen das nöthige Vertrauen und Ansehen bey den Bürgern leicht entzogen wird.

9. Zuweilen auch das Recht eine auszeichnende Amtskleidung (Uniform) zu tragen.

10. Ach-

---

1) Seuffert. §. 66.
   allgemeines Gesetzbuch für die Preußischen Staaten. 2ter Th. 20ster Titel. 5ter Abschn. §. 207: 209.

10. Achtung und Vertrauen der Bürger, welches sich aber die Staatsbeamten nicht sowohl durch Stolz, Härte, Prachtliebe, Titelsucht, oder schädliche Nachgiebigkeit und Begünstigungen, als durch ein sittliches, kluges und wohlwollendes Betragen, durch Geschicklichkeit, Thätigkeit und Unpartheylichkeit im Dienste, durch ächte Bürger- und Vaterlands-Liebe, selbst erwerben und erhalten müssen [1]).

§. 81.

2. nicht wesentliche; Neben-Rechte.

a) gewöhnliche (naturalia). aa) Besoldung [2]).

α) Begriff.

Neben-Rechte der Staatsbeamten sind solche, die zwar nicht unumgänglich zur Verwaltung der öffentlichen Geschäfte erfodert werden, aber doch mit den Staatsbedienungen verknüpft zu seyn pflegen. Sie lassen sich wieder eintheilen in gewöhnliche (naturalia), welche der Regel nach, folglich auch ohne ausdrückliches Versprechen bey Abschließung des Dienstvertrags, mit den Staatsbedienungen verbunden sind, und in zufällige (accidentalia), welche nur unter besondern Umständen den Beamten gestattet werden. Zu jenen gehört nun vor-

[1] S. das schöne Sendschreiben eines Vaters an seinen Sohn über die Beförderung zur Rathstelle. In (Hymmen) Beyträgen zur juristischen Literatur in den Preußischen Staaten. 1te Samml. S. 176. ff.

[2] v. Moser Herr und Diener. S. 377. ff.

Canzleyst. Th. 2. P

vorzüglich die Besoldung, (Bestallung, Gage, der Gehalt, Salarium, penſio, Stipendium) ¹).

Die Besoldung ist ursprünglich nicht der Grund der Dienste, welche ein Staatsbeamter dem Staate leistet, sondern die Verbindlichkeit dazu liegt in dem Staatsvertrage, kraft dessen jeder Bürger seine Kräfte dem Staate zu widmen schuldig ist, wenn er dazu gehörig aufgefodert wird (§. 71.). Allein da zu den Staatsämtern besondre Geschicklichkeit und Kenntnisse nöthig sind, deren Erlernung eine sorgfältige und kostbare Erziehung erfodert und die Uebung andrer nützlichen Gewerbe der Regel nach

1) L. un. C. de praebendo Salario. Das Wort: Sold, wird gewöhnlich nur von Belohnung der Militär-Dienste gebraucht; Besoldung kömmt von jenem her, und bedeutet eigentlich die den Staatsbeamten angewiesne Entschädigung für ihre dem Staate zu leistenden Dienste; Bestallung begreift sowohl die Bestellung, Anstellung eines Beamten, als die ihm angewiesne Besoldung, daher Bestallungsbrief; der Gehalt ist unedler, als Besoldung; Lohn bezeichnet die Vergeltung niedriger körperlicher Dienstleistungen.

Adelung unt. diesen Worten.

Du Fresne unt. d. W. Solidata, Soldum.

Man ſ. auch Iac. Gothofredi d. de Salario in deſſ. Oper. iurid. minor. (Lugd. Bat. 1733. fol.) p. 201. ff.

Leyser meditt. Sp. 668.

Io. Sebaſt. Nicolai d. de eo quod iuſtum eſt circa honoraria aut salaria officialium. Argentor. 1736. 4.

Mehrere Schriften finden sich angeführt in Lipen. Bib. iur. unt. d. W. Salarium.

nach ausschließt; da ferner die Verwaltung der Staatsämter nicht mehr, wie in den ersten Zeiten, Reihe umgehen kann, sondern die einmahl dabey angestellten Beamten fortwährend und ausschließlich ihre Zeit und Kräfte dem Staate widmen müssen, ohne, wie die übrigen
Bürger, durch andre Gewerbe für ihren Unterhalt oder
Privatvortheil sorgen zu können; da endlich mit vielen
Staatsbedienungen ein beträchtlicher Aufwand und eine
große Verantwortlichkeit verbunden ist: So würde es
gegen alle Billigkeit und bürgerliche Gleichheit streiten,
wenn der Staat die einzelnen Bürger, welche sich durch
Aufwand und Mühe die nöthigen Fähigkeiten erworben
haben, zu Uebernehmung besondrer Pflichten nöthigen
wollte, ohne ihnen für ihre Aufopferungen eine angemeßne Entschädigung zuzugestehen, und der Regent kann den Unterthanen, zu den Besoldungen, wenn
solche nicht aus den Domainen und Einkünften der Regalien bestritten werden können, die nöthigen Beyträge
auflegen. Im Anfange war diese Entschädigung unbestimmt, und bestand meistens in Grundstücken oder Naturalien, bis man mit der Zeit nähere Bestimmungen
für jedes Amt, größtentheils in Gelde festsetzte, welche
gleich beym Anstellungsvertrage in dem Bestallungsbriefe, dem Beamten vom Staate zugesichert zu werden pflegen ¹).

Die

¹) Wie unverhältnißmäßig und unbillig gewöhnlich die
festgesetzten Geldbesoldungen der Staatsbeamten, bey dem so veränderlichen Werthe des Geldes
und der Lebensmittel seyen, liegt am Tage, wenn
man nur die noch im vorigen Jahrhunderte bestimm-

ten

Die Beſoldung iſt alſo die Entſchädigung, welche der Staat dem anzuſtellenden Beamten dafür, daß
er ſich die zu dem übernommenen Amte nöthigen Fertigkeiten erworben hat, und in der Folge durch die Verwaltung deſſelben an der Gewinnung ſeines Unterhalts und
der erlaubten Beförderung ſeines Privatvortheils durch
bürgerliche Gewerbe verhindert wird, zuſichert. Der
Beamte erhält dadurch ein Recht, auf die Erfüllung
dieſes Verſprechens zu bringen, wenn er die übernommenen Pflichten gehörig leiſtet ¹).

§. 82.

ten Gehalte mancher Staatsämter mit den damahligen
und jetzigen Preiſen vergleicht. Bey den ſeit einigen
Jahren ſo hoch geſtiegnen Preiſen der nöthigſten Lebens-
bedürfniſſe ſchlug der Kaufmann, der Handwerker, der
Tagelöhner, verhältnißmäßig auf ſeine Arbeiten, indeß der Staatsbeamte bey ſeiner einmahl ihm nach
dem Maaßſtabe wohlfeilerer Zeiten zugemeßnen Beſoldung darben mußte. Die Verfügung der jetzigen
franzöſiſchen Regierung, die Beſoldungen auf eine
beſtimmte Quantität Getraide feſtzuſetzen, und ſie
von Zeit zu Zeit nach den jedesmahligen Getraide-
preiſen zu reguliren, verdiente daher, ungeachtet
mancher bey der Ausführung eintretenden Schwierigkeiten, Beyfall und Beherzigung. Man vergleiche
hiemit

v. Seckendorf teutſchen Fürſtenſtaat. in Addition.
§. 32. Num. 5. S. 138. ff.
Ad. Smith über die Urſ. des National-Reichth. Th.
I. S. 350.

¹) Seuffert a. a. O. §. 8. 19.22.

§. 82.

ß) Maaßstab der Besoldungen.

Die Frage: nach welchen Grundsätzen die Besoldungen der Staatsbeamten auszumitteln seyen, ohne auf
der einen Seite die Regeln der Billigkeit gegen die Beamten zu verletzen, oder auf der andern dem Staate eine unnöthige Last aufzubürden? ist von großer Wichtigkeit. Denn wenn gleich jetzt für jedes öffentliche Amt
schon feste Besoldungen bestimmt zu seyn pflegen; so
können doch noch immer Zweifel und Untersuchungen
über deren Verhältnißmäßigkeit entstehen, nicht zu gedenken, daß bey neuen Einrichtungen einzelner Provinzen und ganzer Staaten, bey Errichtung neuer Staatsbedienungen dieser Punct zur Erörterung gezogen werden muß.

Man durchlaufe nur die Staats-Calender und Be-
soldungs-Listen mancher Europ. Staaten, wie viele
fette Sinecuren (Faullenzer-Stellen), wie viele,
bey veränderten Umständen, unnütz gewordne Aemter,
die noch als Inventarienstücke des Mittelalters da stehen;
wie viele Statisten giebt es nicht, welche dem Geschäftsgange mehr hinderlich als vortheilhaft sind, und zum
Theil weit besser besoldet werden, als mancher für
das gemeine Beste wahrhaft thätige Diener [1]); wie
oft

---

[1] In manchen Staaten findet man Heere von Ueber-
zähligen in den Collegien, die oft Jahre lang für
nichts, oder für 25, 50, 100 Rthlr. u. s. w. dienen,
mit der dürftigen Hoffnung, dereinst für den Rest ihres Lebens 3 bis 400 Rthlr. sich zu erarbeiten. Ge-
wöhn-

oft findet man nicht wichtige Lücken in der Staatsverwaltung, die bey der jetzigen Lage der Umstände ganz
neue und mit thätigen Beamten zu versehende Aemter
erfoderten, zu deren Errichtung aber der Schwall alter
unnützer Stellen die Mittel wegnimmt! Doch wieder
zur Sache. Seuffert [1]) verwirft den von einigen
angegebnen und allerdings zu unbestimmten Grundsatz:
daß ein Beamter nebst Familie von seiner Besoldung
standesmäßig leben könne, und stellt dagegen folgenden
auf: daß die Besoldung nach der Summe des Schadens
den ein Diener wegen der ihm durch das übernommene
Amt verschloßnen andern Erwerbswege leide, zu bestimmen sey. Allein auch hier fragt sich noch immer, wie
ist dieser Schaden auszumitteln? Folgende Sätze dürften
vielleicht hiezu dienlich seyn:

1. Die

wöhnlich gerathen dergleichen Hoffnungs-Candidaten
früh in Schulden, aus denen sie sich nachher nicht
zu retten wissen, oder durch die sie gar leicht zu den
verzweifeltesten Rettungsmitteln verleitet werden
können.
Man vergleiche hiemit v. Moser neues patr. Archiv.
Bd. 2. S. 385. die Abhandlungen: Ueber die Mißgriffe bey Dienstbesetzungen und über Kargheit und
Mißverhältniß der Besoldungen. In der teutschen
Monatsschr. v. J. 1795. Aug. Num. IV.
imgl. Von den traurigen Folgen geringer Besoldungen im teutschen Zuschauer. Heft 5. S. 129-
149.
sehr weise war daher die Verordn. Kais. Leopolds II.
daß kein Staatsbeamter umsonst dienen solle.

1) a. a. O. §. 34. 36.

1. Die Größe der Besoldungen muß sich nach der Lage der Finanzen und Staatseinkünfte richten. Ein Staat von schwachen Einkünften kann nicht so viel und so theuer besoldete Staatsbeamten anstellen, als ein reicherer, und muß besonders viel auf den Patriotismus unentgeltlich dienender Bürger rechnen.

2. Man muß nicht sowohl auf den Rang, als auf die Beschaffenheit, auf die größere oder geringere Seltenheit der Geistesfähigkeiten und Kenntnisse, auf die mehrere oder mindere Anstrengung der Seele Rücksicht nehmen, welche die Verwaltung eines Amtes voraussetzt. Ferner kommt hier in Betracht die größere oder geringere Treue, welche das Amt nach seiner Wichtigkeit und Beschaffenheit erfodert, die damit verknüpfte Verantwortlichkeit u. s. w. Wie viel möchte wahrscheinlich ein Beamter erwerben, wenn er d i e s e Talente und Anstrengungen zu seinem rechtmäßigen Privatvortheile verwendete? Ist die Besoldung ein hinlänglicher Reitz, um Männer von den nöthigen Kenntnissen und Geisteskräften zur Annahme des Amtes bereitwillig zu machen [1])?

3. Rom

_____

[1]) Der Regel nach sollte freylich jeder Bürger, der sich der gehörigen Kräfte zur Verwaltung eines Amtes bewußt wäre, auch ohne Rücksicht auf die Einträglichkeit desselben, dem Rufe des Staats folgen; allein, wo findet man jetzt leicht einen solchen uneigennützigen Patriotismus? Zwar fehlt es heutzutage keinesweges an häufigen Bewerbern um erledigte

Staat

3. Kommen in Betracht die Preise der Lebensmittel. Ist der Beamte verbunden in der Hauptstadt oder Residenz zu leben, so muß seine Besoldung höher seyn, als wenn sein Aufenthalt in einer Landstadt oder auf dem Lande bestimmt wäre. Bey merklichem Steigen oder Fallen der Getraidepreise, sollten auch die Besoldungen erhöht oder erniedrigt werden, da der Beamte, wenn er ein Gewerbe zu seinem Privatvortheile triebe, gleichfalls seine Arbeiten höher oder niedriger anschlagen würde, und bey hohen Getraidepreisen, der Regel nach, auch alle andre Bedürfnisse theurer bezahlen muß. Wie viel haben nicht in den letzten theuren Jahren die Pachter und Oekonomen gewonnen, die besoldeten Beamten aber zusetzen müssen!

4. Muß auch auf den zur Erhaltung des äußerlichen Ansehens und Aufwandes mit einem Amte verknüpften Aufwand Rücksicht genommen werden, ohne jedoch den unter den Staatsbeamten vieler Länder eingerißnen unnöthigen Luxus zu begünstigen ¹). Bey zu kargen Besoldungen ist man oft

Staatsämter, aber unter Hunderten wird es sehr wenige geben, die das Amt, und nicht die damit verknüpfte Besoldung zu ihrem Hauptaugenmerke machen.

1) Bey vielen Besoldungen scheint auf Familie der Beamten gar keine Rücksicht genommen zu seyn, und mehrere Regenten und Minister haben den Grundsatz geäußert, daß der Staatsdiener ohne eigne Mittel nicht heyrathen dürfe. Allein, nicht zu geben-

oft genöthigt, auf den Reichthum der Candidaten zu viele Rücksicht zu nehmen, und ärmere, wenn gleich würdigere, zurück zu weisen.

5. Kömmt es darauf an, ob das Amt die ganze Thätigkeit des Beamten erfodert, oder ob ihm dabey, ohne übergroße Anstrengung, noch Raum zu Nebenerwerben übrig bleibt. Freylich können dergleichen Nebengeschäfte zu Vernachlässigungen der Amtspflichten und vielen andern Mißbräuchen Gelegenheit geben. Der Regel nach sind also die Besoldungen so einzurichten, daß der Staat mit Recht auf die ungetheilte Thätigkeit des Beamten ausschließlich Anspruch machen und dieser bey stäter Seelenheiterkeit, ohne von Nahrungssorgen oder Miß-

denken, daß der Beamte, wenn er ein bürgerliches Gewerbe triebe, der Regel nach geheyrather und Frau und Kinder davon genähre haben, es mithin sehr unbillig seyn würde, seine Entschädigung nicht mit darauf zu erstrecken; so ist auch jener Grundsatz dem Staate und der Sittlichkeit selbst nachtheilig. Im Durchschnitte sind verheyrathete Diener weit zuverlässiger und dem Staate treuer, mit dem sie durch mehrere Bande verknüpft sind, als unverheyrathete; jene können ehe ihre ganze Kraft dem Staate widmen, da die Frau die Sorge des Hauswesens übernimmt, sie sind auch gewöhnlich anhaltender im Dienste, als die unverheyratheten, welche sich oft auswärts zu vergnügen und schadlos zu halten suchen, indeß ihre häuslichen Umstände durch schlechte Aufsicht in Verwirrung gerathen, sie selbst aber sehr leicht zu Treulosigkeit verleitet werden können.

Mißmuth unterbrochen zu werden, seine Pflichten erfüllen kann.

6. Der höhere oder niedere Grad des Vertrauens, welches der Staat auf einen Beamten setzen muß, verdient gleichfalls bey Bestimmung der Besoldungen Rücksicht [1]), da allzukärgliche Besoldungen leicht zu Malversationen, Bedrückungen, Bestechungen verleiten können [2]).

7. In Teutschland pflegen sich wohl benachbarte Staaten von gleichem Range in der Besoldung ihrer Beamten nach einander verhältnißmäßig zu richten [3]).

8. Ob und in wie weit der Staat bey Bestimmung der Besoldungen auch auf den großen Aufwand, auf die Gefahr des Mißlingens, welche mit der Vor-

[1]) Der ökonomische Kaiser Joseph II. fand einst, daß die Räthe und Subalternen bey der Staats-Canzley im Verhältnisse gegen die Justiz- und Cameral-Bedienten viel zu hoch besoldet seyen, und war im Begriffe die Gehalte beträchtlich zu kürzen, welches aber Fürst Kaunitz durch die Vorstellung verhinderte: daß sie nicht nur für die Arbeit, sondern auch für das Schweigen bezahlt würden. v. Moser neues patr. Archiv. Bd. 2. S. 383.

[2]) "Wenn es (sagt v. Moser im Herrn und Diener S. 393.) zur Untersuchung käme, so würde es mir schwer seyn, nach Recht und Gewissen zu entscheiden, ob dem Herrn, der den Diener schlecht besoldet, oder diesem, der aus wahrer Noth zum Stehlen verleitet wird, am meisten zur Last zu legen sey."

[3]) v. Justi Staatswirthsch. Th. 2. §. 499. 501.

Vorbereitung zu den Staatsämtern verbunden ist,
Rücksicht zu nehmen habe, wie ein berühmter Eng-
lischer Schriftsteller behauptet, bleibt noch zweifelhaft [1]).

9. Die

[1]) Adam Smith Untersuchung über die Natur und
die Ursachen des National-Reichthums.
Uebers. v. Garve (Bd. 1-4. Breslau 1794. 95.
96. 8.) Bd. 1. Buch 1. Cap. 10. S. 193. ff.
"Wenn mehrere Menschen zu verschiedenen Beschäftigungen angezogen werden: so ist die Wahrscheinlichkeit, daß sie wirklich je zu denselben fähig seyn
werden, bey weitem nicht in allen gleich. Bey den
meisten Handarbeiten ist der Erfolg beynahe gewiß; bey den gelehrten Arbeiten und bey den
schönen Künsten ist er sehr zweifelhaft. Thut euren
Sohn bey einem Schuhmacher in die Lehre, und ihr
könnt sicher darauf rechnen, daß er ein Paar Schuhe
machen lerne; aber schickt ihn auf die Universität, um
die Rechte zu studieren, und es ist zwanzig gegen eins
zu wetten, daß er es in seiner Wissenschaft nicht so weit
bringen wird, um von ihrer Ausübung allein Brodt zu
haben. In einer Lotterie, wo es ehrlich zugeht, müssen
die, welche Treffer ziehen, alles das gewinnen, was
von denjenigen verloren wird, welche Nieten gezogen
haben. In einer Laufbahn des Glücks, wo zwanzig
zurückbleiben, gegen einen, der das Ziel erreicht,
muß von Rechtswegen dieser Eine alles das gewinnen,
was auf jene zwanzig Verunglückten gekommen seyn
würde. Der Rechtsgelehrte, der vielleicht erst in
seinem vierzigsten Jahre anfängt, einen Erwerb von
seinem Berufe zu ziehen, muß billiger Weise, nicht
nur die Vergütung für seine eigne so langwierige
und so kostbare Erziehung, sondern auch den Ersatz
für die Erziehung von mehr als zwanzig andern bekommen, die sich nie einen Pfennig damit ver-
den

9. Die Besoldungen sind auf eine den Staat am
minbesten beschwerende und der Verwaltung der
Aemter unschädliche Weise zu beschaffen.

10. Endlich kann auch auf der andern Seite
der Staat mit allem Rechte die von allen Bürgern zu entrichtenden Steuern und andern
Staatslasten, bey Festsetzung des Gehalts, mit
in

den erwerben können. So ausschweifend groß die
Advocatengebühren zuweilen zu seyn scheinen, so füllen sie doch dieses Maas nie aus. Man berechne,
was von allen Arbeiten irgend eines Handwerks, z.
B. des Schuster-Handwerks, jährlich gewonnen und
ausgegeben wird, und man wird meist die erste Summe etwas größer, als die letzte finden. Aber nun
mache man dieselbe Rechnung in Absicht aller Rechtsgelehrten, Räthe und Candidaten bey allen Collegien,
und man wird, auch bey dem niedrigsten Anschlage
ihrer Ausgaben, und dem höchsten ihrer Erwerbe,
doch jene weit größer, als diese finden. Die Profession der Rechtsgelehrten, als eine Lotterie betrachtet, ist also bey weitem keine vollkommen billige Lotterie. Nichts desto weniger behalten diese Lebensar-
ten ihre volle Anzahl von Menschen, die sie im Gleichgewicht mit den übrigen haben sollen. Mehrere Ursachen vereinigen sich, sie annehmlich zu machen.
Erstlich die Ehre und Achtung, welche sie denjenigen
versprechen, die darin zu einer ausgezeichneten Vor-
trefflichkeit gelangen; zum andern das natürliche Zutrauen, das jedermann, nicht nur zu seinen Fähigkeiten, sondern auch zu seinem Glücke hat."
Die nun folgenden scharfsinnigen Bemerkungen
über die geringen Belohnungen der Dichtkunst, die
hohen Gehalte der Opernsänger u. dgl. verdienen
ebenfalls nachgelesen zu werden.

in Anschlag bringen, da die Beamten, wenn sie
bürgerliche Gewerbe zu ihrem Privatnutzen trie-
ben, denselben unterworfen seyn würden, mithin
deren Betrag sich an ihrer Entschädigungs-Rech-
nung kürzen lassen müssen ¹).

§. 83.

γ) **Arten und Bestandtheile der Besoldung in Teutschland** ²).

Viele Besoldungen bestehen jetzt in bestimmten **Geld-
summen**, welche von den Beamten jährlich, viertel-
jährig oder monatlich aus gewissen dazu angewiesenen
Cassen (**Fonds**) gegen Quittung gehoben, oder an sie
ausgezahlt werden. Ein großer Theil der Besoldungen
aber ist aus verschiedenartigen Einkünften zusammenge-
setzt, welche entweder zu einer immer gleichbleibenden
Summe (**Cammer-Taxe**) angeschlagen werden können, oder nach den Umständen bald höher, bald niedriger
ausfallen. Zur leichtern Uebersicht mag folgende Tabelle
dienen: Die Staatsbeamten genießen

I. **einen stehenden (fixirten, fixen) Gehalt**, und zwar

a) **in baarem Gelde.** Der Regel nach sollte
der Münzfuß in der Bestallung genau angegeben
werden, da sonst die Beamten bey verschlechterten
Münz-

1) v. Justi Staatswirthsch. Th. 1. §. 405.

2) Die von den Finanz- oder Cammer-Collegien zu
verfertigenden tabellarischen Uebersichten aller Besoldungen, welche ein Staat auszahlen muß, heißen
Besoldungs-Etats.

Münzsorten, wo alle Lebensbedürfnisse, nach Verhältniß des Münzfußes, steigen, der einmahl bestimmte Gehalt aber selten in gleichem Maaße erhöht zu werden pflegt, gar leicht zu kurz
kommen;

b) in Deputaten, (Emolumenten, Naturalien) an Getraide, Wein, Holz, Wild-
pret, Fourage u. s. w.;

c) Pfründen, Canonicaten u. s. w. die ihnen zu einem gewissen Preise angerechnet zu werden pflegen;

d) Dienstwohnungen oder Miethzins;

e) Nießbrauch gewisser Ländereyen, Gärten u.
s. w.;

f) Befreyungen von bürgerlichen Real- und Perso-
nal-Lasten, Accise, Licent u. s. w. *);

g) Schreibmaterialien entweder in Natur, oder Ersatz an Gelde;

h) nur selten werden ihnen auch gewisse Antheile
(Procente, tantiemes) von manchen Regalien
und andern Staatsaufkünften an Besoldungsstatt
angewiesen; -

i) manchen Beamten, welche große Geldhebungen
in kleinen Posten haben, wo sie sich leicht beym
Zäh-

*) Diese Befreyungen sind entweder unbestimmt, oder
auf eine gewisse Summe festgesetzt, welche am Ende
des Jahres den Beamten aus den Licent-Registern
vergütet oder in ihren Büchern gestrichen wird.

Zählen, oder bey Umwechselung der kleinern Münzsorten Schaden thun können, werden gewisse Zähl-
gelder bewilligt;

2. ungewisse Einnahmen für einzelne Dienstleistungen (Accidentien), diese sind entweder unbestimmt, mit Rücksicht auf den Geber, indem es
von ihm abhängt, wieviel er geben will, oder in Ansehung der Umstände, ob viel oder wenig Fälle vorkommen, welche Accidentien tragen;

a) Diäten (Taggelder), bey Verschickungen
und Cominissionen, werden bald vom Staate, bald
von einzelnen Unterthanen bezahlt, welche die Reisen und außerordentlichen Bemühungen der Beamten veranlassen.

b) Ergötzlichkeiten (gratifications), welche den
Rechnungsbeamten bey Erhöhung der Einkünfte
oder Erspahrnissen in den Ausgaben zugesichert
werden;

c) erlaubte Douceurs und Geschenke von den Bürgern und andern, bey gewissen Gelegenheiten;

d) eigentliche Gerichts- und Canzley-Sporteln, auch
Antheile an vorfallenden Strafgeldern [1]) (S. 59.).

e) bey den Kirchenbeamten besonders die Stolgebühren und andre ungewisse Einnahmen von den
Eingepfarrten;

f) ab

---

1) A h a s u. F r i t s c h de iure accidentalium in deff.
opusc. T. 1. P. 3. num. 24.

f) allerhand kleine Neben-Einkünfte, vorzüglich im Jagd-, Forst-, Post-, Bau-Fache.

Der Regel nach werden die Besoldungen nicht vorausbezahlt, sie sind aber privilegirt und können von den Gläubigern nicht leicht mit Arrest belegt (verkümmert) werden, wenigstens nicht ohne Bewilligung des Regenten, und selbst dann muß der Beamte doch so viel behalten, daß er ohne Schande dienen kann [1]). In manchen Ländern leiden die Besoldungen der Diener bestimmte Abzüge für Wittwen-Cassen, zur Unterhaltung von Polizey-Anstalten, desgleichen können bey außerordentlichen Staatsbedürfnissen die sogenannten Besoldungssteuern davon gefordert werden (§. 72.).

§. 84.

d) Befugniß des Staats, die Besoldungen zu verändern.

Mit jedem neuen Beamten schließt der Staat einen neuen Anstellungsvertrag. Es hat also kein Nachfolger im Amte auf die Besoldung seines Vorgängers einen rechtlichen Anspruch. Aber auch die schon im Dienste stehenden Beamten müssen sich Veränderungen ihrer Besoldungstheile gefallen lassen, wenn solche der Regent, der stets auch in dieser Hinsicht für das Wohl des Staats wachen muß, demselben aus gegründeten Ursachen für schädlich hält.

Die

---

[1]) Struben rechtliche Bedenken. Th. 1. Num. 7. Allg. Gerichts-Ordn. für die preuß. Staaten. 1ster Th. 29ster Tit. §. 22-25.

Die Besoldungen eines Amts können verändert werden

1. durch Verminderung überhaupt. Diese kann der Regel nach nur bey neu anzustellenden Beamten eintreten, inzwischen ist sie auch bey schon angestellten Dienern erlaubt, wenn etwa der zuerst festgesetzte höhere Gehalt durch unerlaubte Mittel erschlichen, oder zu unverhältnißmäßig groß gegen die zu leistenden Dienste, oder dem Wohle des Staats, bey veränderten Umständen, nachtheilig seyn sollte, welches aber, wenn der Beamte nicht in Güte einwilligen wollte, erst durch unpartheyische Gerichtshöfe ausgemacht werden müßte.

Uebrigens pflegen gewöhnlich die einmahl einem Amte zugelegten Besoldungen auch den neu antretenten Beamten gelassen und nur aus triftigen Gründen erhöht oder vermindert zu werden;

a) es können Umstände eintreten, die einen besonders geschickten und thätigen Mann zu einem gewissen Amte erfodern, den man auch reichlicher als seine Vorgänger oder Nachfolger besolden muß; oder

b) man belohnt die ausgezeichneten Verdienste eines Beamten durch Zulagen; es kann also der neu anzustellende Beamte, wenn er nicht die Fähigkeiten oder Verdienste seiner Vorgänger besitzt, keinen Anspruch auf deren vollen Gehalt machen;

c) es kann rathsam seyn, die bisher vereinten Geschäftszweige eines Amtes zu trennen und unter mehrere Beamte zu vertheilen, welchenfalls auch die Beſoldungen getheilt werden müſſen. Nur darf eine ſolche Trennung nicht etwa blos geſchehen, um mehrere Candidaten zu verſorgen (unterzubringen).

2. durch Veränderung der Beſoldungstheile, beſonders der Accidenzien [1]). Die meiſten derſelben haben zwar viel Empfehlendes für ſich aber auch auf der andern Seite überwiegende Nachtheile;

  a) für das Wohl der Unterthanen. Dahin gehören

    aa) zu viele Dienſt-Ländereyen, welche leicht zu Verſäumung der Amtsgeſchäfte Anlaß geben können, z. B. bey Geiſtlichen und Beamten auf dem Lande [2]);

    bb) der ſogenannte kleine Zehent;

    cc) beſtimmte Procente von Erhöhungen der Regiſter-Einkünfte (plus) oder Verminderung der Ausgaben (minus), wodurch häufige Bedrückungen veranlaßt werden;

                        b) für

---

1) v. Juſti Staatswirthſchaft. Th. 2. §. 168. Rüdiger allgem. Staatslehre. §. 220. Seuffert a. a. O. §. 40-48. v. Eggers Archiv für Staatswiſſ. und Geſetzgeb. 1ſter Bd. unt. d. W. Accidenzien. Berglus Polizey- und Cameral-Magazin. 8ter Bd. (Frkf. 1774. 4.) unt. d. W. Sportuln.

2) Man vergleiche jedoch damit den Aufſatz im Reichs-Anz. (v. J. 1797. Num. 121.), Soll man die Natural-Beſoldungen abſchaffen?

b) für den Staat und die treue Verwaltung der Einkünfte;

aa) oft können die Accidenzien, mit Schmälerung der Staats-Einkünfte, durch allerhand Mißbräuche übertrieben und unverhältnißmäßig groß werden, ohne daß der Staat nachrechnen kann. Dies ist besonders der Fall bey Forstbedienten;

bb) oft werden durch Sportelsucht die besten Absichten vereitelt, z. B. die Abkürzung der Processe, die Beförderung der Vergleiche (§. 59.);

cc) die Moralität der Beamten geräth in zu starke Versuchung; niemand will mehr etwas ohne besondern Vortheil leisten;

dd) die Collegien-Chefs weisen oft ihren Günstlingen die an Accidenzien, Diäten u. s. w. einträglichsten Verrichtungen an, wodurch Unzufriedenheit, Mißgunst bey den übrigen Mitgliedern des Collegiums erregt wird;

c) viele dergleichen Besoldungsstücke stehen im Widerspruche mit der Würde des Amts, mit dem nöthigen Zutrauen der Untergebnen. Dahin gehören die Antheile des Richters an den von ihm verfügten Geldstrafen, die Neujahrsgeschenke, die mehrsten Stolgebühren und Accidenzien der Geistlichen und Schulbedienten;

d) selbst den Beamten können dergleichen ungewisse Einnahmen nicht angenehm seyn; da viele vom Zufalle, von der guten oder widrigen Stimmung der Untergebnen abhängen, und keinen festen Etat in der Oeconomie zulassen.

Q 2 Alle

Alle diese sogenannten Besoldungsstücke rührten theils aus Zeiten her, wo man noch keine richtigen Begriffe von gehöriger Einrichtung der Staatsverwaltung hatte, theils sind sie durch Mißbräuche nach und nach vermehrt und erhöht worden. Der Regent ist also nicht nur berechtigt, sondern auch verpflichtet, die Besoldungen in dieser Hinsicht abzuändern und auf unschädlichere Grundsätze zurück zu führen, indem er entweder den schon angestellten Beamten zweckmäßige Entschädigung anweist, oder bey neuen Anstellungsverträgen die nöthigen Verfügungen deshalb trifft.

§. 85.

bb) Pension.

Sehr selten sind die heutzutage gewöhnlichen Besoldungen so beschaffen, daß der Beamte, auch bey der sorgfältigsten Haushaltung, so viel überspahren kann, um sich ein hinlängliches Auskommen auf sein Alter zurück zu legen. Allein Gerechtigkeit und Klugheit machen es dem Staate zur Pflicht, treue und redliche Diener, die ihm ihre kraftvollen Jahre gewidmet haben, nicht zu verstoßen, sondern ihnen ein sorgenfreyes und ehrenvolles Auskommen im Alter zu verschaffen. Diese Zuversicht wird nicht nur die Beamten zu mehrerer Thätigkeit und Freudigkeit in ihrem Dienste ermuntern, sondern auch die Reitze zur Treulosigkeit, zu Bedrückungen u. s. w. beträchtlich vermindern. Pensionen, oder ehrenvolle Versorgungen sind also ein gewöhnliches Neben-Recht der Staatsbeamten, wenn sie entweder durch hohes Alter, oder durch eine im Dienste des Staats erhaltne

haltne Verletzung, zu den Amtsgeschäften untüchtig geworden sind [1]).

Die gewöhnlichsten Arten der Pensionen sind:

1. daß man dergleichen Beamte mit Beybehaltung ihrer bisherigen Besoldung, vielleicht mit Ertheilung eines höhern Charakters, ganz zur Ruhe setzt (jubilirt);

2. daß man ihnen eine andre, mit wenigeren Arbeiten verbundne Stelle giebt, oder sie auch bey dem Collegium läßt, wo sie bisher standen, und nur von den gewöhnlichen Arbeiten entbindet;

3. daß man ihnen einen jüngern Gehülfen (Substituten, Adjunct) mit oder ohne Anwartschaft auf das Amt, (cum l. sine spe succedendi) an die Seite setzt und ihm einen Theil ihrer Besoldung zulegt, oder ihn besonders besoldet.

Auf der andern Seite ist es aber auch Pflicht des Regenten, dahin zu sehen, daß die Staats-Cassen nicht mit unnöthigen Pensionen belästigt werden, und es können daher nur verdiente, redliche, vieljährige und wirklich kraftlose Beamte darauf Anspruch machen.

§. 86.

b) zufällige Neben-Rechte (§. 80.)

Hieher gehören

A. Ansprüche des Beamten auf Ersatz desjenigen außerordentlichen Schadens, welchen er, ohne sein

Q 3   Ver-

[1] de Wolff. Ius Nat. Pars. 8. §. 919.
v. Justi a. a. O. Th. 2. §. 498.
Seuffert §. 92.

Verschulden, und nicht durch einen bloßen Zufall, in der Qualität als Staatsbeamter, erlitten hat. Z. B. wenn ihn der Feind, weil er Staatsbeamter ist, als Geißel fortführt; wenn einem Richter durch den von ihm bestraften Verbrecher, aus Rache, das Haus abgebrannt wird, und von diesem keine Schadloshaltung zu erwarten stehet [1];

B. Belohnungen für ausgezeichnete Verdienste.

Jeder Bürger ist zwar verbunden, das Beste des Staats nach seinen Kräften befördern zu helfen; aber dagegen hat auch der Staat die Verpflichtung, die Bürger für die geleisteten besondern Dienste zu entschädigen (besolden), die Verdienste zu belohnen [2]. Ein Staatsbeamter, der seine Schuldigkeit thut, das ist, die übernommenen Pflichten, ohne Nachlässigkeit oder Untreue, gehörig erfüllt, kann blos auf die ihm zugesicherte Entschädigung oder Besoldung Anspruch machen; Belohnungen aber, setzen immer Verdienste voraus, welche wieder in ordentliche und außerordentliche eingetheilt werden können. Jene bestehen in auszeichnender Geschicklichkeit, in vorzüglichem Eifer, in unbestechlicher Treue und langjährigem Fleiße bey Verwaltung des anvertrauten Amtes, zur besondern Zufriedenheit der Obern und zur Beförderung des gemeinen Besten. Außerordentliche Ver-

[1] von der Becke. a. a. O. S. 110.
[2] Antimachiavell. Cap. 22.
Thom. Abbt vom Verdienste, in dess. vermischten Schriften. (Berl. 1771-81.) Th. 1.

Verdienste werden erworben bald durch uneigennützige, mit Entschlossenheit angefangne, mit Klugheit und Glück ausgeführte Unternehmungen, welche dem Staate oder einem beträchtlichen Theile seiner Bürger zu besonderm Vortheile gereichen; bald durch muthvolle, mit vieler eignen Aufopferung verbundne, oder ungewöhnliche Kenntnisse, Talente und Anstrengung voraussetzende Rettung des Staats oder seiner Bürger aus drohenden Gefahren; bald durch freywillig bewirkte, oder übernommne Aufklärung dunkler und verworrner, aber für das Staatsinteresse äußerst wichtiger und nützlicher Gegenstände, welche mühsame Nachforschungen erfodert; bald durch stetes Beharren an der Treue gegen den Staat in sehr wichtigen Geschäften und Zeitpuncten, selbst bey den stärksten Reitzen zur Treulosigkeit, und unter Verachtung persönlicher Gefahren und Leiden u. dgl.

Die Belohnungen sind eigentlich von Gnadenbezeigungen, welche nicht sowohl nach Verdiensten, als nach den Neigungen des Regenten abgemessen werden, unterschieden. Sie betreffen

1. den verdienten Staatsbeamten selbst, und sind

   a) ordentliche, womit gewöhnliche Verdienste erwiedert werden. Dahin gehören

      aa) höhere Beförderungen nach dem Dienstalter;

      bb) Zulagen am Gehalte, oder außerordentliche Douceurs;

cc)

cc) vermehrtes Zutrauen und ausgezeichnete Achtung des Regenten, der Mitbeamten und Bürger;

dd) Beylegung solcher Würden, Ehrenzeichen und Vorzüge, welche andre treue und verdiente Beamte von gleichem Range zu genießen haben [1]).

b) außerordentliche, welche nur vorzüglichen und allgemein anerkannten Verdiensten ertheilt werden. Das beste Kennzeichen, daß dergleichen Belohnungen gerecht und weise seyen, ist, wenn sich niemand darüber verwundert, wenn sie keinem unerwartet kommen. Diese können bestehen

aa) in schnellen Beförderungen, die der Beamte nach seinem Dienstalter noch lange nicht hätte erwarten können;

bb) in großen und wichtigen Geschenken an Kleinoden, Geld oder Grundstücken;

cc) in monarchischen Staaten ist die Ehre ein unerschöpflicher Quell von Belohnungen [2]).

Oeffent-

---

[1]) Es ist immer eine Ungerechtigkeit gegen verdiente Beamte, wenn sie bey Beförderungen oder Austheilung von Ehrenbezeigungen übergangen und ihnen Jüngere, ohne außerordentliche Verdienste, vorgezogen werden, da sie gar leicht in den Verdacht kommen können, daß solches zur Strafe, oder wegen Mangels an Verdiensten geschehe (§. 79.).

[2]) Mich. Montaigne Gedanken und Meinungen. übers. von Bode. 2ter Bd. (Berlin 1793.) 2tes Buch. 7tes Capit.

Mon-

Oeffentliche Belobungsschreiben, Orden, Stan-
des-Erhöhungen, Denkmähler und andre ehrenvolle Auszeichnungen, sind gewöhnlich die
passendsten Belohnungen großer Verdienste,
wenn der Regent damit Haus zu halten versteht [1]).

2. dessen Familie. Der Regel nach hört mit
dem Tode des Beamten die Verbindlichkeit des Staats
zu

Montesquieù Esprit des Loix. L. 3. Ch. 6. ff.
Struben Rechtl. Bed. Th. 1. Bd. 115. §. 2.

1) Ueberhaupt kommen bey Auswahlen der Belohnungen folgende Puncte in Betrachtung:
  1. der Zustand und die Bedürfnisse des Staats, in
  wiefern dieselben ansehnliche Belohnungen in
  Gelde gestatten;
  2. die Größe des Verdienstes und des dem Staate
  daraus erwachsenen Vortheils;
  3. die eigne Würde des Regenten
  4. der Stand dessen, welcher die Belohnung verdient hat.
  5. Die Art und Weise mit welcher eine Belohnung
  ertheilt wird.
  Ein sicheres Kennzeichen von dem Verfalle eines
monarchischen und republikanischen Staates sind große
Geldbelohnungen.
Montesquieu a. a. O. L. 5. Ch. 18.
  Wie sehr besonders Friedrich der Große die
Kunst verstand, die Belohnungen nach obigen Umständen auszuwählen, und ihren Werth durch die
Art ihrer Ertheilung zu vervielfachen, lehrt die Geschichte.
v. Justi Grundr. ein. guten Reg. §. 288-293.

zu Entschädigungen auf, und die Versorgung der
Witwe und Kinder kann letzterm um so weniger zur
Last fallen, als der Tod des Hausvaters in jedem
Stande nachtheilige Veränderungen für die Familien
nach sich zieht. In wohlgeordneten Staaten hat
man daher Witwen-Cassen errichtet, wozu alle Staatsdiener der Regel nach von ihrem Gehalte etwas stehen lassen müssen, und woraus ihre Witwen eine
anständige Unterstützung zu hoffen haben. Auch gestattet man in einigen Ländern den Witwen und Kindern noch ein Gnadenjahr, Gnaden-Quar-
tal der Besoldung; in vielen protestantischen Staaten ist für die Witwen der Landgeistlichen durch Wit-
wenhäuser und kleine Pensionen an Naturalien u. s.
w. gesorgt. Aber den Kindern der Beamten, blos
um der Väter willen, Stipendien, Canonicate, Klo-
sterstellen, Bedienungen oder Anwartschaften darauf
zu ertheilen, ist höchst schädlich, und dürfte nur bey
Belohnungen außerordentlicher Verdienste, oder als
möglichst seltne Ausnahme von der Regel zu billigen
seyn [1]).

1) Seuffert a. a. O. §. 69.

Drittes Hauptstück.

Von der Wahl und Anstellung der Staatsbeamten.

§. 87.

1. allgemeine Regeln.

1. Der Regent hat die Befugniß, die Kräfte der Bürger, so weit solche zur Erreichung der Absicht des Staats nöthig sind, aufzubieten; ihm steht also auch das Recht zu, sich seine Gehülfen und Werkzeuge zu wählen.

2. Jedes Staatsamt erfodert besondre durch zweckmäßige Vorbereitung und Uebung erlangte Kenntnisse, Geistesfähigkeiten und Eigenschaften (§. 68. 73.); es können daher nur solche Bürger dazu berufen werden, von welchen der Regent überzeugt ist, daß sie dieselben in vorzüglichem Maaße besitzen, und es giebt keine andre gültige Ursach zur Anstellung eines Beamten, als weil er die nöthigen Fähigkeiten, nach der Ueberzeugung des Regenten, im höchsten Grade unter allen Competenten besitzt.

3. Ursprünglich haben alle Bürger eines Staats gleiche Rechte und Pflichten, mithin kann jeder, den der Regent zu einem Amte für tauglich hält, ohne alle Nebenrücksichten, dazu berufen werden.

4. Findet sich unter den Bürgern kein taugliches Subject, dann erst darf der Regent Ausländer berufen,

fen, die aber vor ihrer Anstellung Bürger werden
müssen (§. 71.) ¹).

5. Da der Regent eines nur etwas großen Staats die
Fähigkeiten der Bürger nicht alle genau kennen kann;
so steht es denen, welche überzeugt sind, daß sie die
zu einem Amte nöthigen Erfordernisse besitzen, frey,
sich auf die gehörige Weise dazu anzubieten;
auf der andern Seite aber ist es auch die Pflicht
dessen, der sich einem ihm angetragnen Amte nicht
gewachsen fühlt, dasselbe zu verbitten ²).

6. Da es sehr leicht möglich ist, daß einer in Beurtheilung seiner eignen Fähigkeiten sich selbst und den
Staat täuschen kann; so müssen sich die Candidaten
zu Staatsämtern zweckmäßigen Prüfungen unterwerfen.   Da endlich

7. ungeachtet der zweckmäßigsten Prüfung noch manche
Zweifel und Dunkelheiten übrig bleiben, auch die
obern Beamten eine practische Kentniß des mechanischen Dienstes nöthig haben, und es gegen diejenigen,
welche bisher die untern Stellen zur Zufriedenheit der
Obern bekleideten, eine unbillige Zurücksetzung seyn
würde, wenn man ihnen ganz neue Männer ohne
Ur-

---

1) Teutsche Monatsschr. Novemb. 1795. Num. 5.
Ueber Vorzug der Ausländer und Bedienten, bey
Vergebung der Dienststellen.

2) Nichts ist der Ruhe und Glückseligkeit des Menschen gefährlicher, als eine öffentliche Würde, der
er nicht gewachsen ist.
Massow Anl. zum prakt. Dienst. §. 212.

Ursach vorziehen wollte; so ist das Dienen von
unten auf, und die stufenweise Beförderung zu wichtigeren Posten anzurathen, wenn nicht
besondre Gründe Ausnahmen von der Regel nöthig
machen.

§. 88.

2. Nähere Bestimmungen.

a) des Wahlrechts, und der Wählungsarten.

Der im vorigen Paragraphen aufgestellten Regel zufolge kömmt die Besetzung der Aemter der höchsten Staatsgewalt zu, kann aber, nach Verschiedenheit der Regierungsformen und der Grundgesetze, auf mannichfaltige
Weise bestimmt seyn. In Monarchieen hängt die Besetzung aller Staatsämter vom Regenten ab [1], welcher aber gewöhnlich blos die höhern Beamten selbst er-
nennt, in Ansehung der mittlern Beamten-Classen aber,
den Landes-Collegien die Wahl zu überlassen und sich
nur die Bestätigung derselben vorzubehalten pflegt; die
Annahme und Anstellung der Unterbedienten ist meist
gänzlich den Collegien anvertraut. Ueberdies haben in
Teutschland die Reichsstände, in Rücksicht der Cammergerichtsbeysitzer, und der Reichskriegs- und Kreis-Aem-
ter; die Landstände der mehrsten besondern teutschen
Staaten, in Betreff der Hofgerichtsbeysitzer und der bey
den

[1] Nach den römischen Gesetzen wurde es für ein schwe-
res Verbrechen gehalten, an der Würdigkeit eines
vom Regenten angestellten Beamten zu zweifeln.
L. 5. C. de diuers. rescript. L. 3. C. de Crim. Sa-
crileg.

den Schatz-Collegien und Ausschüssen anzustellenden Beamten; die mittelbaren Städte, in Ansehung ihrer Magistrate, die Patrimonialgerichtsherrn in Ansehung ihrer Gerichtshalter, die Kirchen-Patronen in Ansehung der Prediger, Küster und Schuldiener-Stellen, bald ein freyeres, bald ein eingeschränkteres Wahlrecht. In Aristokratieen beruht das Wahlrecht bey dem erblichen Adel (den Geschlechtern, Patriciern); in Demokratieen beym Volke, welches dasselbe entweder unmittelbar oder durch seine Stellvertreter (Repräsentauten) ausübt. Alles dieses leidet in gemischten Regierungsformen wieder viele Modificationen, welche durch die Staatsgrundgesetze oder das Herkommen näher bestimmt werden, Hierauf beruhen nun auch die in jedem besondern Falle zulässigen Arten der Beamtenwahlen. Die gewöhnlichsten sind:

1. die Ernennung (Collatio) wo entweder einer allein ein Amt zu vergeben hat, oder, wenn mehrere Wahl-Berechtigte (collatores) da sind, dieses Recht bey jedem Falle abwechselt;

2. die Wahl im eigentlichen Verstande (Electio), wenn der Beamte durch die Stimmen-Mehrheit ernannt wird. Diese kann wieder in die äußere und engere Wahl unterschieden werden, dadurch jene aus sämtlichen Mitbewerbern um eine Stelle mehrere bestimmt werden, aus denen nachher in dieser der Beamte zu wählen ist. Ferner können die Wahlen verschieden seyn, je nachdem entweder sämtliche Wahl-Berechtigte stimmen, oder

aus

aus ihnen eine gehörige Zahl durch Stimmen-
Mehrheit oder durchs Loos zum Wählen berechtigt
wird; je nachdem die Wahlstimmen öffentlich, oder
auf geschriebnen Zetteln, oder durchs Ballotiren
abgegeben oder auch die Beamten selbst durch das
Loos gewählt werden [1]);

3. das Vorschlagungs-Recht (ius praesentan-
di), wenn eine bestimmte Anzahl von Candidaten
vorgeschlagen wird, woraus ein andrer Wahl-
berechtigter einen ernenn.; oder wenn die Annahme eines Vorgeschlagnen noch von der anzustellenden Prüfung desselben abhängt;

4. ein eingeschränktes Ernennungs-Recht,
wie das Recht der Erbgerichtsherrn und Kirchen-
patronen in Teutschland zu seyn pflegt, da der
von ihnen ernannte Beamte noch von dem Landes-
fürsten oder den höhern Collegien bestätigt werden
muß [2]).

§. 89.

[1] Dergleichen sehr künstlich zusammengesetzte Wahlar-
ten findet man in Venedig und in Frankfurth
am M.
Joh. Christoph Maier Beschreib. von Venedig.
(Leipz. 1795.) 2ter Th. S. 17. ff.
Fr. C. v. Moser von dem Gebrauche des Looses
in Staatssachen. in Schott jurist. Wochenbl. 3ter
Jahrg. Num. 34. S. 632. 639.
Ueber die für aristokratische oder demokratische Re-
gierungsverfassungen schicklichsten Arten der Wählen
f. m. Montesquieu L. 2. Ch. 2. u. 3.

[2] Kress de iure officior. et official. C. 3. §. 1.

§. 89.

b) der Wahlfähigkeit.

Die Wahlfähigkeit zu Staatsämtern beſteht in dem Beſitze derjenigen Eigenſchaften, welche bey dem zu Wählenden erfodert werden. Sie iſt zwiefach:

1. die äußere, zufällige Wahlfähigkeit richtet ſich nach den Grundgeſetzen und dem Herkommen, wodurch in mehrern Staaten und bey manchen Aemtern, gewiſſe äußere Eigenſchaften der Wahl-Candidaten, zur Bedingung gemacht werden. Dahin gehören,

a) daß der zu Wählende, ein Eingebohrner (indigena), mit Grundſtücken angeſeſſen ſey, oder eine beſtimmte Summe in Vermögen beſitze und verſteure;

b) daß er ein gewiſſes Alter erreicht habe;

c) nicht zu nahe mit ſeinen künftigen Collegen verwandt ſey;

d) zu einem wahlfähigen Geſchlechte oder Stande gehöre,

e) graduirt ſey, oder eine beſtimmte Zeit auf den Landes- oder überhaupt auf Akademien ſtudirt habe;

f) ſich zur Landes-Religion bekenne, und zur Ableiſtung des Religionseides willig bezeige;

g) ſchon andre Staatsämter mit Beyfall verwaltet habe [1]).

2. die

---

[1]) Man ſehe z. B. die neueſte Kaiſerl. Wahl-Capitul. Artik. 24. §. 1. 2.

2. die innere oder wesentliche Wahlfähigkeit, welche diejenigen Eigenschaften unter sich begreift, die unmittelbare Beziehung auf die zweckmäßige Verwaltung des zu besetzenden Staatsamtes haben. Dahin ist zu rechnen:

a) ein unbescholtner, den Gesetzen der Sittlichkeit und des Staats gemäßer Lebenswandel und ächt moralische Gesinnungen;

b) ein hinlänglicher Grad derjenigen Geistesfähigkeiten und theoretischen Kenntnisse, welche bey dem zu übernehmenden Amte vorzüglich in Anwendung kommen müssen;

c) zureichende praktische Fertigkeit in den mit dem Amte verbundnen Geschäften;

d) Anhänglichkeit und Treue gegen Regenten und Staat, nebst entschiedner Neigung zu den künftig zu betreibenden Arbeiten;

e) die dazu nöthige körperliche Gesundheit.

Kurz, der ganze Inbegriff solcher geistigen und körperlichen Eigenschaften, welche (so weit Menschen in das Innere Andrer, oder in die Zukunft sehen können) eine große Wahrscheinlichkeit gewähren, daß der zu wählende Beamte die ihm anzuvertrauende Staatsbedienung völlig ausfüllen könne und wolle.

Auf beyde Arten von Wahlfähigkeit muß bey Anstellung der Beamten Rücksicht genommen werden. Nur pflegt man in den sogenannten Freystaaten der Regel nach mehr auf das Daseyn der erstern, in Monarchieen aber

Canzleyst. Th. 2.   R

aber vorzüglich auf den höhern oder niedrigern Grad
der letztern zu sehen und darnach die mehrere oder
mindere Würdigkeit der Amtsbewerber abzumessen ²).

Die zufällige Wahlfähigkeit kann, nach Beschaffenheit der Grundgesetze und Aemter, verschiedene Abänderungen und Bestimmungen haben; die wesentliche
ist in jedem Staate und für jedes Amt dieselbe.

Jene kann zur Gewißheit gebracht werden, bey
dieser muß man sich größtentheils mit Wahrscheinlich-
keiten begnügen ²).

§. 90.

c) der Prüfung der Wahlfähigkeit.

Die Wahlfähigkeit der ersten Art kann durch
mündliche und schriftliche Zeugnisse erwiesen werden;
bey der letzten sind dieselben auch nicht ganz auszuschließen, und erregen allemahl ein gutes Vorurtheil für
den Dienstsuchenden, zumahl, wenn sie von unpartheyischen und sachkundigen Männern herrühren; aber leider
kann

---

a) v. Justi Grundr. ein. guten Reg. §. 286.

2) Wer ein Mittel ausfündig machen könnte (sagt der
ehrliche Montaigne Th. 3.B. 3.Cap. 8.) die Menschen richtig zu beurtheilen und eine vernünftige Wahl
unter ihnen zu treffen, der würde durch diese einzige
Erfindung das Problem einer vollkommnen Regierung auflösen. Diese wohlthätige Erfindung dürfte
aber, troß Lavaters Physiognomick, wohl schwerlich in diesem Erdenleben zu erwarten stehen.

kann man sich selten allein darauf verlassen ¹). In Ansehung des sittlichen Charakters und des Lebenswandels sind zwar Zeugnisse und allgemein guter Ruf die einzigen Beweismittel, allein zur Untersuchung der theoretischen und praktischen Fähigkeiten und Kenntnisse sind in den mehrsten wohlgeordneten Staaten besondre Prüfungen (Examina) eingeführt, wo der anzustellende Beamte theils mündliche, theils schriftliche Beweise seiner Geschicklichkeit ablegen muß. Doch dürfen diese Prüfungen nicht, wie oft der Fall zu seyn pflegt, in bloße Förmlichkeiten und Spiegelfechtereyen ausarten, sondern müssen zweckmäßig, d. i. den jedesmahligen Bedürfnissen des zu verleihenden Amtes angemessen seyn. Gewöhnlich begnügt man sich bey einer einmahligen Prüfung, und verläßt sich beym Fortrücken in höhere Stellen auf das Zeugniß des Collegiums, in welchem der Beamte bisher gearbeitet, oder des Obern, unter dessen unmittelbaren Aufsicht er gestanden hat; in manchen Staaten aber sind wiederholte Prüfungen, bey jeder Beförderung zu einer höhern Stufe, bis zu den Mittelbeamten-Stellen, durch die Landesgesetze vorgeschrieben. Bey geistlichen Beamten dienen die hin und wieder eingeführten Synoden, Censuren, das abwechselnde Predigen der Landgeistlichen in der Hauptstadt, die schriftlichen von den Superintendenten zu beurtheilenden Ausarbeitungen der Prediger, statt der wiederholten Prüfungen. Der Regel nach sind die höhern Landes-Collegien (Consistorien,

Re-

---

¹) Besonders verdient hierüber verglichen zu werden Seuffert a. a. O. §. 30.

R 2

Regierungen, Justiz-Canzleyen, Cämmern) zu den Prüfungen der Candidaten und angehenden Beamten angewiesen, welche wieder einige Räthe bey vorkommenden
Fällen zu Examinatoren zu ernennen, oder auch wohl
nach Befinden andern Landesbeamten dazu Auftrag zu
ertheilen pflegen, wenn nicht dazu schon besondre Commissionen niedergesetzt sind [1]).

Das mündliche Examen ist eigentlich zur Prüfung der Geistesfähigkeiten und theoretischen Kenntnisse
der Candidaten bestimmt, und besteht gewöhnlich

1. in einer vorläufigen Privat-Unterredung
des Examinatoris mit dem Examinando. (Ten-
tamen, Colloquium), dieß ist vorzüglich bey Con-
sistorialprüfungen und auf einigen Universitäten, bey
Magister- und Doctor-Promotionen, üblich;

2. im förmlichen Examen (Examen rigoro-
sum), welches entweder im vollen Collegium, oder
von einigen dazu deputirten Räthen, unter Vorsitz
des Präsidenten geschieht. Dieses kann wieder seyn,

a) ein öffentliches, bey offenen Thüren, wo
keinem, der zuzuhören verlangt, der Zutritt ver-
wehrt wird;

b) ein

---

[1]) Im Preußischen Staate werden die zu Land-
und Steuer-Räthen bestimmten Subjecte bey der
Ober-Examinations-Commission des Ge-
neral-Directoriums, die zu Rathsstellen in
einem Landesjustiz-Collegium zu befördernden aber,
bey der Immediat-Examinations-Com-
mission des geheimen Ober-Tribunals
geprüft. Handbuch über den Königl. Preußischen
Hof und Staat. (Berlin 1794. 8.) S. 65. und 149.

b) ein besondres, wo kein Fremder ohne Erlaubniß des das Examen veranstaltenden Collegiums
zugelassen wird.

Ueber den Ausfall des Examens werden von den
Examinatoren selbst, oder von einem Secretär, zweckmäßige und vollständige Protocolle geführt, aus welchen nachher die Examinatoren entweder dem Collegium referiren,
oder einen förmlichen Bericht an die obern Behörden ab-
fassen, und die darüber verhandelten Acten gehörigen Orts
in der Registratur niederlegen.

Die schriftlichen Prüfungen können bestehen
in Proberelationen, aus besonders hiezu ausgesuchten Acten (Relationes Solennes), Erklärungen schwerer Ge-
setzstellen, und andern auf das zu ertheilende Amt Bezug habenden schriftlichen Ausarbeitungen ¹), welche
der Examinandus entweder unter der Aufsicht des
Examinatoris allein aufsetzen, oder, daß er dazu
keinen fremden Beystand außer den nöthigen Büchern
gebraucht habe, eidlich erhärten muß.

Endlich lassen sich auch die Prüfungen in einfache
und Auswahl-Prüfungen eintheilen, je nachdem
nur ein Candidat der Gegenstand derselben ist, oder
unter mehrern Mitwerbern der würdigste ausgemittelt
werden soll ²).

§. 91.

1) Bey Prediger- und Schul-Aemtern gehören noch
hieher die Probepredigten, Probevorlesungen, Pro-
grammen u. dgl.

2) Vorzüglich verdient über diesen Gegenstand des würdigen Herrn Präsidenten von Massow lehrreiche

R 3   An-

§. 91.

d) der beſondern Pflichten des Regenten ¹).

Je unſicherer die Mittel ſind, die Eigenſchaften eines anzuſtellenden Staatsbeamten zu prüfen, je größer
die Wichtigkeit des zu beſetzenden Amtes iſt, je höher
die Liſt und Verſtellungskunſt der Menſchen ſteigen, je
mehr ſich die Schleichwege zu Aemtern und Ehrenſtellen
vervielfältigen, deſto größre Vorſicht, Klugheit, Menſchenkenntniß und Wachſamkeit hat ein Regent nöthig,
um ſich nicht in ſeiner Wahl täuſchen zu laſſen; je mehr
muß er ſeinen Blick zu ſchärfen ſuchen, um die Herzen
und Köpfe ſeiner Diener zu durchſchauen und ihren Werth
oder Unwerth richtig zu beurtheilen. Er darf nie ver-
geſſen, daß er bey Vergebung der Aemter im Namen des
Staats handle, daß das Wohl der Unterthanen, das
Glück und die Ehre ſeiner Regierung, ſeine eigne Ruhe
dabey auf dem Spiele ſtehe, daß die gute oder ſchlechte
Verwaltung, ſelbſt des geringſten Staatsamtes, Einfluß
auf das Ganze habe.

Hiernächſt muß er ſich auch der oft noch ſchwerern
Weisheit befleißigen, jeden ſo viel möglich die Stelle
anzuweiſen, wohin er nach ſeinen Fähigkeiten und ſeinem
Cha-

Anleitung zum practiſchen Dienſte, §. 210-226. ſowohl den Examinatoren als den Examinanden empfohlen zu werden.

1) Vortreffliche Regeln in dieſer Hinſicht finden ſich
in
F. C. v. Moſer Herr und Diener. (Frankf. 1761.)
S. 149. ff.

Charakter paßt. Es kann einer ein vortrefflicher Leib-
arzt, Beichtvater, Hof-Cavalier, General, Beamter,
Schriftsteller seyn, und in seinem Wirkungskreise sich
glänzende Verdienste erworben haben, der aber als Cabi-
netsrath, als Minister, als Geschäftsmann, gar nicht
auf seinem Platze stehen würde:

> "Tel brille au second rang, qui s'eclipse au
> premier."

Ein Regent hat ja so viele Mittel, die Verdienste
würdiger Staatsbeamten zu belohnen, ohne sie durch
übereilte Emporhebung in Gefahr zu setzen, den schon
erworbenen Beyfall wieder zu verlieren, und ein Mann,
der hinlängliche Selbstkenntniß besitzt, ohne von Ehrgeitze
geblendet zu seyn, wird sich selbst dergleichen Belohnungen verbitten, wenn er sich denselben nicht gewachsen
fühlt.

Anwartschaften auf Staatsdienste sollten nur
dann ertheilt werden, wenn der Regent gern einen wirklich brauchbaren und verdienten Mann, für den sich aber
nicht sogleich ein anständiger Platz findet, dem Staate
erhalten wollte. Außer diesem Falle sind alle Anwartschaften dem Staatsbesten nachtheilig und verwerflich [1]).

§. 92.

3. Abweichungen von der Regel.

a) Ursachen derselben.

Bey der, seit dem Anfange des sechszehnten Jahrhunderts, im Norden Europens, besonders in Teutschland,

ver-

1) von der Becke. S. 55. ff.

verbreiteten ſittlichen, wiſſenſchaftlichen und politiſchen
Cultur, bey der immer nöthiger werdenden Einführung
ſtehender Gerichte, und andrer mit Geldbeſoldungen verſehenen Collegien und Staatsämter (Th. 1. §. 35. 36.),
bey der immer höher ſteigenden Ausbildung der Staats-
verwaltungskunſt (§. 7. 8.), fühlten die Regenten das
Bedürfniß und den Mangel gehörig vorbereiteter Beamten und Geſchäftsmänner immer tiefer. Sie ſuchten
daher durch Vermehrung gelehrter Bildungs-Anſtalten,
demſelben abzuhelfen und die jungen Bürger zu Benutzung derſelben durch mancherley Ermunterungen und
Erleichterungen anzutreiben. Dieſes ſowohl, als die
Vorzüge, die Achtung, welche berühmte Gelehrte ſich
erwarben, der immer höher ſteigende Glanz der Höfe,
das ſcheinbar gemächliche Leben der Staatsdiener, die mit
den höhern Staatsämtern verbundne Ehre und Macht,
die Beyſpiele mancher aus den untern Volks-Claſſen
auf dieſem Wege zu Wohlhabenheit und Anſehen gelang-
ten Familien, die noch zur Zeit klöſterliche und blos auf
Gelehrſamkeit und ſpeculative Wiſſenſchaften berechnete
Erziehung der Jugend in den niedern Schulen und Gymna-
ſien, veranlaßten ein unverhältnißmäßiges Drängen und
Treiben in den gelehrten Stand, indeß der Zunftgeiſt,
die Beſchwerlichkeiten der Lehrjahre, der Stolz, womit
die höhern Stände auf den Nährſtand herabblickten —
die Kinder wohlhabender Eltern, die fähigen Köpfe, von
den Handwerken und dem Landbaue ſtets mehr entfernten.
Hiezu kommt noch, daß die ehemahls für nöthig ge-
haltne fünfjährige Vorbereitungszeit auf Univerſitäten nach und nach auf drey auch wohl dritthalb
Jahre zuſammenſchmolz, daß man ſelbſt auf Schulen
die

die gehörige Reise zur Universität selten mehr erwartete,
woburch sich das Heer der Candidaten zu Staatsämtern
um so schneller anhäufte.   Unter solchen Umständen
mußte es dem Regenten und Minister, selbst bey dem
besten Willen, schwer werden, das wahre Verdienst kennen zu lernen, um bey Besetzung der Staatsämter darauf Rücksicht zu nehmen, und der geschickteste, würdigste junge Bürger durfte sich nicht mehr damit begnügen,
den Ruf des Staats in stiller Bescheidenheit abzuwarten,
oder seine Bereitwilligkeit zur Uebernehmung eines seinen
Kräften angemeßnen Amtes gehörigen Orts anzuzeigen.
Connexionen aller Art,   Empfehlungen von Gönnern,
persönliche Bekanntschaften wurden nun zum weitern
Fortkommen immer nöthiger.   Statt daß sonst der
Staat die Uebernahme eines Amtes von den dazu fähigen Bürgern als eine Pflicht gefodert hatte, wurden
jetzt Regenten und Minister, bey jeder Erledigung einer
Bedienung, von zahllosen Bewerbern, von Bittschriften, von Empfehlungen bestürmt, ja man wartete oft
nicht einmahl den wirklichen Erledigungsfall ab, sondern
machte schon im voraus Speculationen und legte seine
Eroberungs-Plane darnach an.

§. 93.

b) Folgen.

Die natürliche Wirkung von diesem Allen war nun,
daß der oben entwickelte wahre Begriff von den
Staatsämtern und ihren Bestimmungen immer mehr ver-
schwand, dagegen zahllose Mißbräuche, sowohl von Seiten der Wahlberechtigten, als von Seiten der Bewerber

ein-

einschlichen und die öffentliche Meynung von den Diensten des Staats und ihrer Wichtigkeit gänzlich verderbt
wurde. Man fieng an, die Besoldungen als den Haupt-
beweggrund der Staatsdienste, diese selbst aber als Ver-
sorgungsmittel und die Verleihung öffentlicher
Aemter als bloße Gnaden-Spenden [1]), die Staatsbeamten hingegen als Miethlinge zu betrachten, die
den Phantaseen ihres Brodherrn schmeicheln, ihre
Denk- und Handlungs-Weise, nach dessen guten oder
schlimmen Grundsätzen und Absichten einrichten müßten,
ohne zu bedenken, daß sie auch Pflichten gegen
den Staat übernommen hätten. Die jungen Staatsbürger schränkten nun ihre Vorbereitung meistens blos
auf die Erlangung eines Staatsamts, auf die Be-
stehung der gesetzlichen Prüfung ein, und überließen
sich, wenn sie erst in Reihe und Glied standen, dem ge-
dankenlosesten Schlendriane, ohne weiter auf ihre Vervollkommnung zur Verwaltung des Amtes zu denken,
als ob das Amt blos um ihretwillen da
wäre.

Nicht selten mischten sich Günstlinge, grobe und
feine Bestechungen aller Art mit ein, und die Staatsämter wurden oft, nicht dem Würdigsten, Verdientesten,
sondern dem Meistbietenden, dem Bestempfohlnen, dem
Zudringlichsten u. s. w. ertheilt; ja man hat Beyspiele,
daß

---

[1]) Man vergleiche hieben, was Wieland im goldnen
Spiegel Th. 1. Cap. 8. (in dess. sämtlichen Werken
6ter Bd. S. 173. d. neuest. Ausg.) von diesem Mißbrauche sagt.

daß Beichtväter durch Gewissensscrupel ihre Clienten ins Amt brachten, daß Heucheley und Religionsänderung den Weg zu Ehrenstellen bahnten [1]). Die Besorgniß, seinen Söhnen den Weg zur Versorgung zu erschweren, verleitete schon manchen rechtschaffenen Beamten, bey Mißbräuchen Anderer zu schweigen und solche wohl gar unter der Hand zu begünstigen. Der bey manchen Collegien, welche das Präsentations=Recht zu gewissen Stellen hergebracht haben, immer mehr über Hand nehmende Nepotismus hat nicht nur den Schaden, daß oft unbrauchbare Subjecte mit eingeschoben werden, und der alte Schlendrian mit allen seinen Mängeln von einer Generation zur andern fortwuchert, sondern erregt auch nicht selten Partheyen und Feindschaften zum großen Nachtheile der Geschäfte [2]). Hin und wieder betrachtete man auch wohl gar die Staatsämter als Heyraths= güter und Witwengehalte, oder suchte wenigstens An= wartschaften in dieser Hinsicht zu erschleichen [3]). Die

uns

---

[1]) Besonders sind in manchen geistlichen Wahlstaaten die Beyspiele nicht selten, daß ein ehemaliger Caffi= rer, Justizrath; ein Bereuter, Cammerrath; ein Controleur, Archivar wird u. dgl.
S. Journ. von u. für Teutschland 1787. Bd. 1. S. 134.

[2]) v. Moser neues patriot. Archiv. Bd. 2. S. 317.

[3]) Henr. Link de impetratione officiorum per ma-
trimonium. Altorf. 1688.
M. sehe auch die vortreffliche Fürstlich Würzburgische Verordn. vom 19ten May 1789., welche diesem Miß=
brauche vorbeugen sollte.
Bey Seuffert a. a. O. S. 64. ff.

unglücklichen Folgen aller dieser Mißbräuche für den Staat liegen am Tage. Das wahre Verdienst, welches oft zu bescheiden, um sich vorzudrängen, oder zu stolz ist, um sich durch die Hinterpforten niedriger Kriecherey, durch Bestechungen, durch Heyrathen und andre dergleichen Nebenwege einzuschleichen, bleibt ungenutzt, indeß diejenigen, welche dereinst auf mächtige Gönner, auf das Ansehen ihrer Verwandten, auf Familienverbindungen rechnen können, sich selten die Mühe geben, die nöthige Geschicklichkeit zu erlangen.

§. 94.

4. Verschiedne Nebenbemerkungen.

a) Ansprüche des Erb-Adels auf Staatsämter.

Die bisher in ihren Ursachen und Folgen erörterte Abweichung von dem wahren Begriffe der Staatsämter, hat auch in neuern Zeiten oft zur Untersuchung der Frage Veranlassung gegeben: In wiefern der Erb-adel, besonders in Teutschland, vor dem Bürgerstande, zum ausschließlichen Besitze der wichtigern Staatsämter berechtigt sey? worüber wohl schwerlich so verschiedne Meynungen entstanden seyn dürften, wenn man bey ihrer Beantwortung immer den rechten Begriff eines Staatsamtes vor Augen gehabt hätte. Wir reden hier nicht von aristocratischen Staaten, wo der gesammte Erb-Adel (die Patrizier) — gewissermaaßen als das Oberhaupt des Staats betrachtet werden kann, von dem es abhängt, welche Geschäfte der Verwaltung der Bürger übertragen werden sollen, oder nicht (§. 66.); auch ist

hier

hier die Rede nicht von einzelnen Staatsämtern, die in eingeschränkten Monarchieen, vermöge der Grundgesetze, vom Erb=Adel besetzt werden. Unter diesen Voraussetzungen läßt sich obige Frage genauer dahin bestimmen: Hat der Erb=Adel in Teutschland überhaupt ein Vorrecht vor dem Bürgerstande zu den höhern Staatsämtern [1])? oder ist es blos rathsam und vortheilhaft, dieselben ausschließlich mit Adelichen zu besetzen [2])? oder endlich, ist unter Voraussetzung gleicher Fähigkeiten und Verdienste, der Adeliche dem Bürgerlichen vorzuziehen [3])? daß Adeliche Schriftsteller die erste Frage bejahen, ist kein Wunder, da schon der Sohn des bürgerlichen Beamten durch seine Geburt ein näheres Recht auf Beförderung

zu

[1]) Einige räumen dem Erbadel geradezu ein ausschließliches Eigenthum ein, und machen es den Fürsten zur Pflicht, darauf Rücksicht zu nehmen.
v. Arnim über den Adel. (Berlin 1792. 8.) S. 16. 17.

[2]) Dieses behauptet Brandes in der Abh.: Ist es den teutschen Staaten vortheilhaft, daß der Adel die ersten Staatsbedienungen besitze?
in d. Berl. Monatsschr. 1787. Bd. 2. S. 395. ff.

[3]) Dahin neigt sich v. Ramdohr über das Verhältniß des anerkannten Geburtsadels teutscher monarchischer Staaten zu den übrigen Classen ihrer Bürger, in Rücksicht des Anspruchs auf die ersten Staatsbedienungen.
Berl. Monatsschr. 1791. Bd. 1. S. 124. u. 250. ff.) verglichen mit den Anmerkungen eines Bürgerlichen über diese Abhandl. Ebendas. S. 460. ff.
Man sehe auch A. W. Rehberg Untersuchungen über die französ. Revolution. Th. 1. (Hannov. 1793.) S. 250. ff.

zu Staatsämtern zu haben wähnt, und oft eben so verächtlich auf den Sohn des Handwerkers oder Landmanns herabsieht, als der adelstolze Junker auf ihn. Allein ein angestammtes R e ch t des Geburtsadels auf C i v i l Aemter läßt sich noch weniger erweisen, als eine Befugniß, auf die höhern K r i e g s b e d i e n u n g e n ausschließlichen Anspruch zu machen. Der Adel erhielt in ältern Zeiten seine Lehen, wegen der zu leisten übernommenen Kriegs- oder Hof-Dienste, als Sold. Die Vasallen und adelichen Dienstleute (Ministerialen) wurden theils, weil jeder von seines Gleichen gerichtet werden mußte, theils weil sie gewöhnlich der Person des Fürsten folgten, zur Entscheidung der Lehensstreitigkeiten niedergesetzt, oder in wichtigen Angelegenheiten zu Rathe gezogen; aber daraus läßt sich eben so wenig ein erbliches Recht, den Bürgerstand von den höhern Staatsbedienungen auszuschließen, ableiten, als aus dem Besitze von Grundstücken, die sie als Besoldung erhielten. Im Gegentheile kann durch unzählige Beyspiele erwiesen werden, daß seit der Sonderung des niedern Adels von den Freyen, Bürgerliche die wichtigsten Staatsämter bekleidet haben, von denen sie nur in neuern Zeiten, und bloß in einigen teutschen Staaten, durch den Adel, nach und nach verdrängt worden sind [1]).

Da ferner Geistes-Talente, Kenntnisse und edle Gesinnungen nicht angebohren werden oder nothwendig forterben; so kann auch in dieser Hinsicht adeliche Geburt,

oder

---

[1]) (v. H o r i x) die Ehre des Bürgerstandes nach den Reichsrechten. Wien 1791. 8.

oder eine lange Ahnenreihe allein kein günstiges Vorurtheil für den Edelmann zum Nachtheile des verdienten
Bürgerlichen bewirken [1], und eine Menge älterer und
neuerer Beyspiele zeigt, daß Bürgerliche die höchsten
Staatsämter aller Art mit allgemeinem Ruhme und zum
Besten des Staates verwaltet, daß sie den wahren Vortheil des Regenten treu und muthig beschützt und befördert haben, ohne darüber das Wohl des Volkes zu vernachlässigen. Die wichtigsten Gründe derer, welche die
Vorrechte des Adels vertheidigen, laufen am Ende doch
darauf hinaus: daß der Adel ehe Gelegenheit habe, sich
diejenigen Geschicklichkeiten und Eigenschaften, welche
zur Verwaltung der höhern Staatsämter nöthig sind,
zu erwerben, als der Bürgerliche. Hieraus folgt aber
von selbst, daß nicht sowohl die adeliche Geburt, als die
Leichtigkeit sich Vorzüge vor den Bürgerlichen zu erwerben, dem Adel zu Statten komme, daß der Regent bey
Besetzung der höhern Staatsämter auf das wirkliche
Vorhandenseyn dieser Eigenschaften Rücksicht nehmen müsse, und einen Bürgerlichen der sie besitzt, einem
verdienstlosen Adelichen ohne Bedenken vorziehen könne.
Allerdings ist es ein Glück, in einer wohlhabenden Familie von ausgezeichnetem Stande gebohren zu seyn, von

Ju-

---

[1] "Il ne faut pas (sagt zwar Richelieu in seinem
Testament politique) se servir de gens de bas lieu;
ils sont trop austeres et trop difficiles" wie dieß zu
verstehen sey, erläutert durch eine vortreffliche Iro-
nie Montesquieu Esprit des Loix L. 3. Ch. 5. wohin
dergleichen Grundsätze am Ende führen, zeigt die
neueste Geschichte.

Jugend auf eine sorgfältige, auf einen bestimmten Zweck
gerichtete Erziehung zu genießen, sich im Besitze aller
zur Ausbildung des Geistes und Körpers nöthigen Hülfsmittel zu sehen; allerdings berechtigen die Verdienste
der Ahnen, das rühmliche Beyspiel des Vaters und
würdiger Verwandten, zu der Hoffnung, daß der junge Adeliche denselben nachzueifern suchen werde; endlich
kann auch die frühe Bekanntschaft mit der großen Welt,
der freyere Umgang mit Staats- und Geschäftsmännern,
Reisen u. dgl., auch bey mäßigen Talenten und Anstrengungen, einen geübtern Scharfblick, eine ausgebreitetere
Welt- und Menschen-Kenntniß, eine stärkere Gegenwart des Geistes gewähren, als ein Bürgerlicher, der
oft aus kümmerlichen Umständen, bey einer planlosen
Erziehung und unter manchen drückenden Sorgen sich
emporarbeiten muß, schwerlich erreichen, oder doch nur
durch die größten Anstrengungen, nach vieljähriger Uebung und mit den glänzendsten Talenten sich erringen
kann [1]). Daher geschieht es nicht selten, daß der Bür-
ger-

1) "Dreymahl glücklich (sagt Göthe) sind diejenigen
zu preisen, die ihre Geburt sogleich über die untern
Stufen der Menschheit hinaushebt; die durch jene
Verhältnisse, in welchen sich manche gute Menschen
die ganze Zeit ihres Lebens abängstigen, nicht durch-
zugehen, auch nicht einmahl darin als Gäste zu verweilen brauchen. Allgemein und richtig muß ihr
Blick auf dem höhern Standpuncte werden, leicht
ein jeder Schritt ihres Lebens! — Wer kann den
Werth oder Unwerth irdischer Dinge besser kennen,
und wer kann seinen Geist früher auf das Nothwendige, Nüzliche, Wahre leiten, als der sich von so
vielen Irrthümern in einem Alter überzeugen muß,
wo

gerliche Emporgekommne, selbst bey einem biedern Cha=
rakter, bey vortrefflichen Einsichten, immer noch ein
ängstliches Wesen, eine gewisse Unentschlossenheit an sich
behält, sich nicht mit Leichtigkeit in neue Lagen finden
kann, auf der einen Seite zu wenig Muth und Festig=
keit in wichtigen Geschäften zeigt, besonders wenn es
darauf ankommt, dem Regenten selbst zu widersprechen,
auf der andern hingegen oft streng, eigensinnig und her=
risch gegen Untergebne, schwierig in Kleinigkeiten, von
Vorurtheilen eingenommen, schwach gegen Schmeichler
oder zu eingebildet auf äußren Glanz ist [1]); — Feh=
ler, welche zwar in den mittlern Beamtenstellen meist
unbemerkt bleiben, aber in den höhen Staatsämtern nicht
leicht übersehen oder verziehen werden (§. 73.). Oft
wird derjenige, der ein trefflicher Werkmeister war,
ein gar schlechter Baumeister. Hiezu kommt noch,
daß ein Bürgerlicher, der sich durch vieljährige Verdien=
ste das Vertrauen des Regenten und des Volkes erwor=
ben hat, dem es endlich geglückt ist, sich zu einem der
obern Staatsämter emporzuschwingen, von einem großen
Theile des Adels, der dadurch an seinen Rechten verkürzt
zu seyn glaubt, heimlich gehaßt und verachtet, ja selbst
von vielen seiner Standesgenossen beneidet wird; daß
man jede seiner Handlungen bewacht und bekrittelt, je=
den

wo es ihm noch an Kräften nicht gebricht, ein neues
Leben anzufangen." W. Meisters Lehrjahre 2ter
Bd. (Frankf. u. Lpz. 1795.) S. 31. 3ter Bd. S. 29.
ff. Man vergleiche hiemit von Seckendorf Für=
stenstaat. Addit. §. 32. S. 143. ff.

1) v. Moser neues patr. Arch. 2ter Bd. S. 325.

Canzleyst. Th. 2.   S

den noch so geringen Fehltritt oder Mißgriff mit Härte
beurtheilt, ihm Schlingen zu legen, seine redlichsten Absichten anzuschwärzen, seine besten Plane zu vereiteln und
ihm selbst den unverschuldeten Zufall aufzubürden sucht;
daß er gewöhnlich allein auf seinem Posten steht, dahingegen der Adeliche durch seine weitläuftigen Familien-
Verbindungen, durch den Gemeingeist seines Standes,
durch das günstige Vorurtheil, welches seine Geburt,
vielleicht auch sein Vermögen, bey dem Regenten und
den Nebenbeamten für ihn erweckt, überall theilnehmende Freunde, Gehülfen, Rathgeber und Vertheidiger findet, indeß seine Talente durch den Zauber eines berühmten
Geschlechtsnahmens, seine Amtshandlungen durch äußern
Glanz und Anstand, seine Arbeiten durch das Gepräge
der Leichtigkeit, zwiefach emporgehoben werden.

Hierdurch läßt es sich sehr gut erklären, warum in
Teutschland zwey Drittel der ersten Staatsämter aus
dem Erbadel und nur ein Drittel mit Bürgerlichen
oder Neuadelichen besetzt sind ¹). Daß übrigens der
einmahl im Besitze der hohen Bedienungen stehende Erb-
adel seine Verwandten und Standesgenossen vorzüglich
begünstige, ist zwar nicht zu loben, aber eben so gut in
der menschlichen Schwachheit gegründet, als der oft noch be-
leidigendere Nepotismus des Dienstadels. Inzwischen
wird ein weiser und thätiger Regent stets dahin sehen,
daß nicht sowohl die Geburt, als das Verdienst zu Ehrenstellen führe, daß der Adel die einträglichsten und aus-

ge-

---

1) Genius der Zeit Jun. 1796. S. 771. ff. Septemb.
S. 51. ff.

gesehensten Staatsämter nicht ausschließlich an sich ziehe,
und dem verdienten Bürgerlichen nicht alle Hoffnung da
zu zu gelangen abgeschnitten werde [1]. "Wir wollen
(sagt ein Achtungswerther Schriftsteller, der selbst von
altem Adel ist [2]) nicht eifersüchtig uns den Zutritt zum
Dienste des Staats ablaufen, noch uns gegenseitig zu
verdrängen suchen. Nur der edlere Wettstreit, jene
Dienste durch höhere Ausbildung unserer Fähigkeiten und
größere Tugenden zu verdienen, und es einander in
Treue gegen den Staat, ächter Vaterlandsliebe und
Selbstverläugnung zuvorzuthun, belebe uns [3]!"

§. 94.

b) Aemter-Verkauf [4].

Die Abweichung von dem ursprünglichen Begriffe
der Staatsämter, das verführerische Beyspiel Frankreichs,

---

1) Man sehe das musterhafte Churfächsische Man-
dat wegen Qualificirung junger Leute zu künftigen
Diensten. Dresd. d. 27. Febr. 1793. In Schlözer
Staatsanz. LXXII. S. 515. ff.

2) (Hrn. v. Heudrich zu Meinungen) Freymüthige Gedanken über die allerwichtigsten Angelegenh.
Teutschlands. Th. 2. S. 280. (3te Aufl.)

3) r. Eggers Archiv f. Staatswissensch. Bd. 1. S.
467. ff.

4) (v. Moser) Ueber den Diensthandel teutscher Fürsten. Frankf. u. Leipz. 1786. 8.
Unvorgreifliche Anmerkungen zu der berüchtigten Bro-
chüre: Ueber den Diensthandel rc. 1786. 8.

reichs [1]), und die Zerrüttung der Finanzen erzeugte in vielen Staaten den Diensthandel (Aemterverkauf, nundinatio officiorum, Simonie bey geistlichen Aemtern), d. i. die Verleihung wirklicher Staatsbedienungen für Geld oder Geldeswerth.   Es ist also hier weder von bloßen Titel-Chargen, noch von eigentlichen Hofdiensten und deren Verkaufe die Rede.

Der Diensthandel kann getrieben werden

1. wider Wissen und Willen des Staatsoberhaupts, von Günstlingen und andern auf die Besetzung einer Stelle Einfluß habenden Personen, indem dieselben entweder grobe oder feine Bestechungen für ihre Empfehlungen zulassen, oder auch ihre Stimmen geradezu an den Meistbietenden verkaufen. Dieß ist ein Verbrechen, worauf ältere und neuere weise Gesetzgeber harte Strafen bestimmt haben [2]);

2. durch

Kurze Schilderung der unmittelbaren Folgen des schädlichen Dienstverkaufs. von F. r. Memmingen 1790. 8.

Albr. Willebrand de venditionibus officiorum. Roſtock. 1693.

1) Unter der alten Verfassung Frankreichs war die Käuflichkeit vieler Bedienungen seit Heinrichs IV. Zeiten, unter dem Namen der Paulette üblich, welchen sie von ihrem Erfinder erhalten hatte. Thuani hiſtor. tom. 5. p. 1136.

2) Novella 8. C. 1. 7. tit. Decretal. de Simonia. Allgem. Landrecht für die Preußischen Staaten. zweyt. Th. 20ſter Tit. 8ter Abschn. §. 225-332. Der Verkauf geistlicher Pfründen (Präbenden, Canonicate) so wie der Wahlstimmen zu denselben,

2. durch das Staats-Oberhaupt selbst, und
  zwar

  a) dergestalt, daß das erkaufte Amt, gleich einer
  Leibrente oder Waare, in den Besitz des Käufers
  übergeht, und er es wieder verhandeln kann, wie
  ehemals in Frankreich, oder

  b) die Uebertragung des Amtes ist blos persön-
  lich.

So sehr auch schon die ältesten Lehrer der Staats-
kunst gegen den Diensthandel geeifert haben ¹), so ist
derselbe doch, besonders mit Rücksicht auf monarchische
Staatsverfassungen, von Montesquieu und andern,
unter folgenden Einschränkungen, in Schutz genommen
worden: daß a) die Aemter nicht an Unbrauchbare,
b) für einen billigen Preis verkauft und c) diese Einkünfte zum Nutzen des Staats verwandt würden.

Die Gründe, welche sie für ihre Meynung anfüh-
ren, sind: daß dadurch den Bestechungen und heimlichen Dienst-Mäckeleyen vorgebeugt werden könne; daß
der Zufall bessere Subjecte zu Aemtern liefern würde,
als die Wahl des Regenten; daß endlich die Hoffnung,
sich durch Reichthum emporzuschwingen, den Gewerbfleiß ermuntern und befördern werde ²). Es ist fürwahr

ben, wird jedoch geduldet. Boehmer princ.
iur. canon. §. 874.

1) Plato de Leg. Lib. 3. de Republ. L. 8.
  Aristoteles, politic. L 1. C. 9.

2) Montesquieu Espr. d. Lois L. 5. C. 19. der
  sogar den Mangel an Industrie in Spanien dem Um-
        S 3   stande

wahr zu verwundern, wie Ein so scharfsinniger und edeldenkender Schriftsteller, als Montesquieu, sich durch solche nichtige Scheingründe zur Unterstützung eines offenbar gefährlichen und verderblichen Grundsatzes hat hinreißen lassen können, wenn man nicht lieber diese Stelle für eine verdeckte Satyre auf sein Vaterland auslegen will. Nur unter einer gewissenlosen und verderbten Regierung können Bestechungen überhandnehmen, und die Einführung des Dienstverkaufs ist eine sehr schlechte Schutzwehr dagegen. Vielmehr wird die Concurrenz der Käufer bald die festgesetzten Aemterpreise steigern, die Habsucht der Unterhändler ihren Privatvortheil suchen und der Glanz des Geldes die Augen über die Würdigkeit des Bewerbers verblenden. Sehr selten kommt der aus dem Aemterverkauf entstehende Gewinn dem Staate wirklich zu gute, sondern wird gewöhnlich unter dem Namen von Chatull-Geldern zu Privatausgaben des Regenten verwandt und verleitet noch oben ein zur unnöthigen Vervielfältigung der Staatsbedienungen, deren Besoldungen aus den Einkünften des Staats bestritten werden müssen. Statt des Erbadels wird eine Aristokratie des Geldadels entstehen, das wahre Verdienst unterdrückt werden, und die zur Erhaltung der Ordnung so nöthige Achtung der Beamten sowohl beym Regenten als beym Volke verschwinden [1]). Die einge-

stande zuschreibt, daß dort der Aemterverkauf nicht eingeführt sey.

[1]) Wohin es zuletzt in Frankreich mit dem Diensthandel gekommen sey, davon finden sich merkwürdige Bey-

gekauften Beamten werden ihre Auslagen bald möglichst
wieder erwerben wollen, ihre Amtsgewalt nur desto unverschämter zu Bedrückungen, Ungerechtigkeiten, Be-
trügereyen und Erpressungen aller Art mißbrauchen, die
reichen Verbrecher ungestraft lassen, das Recht der Armen beugen u. s. w., je weniger sie der Verkäufer mit
gutem Gewissen deshalb zur Strafe ziehen kann ¹).
Kurz, gänzliches Sittenverderbniß des Volkes, Erlö-
schung aller Anhänglichkeit an den Staat und dessen Verfassung, Verachtung gegen den Regenten, endlich Zerrüttung des Staats selbst, ist das traurige Resultat des
Diensthandels, welcher daher von Friedrich dem
Großen mit Recht für eine Infamie erklärt
wird ²).

§. 95.

c) Vereinigung mehrerer Staatsämter, in einer Person ³).

Ju einem wohleingerichteten Staate dürfen die Beamten und Collegien nicht ohne Noth gehäuft, oder zu-
sam-

Beyspiele in Schlözer Versuch eines Briefwechsels.
(Gött. 1775.) S. 49. f.

1) Vortrefflich sind alle diese unglücklichen Folgen von
K. Justinian erörtert in der nou. 8. praef. §. 1.

2) Oeuvres posthumes. T. VI. S. 65.
Sehr nachdrücklich sind auch die unglücklichen Folgen
des Diensthandels geschildert in der kleinen Schrift:
An die Landstände Würtembergs. — Eine Dienst-
und Aemter-Ersetzung nach den Stufen des Alters
betreffend. (1796.) S. 9.

3) Georg Engelbrecht de coniunctione officiorum.
Helmst. 1682. und 1751. 4.

S 4

sammengehörende Geschäfte getrennt; aber auch nicht solche Aemter und Geschäftszweige, deren Verwaltung zusammen nicht wohl bestehen kann, oder ganz verschiedne Kenntnisse, Eigenschaften und einander entgegenlaufende Pflichten und Grundsätze erfodert, in denselben Händen und Collegien vereinigt werden (§. 9.). In manchen Staaten sind dergleichen nachtheilige Vereinigungen oder Trennungen der öffentlichen Geschäfte durch die auf die jetzigen Bedürfnisse und Zeiten nicht mehr anwendbare Grundverfassung angeordnet, oder durch den Zufall und das Herkommen eingeschlichen, und müßten mit der gehörigen Vorsicht abgeändert werden (§. 14. C und §. 31.). Nicht selten sind ferner, besonders in kleinern Ländern, um die Besoldungen zu ersparen, oder auch um dieselben zu erhöhen, mehrere Geschäfte in den Händen eines Beamten vereinigt, welche ihrer Natur nach nicht zusammengehören, und deren Verbindung manche Gelegenheit zu Mißbräuchen und Beschwerden giebt. Endlich suchen auch oft von den Obern begünstigte Beamte, blos um ihre Habsucht oder ihren Ehrgeiz oder beides mit einander zu befriedigen, zuweilen auch, um keine Controle zu haben, mehrere Bedienungen, zum Nachtheile des Staats, an sich zu reißen. Zur nähern Beurtheilung dieser Materie dürften vielleicht folgende Grundsätze nicht undienlich seyn:

1. Bloße Chargen-Titel können mit jedem Amte bestehen. So kann einer gar wohl Hofrath heißen und Professor seyn [1]).

2. Eben

1) Nur darf ein Beamter, der Regel nach, ohne Erlaubniß des Regenten, von keinem andern Staate einen Titel annehmen oder führen.

2. Eben so können auch Pfründen, (Canonicate, Domherrnstellen) ohne Bedenken wohlverdienten Beamten ertheilt werden, da sie im Grunde als Sinecuren zu betrachten sind; auf der andern Seite hingegen ist es äußerst nachtheilig, wenn nach den Wahl-Capitulationen der mehrsten geistlichen Wahlstaaten, die vornehmsten Staatsämter mit den Inhabern gewisser Pfründen besetzt werden müssen, da man bey Ertheilung dieser Präbenden schwerlich auf die nöthigen Fähigkeiten zu dem nachher zu verwaltenden Amte Rücksicht zu nehmen pflegt [1]).

3. Eine den Grundgesetzen des Staats zuwiderlaufende Vereinigung mehrerer Aemter findet nicht Statt. Z. B. manche landschaftliche Bedienungen dürfen nicht mit fürstlichen Beamten besetzt werden u. dgl. Eben so wenig dürfen

4. Aemter, deren Vereinigung zu Bedrückungen, Mißtrauen u. s. w. Anlaß geben könnte, mit einander verbunden werden. Z. B. wenn einer zugleich Beysitzer in zwey höhern Gerichtshöfen, die einerley Gerichtsbarkeit haben, seyn, oder der Richter niedrer Instanz auch in dem Appellations-Gerichte sitzen sollte, so daß von, durch, an ihn appellirt werden müßte, zumahl wenn

[1]) Joseph Edl. v. Sartori gekrönte Preisschrift über die Mängel in der Regierungsverfassung der geistlichen Wahlstaaten. im Journ. von u. für Teutschland 1787. B. 1. S. 498.

wenn der obere Gerichtshof auch nur aus wenigen
Personen bestånd; oder wenn der Richter zugleich
das Amt eines Anwalts oder Rechts-Consulenten
versehen wollte; oder wenn ein Beamter die Bedienung, woburch er controlirt würde, mit der
seinigen zu verbinden suchte. Ueberhaupt sollte
die Verwaltung der Justizgeschäfte so wenig als
möglich einzelnen Beamten überlassen werden.

4. Bedienungen, welche entweder in Ansehung der
Zeit oder des Orts ihrer Verwaltung nicht wohl
zusammen besorgt werden können, sind der Regel
nach unvereinbar. So dürften z. B. Justiz- und
Polizey-Obrigkeiten in Städten keine Nebenbe-
dienung bekleiden, die öftere und lange Entfernung
von ihrem eigentlichen Amte nach sich zöge. Es
ließe sich leicht durch auffallende Beyspiele beweis-
fen, daß die Pflichten des einen Amtes über der
Besorgung des andern, zum großen Nachtheile
der Bürger, versäumt werden, zumahl wenn noch
eine entschiedne Abneigung gegen die eine Art von
Geschäften hinzukommt.

5. Gewöhnlich dürfen die Beamten keine Nebenbe-
dienungen auswärtiger Staaten annehmen ¹),
wenigstens nicht ohne Bewilligung des Regenten.

6. Bedienungen deren jede für sich schon alle Kräfte
eines thätigen Beamten erfodert, oder die sehr
verschiedne Kenntnisse und Fähigkeiten voraussetzen,
müssen getrennt bleiben.   7. Ist

1) Von den Reichshofräthen sehe man Wahl-Capitul.
Franz II. Art. 24. §. 3. 4.
Moser teutsch. Nachbarl. StR. Buch. 4. Cap. 9. §. 4.

7. Iſt auch die Vereinigung mehrerer Aemter in den
Händen älterer Beamten nicht anzurathen, wenn
dadurch den Anfängern die Gelegenheit, ſich im
Dienſte des Staats gehörig zu üben, benommen
würde [1]).

8. Endlich iſt es auch in monarchiſchen Staaten
nicht rathſam, hohe Kriegsämter mit angeſehenen
bürgerlichen Bedienungen zu vereinigen [2]).

Viertes Hauptſtück.
Endigung der Staatsdienſte [3]).

§. 96.
1. Von den unbezweifelten Arten den Amtsvertrag aufzuheben [4]).

Das Verhältniß der Staatsdiener zum Regenten
und Staate, beruht auf einem Vertrage (Anſtellungsvertrag §. 71.) und kann, wie jeder andre Vertrag, aufgehoben oder geendigt werden. Dieß geſchieht:

1. durch den Tod des Beamten, oder auch, wenn
dieſer durch Alter und Krankheit zur Verrich-
tung der Amtsgeſchäfte unfähig wird, in Penſion geſetzt, (jubilirt) werden muß. Im letztern Falle wird
ein

1) Man vergleiche hiemit noch
  L. 10. §. 1. C. de proxim Sacror. Scrin.
  L. 13. L. 14. C. de Aſſeſſorib.
  C. 5. X. de Praebendis.
  Schilter Exercit. 49. §. 54.
2) Montesquieu. L. 5. Ch. 19.
3) Dieſes Hauptſtück iſt beſonders abgedruckt in Hä-
  berlins Staats-Archiv. Heft VIII. (Helmſt. und
  Lpz. 1797.) S. 1. ff.
4) Seuffert a. a. O. §. 70. 98.

ein Gerechtigkeitliebender Regent den treuen Staatsdiener nicht hülflos lassen (§. 84.).

Da der Staat, als der andre contrahirende Theil,
nicht ausstirbt; so läßt sich auch der Tod des Regenten, durch welchen die Anstellung des Beamten,
Nahmens des Staats, geschehen ist, nicht als Been-
digungs-Ursache dieses Vertrags annehmen [1]).

2. Nach Ablauf der in den Grundgesetzen
oder im Anstellungsvertrage bestimmten
Zeit, oder nach Endigung des Geschäfts,
zu welchem der Staatsdiener angenommen ist.

Der Regel nach haben die Staatsämter einen
bestimmten und fortdaurenden, der allgemeinen
Staats-Absicht (§. 4.) untergeordneten Zweck (§. 68.),
und die Beamten werden ohne Festsetzung einer gewissen Zeit angestellt. Es kann indessen doch Fälle
geben, wo der Anstellungsvertrag auf ein besondres
vorübergehendes Geschäft, oder auf eine bestimmte
Zeit, ausdrücklich eingeschränkt ist, und dann geht,
nach der getroffnen Verabredung, derselbe zu Ende.
In manchen republicanischen Staaten, pflegen
auch, vermöge der Grundverfassung oder des Herkom-
mens, gewisse Staatsämter zu bestimmten Zeiten zu wechseln.

3.

---

[1]) Der Kaiserl. Reichshofrath macht hier eine Ausnahme, da sein Amt mit Absterben des Kaisers erlischt,
aber auch durch die vom neugewählten erneuerte Bestätigung wieder erwacht.

3. Durch beyder Theile Einwilligung. Diese ist

a) gleich bey Eingehung des Anstellungsvertrags vorhanden, wenn beyde Theile sich die Kündigung ausdrücklich vorbehalten, oder

b) erfolgt erst nachher. Hier kann

aa) der Beamte zuerst aufkündigen, und der Regent, Namens des Staats, die Resignation annehmen; oder

bb) der Regent den Beamten entlassen und dieser damit zufrieden seyn.

Beamte, welche auf diese Weise resigniren oder entlassen werden, ohne wieder in andre öffentliche Bedienungen zu treten, oder ein auswärtiges Amt anzunehmen, behalten der Regel nach den bisher gehabten Rang und Charakter bey, oder beydes wird zum stärkern Beweise der Zufriedenheit des Regenten, noch um eine Stufe erhöhet (dimissio honesta, ehrenvolle Entlassung, Entl. in Gnaden).

4. Wenn das Beste des Staats eine Veränderung oder Aufhebung eines, der Regel nach fortdaurenden Amtes erfodert. Jeder Beamte ist Bürger (§. 71.). Er muß sich also auch das gefallen lassen, was unumgänglich zur Erhaltung des gemeinen Besten nöthig ist. Allein er kann Entschädigung vom Staate erwarten, so wie jeder, der um des Staatswohls willen ein erworbnes Recht aufgeben muß [1]).

5. als

1) Man sehe die vortreffliche Entscheidung der Königlichen Preuß. Gesetz-Commission vom 2ten März 1787.

§. als Strafe (§. 79). Hier sind zu unterscheiden

a) Vergehungen gegen die Amtspflichten.

aa) leichte Versehen (culpa leuis) die durch Unachtsamkeit, Unvorsichtigkeit, Uebereilung, Nachläßigkeit Unerfahrenheit begangen werden. Deshalb ist der Beamte nicht sofort zu verabschieden, sondern nur, wenn er durch wiederholte Versehen und nach stufenweise geschärfter Ahndung (z. B. Geldstrafen, Suspension, Zurücksetzung,) sich unverbesserlich zeigt [1]), wo sodann der gleich folgende Fall eintritt.

bb) schwere Verletzungen der Amtspflichten ziehen die Absetzung (Remotionem) nach sich, und zwar

α) Vergehungen aus grober Fahrlässigkeit (culpa lata) oder Unwissenheit, hier findet Verabschiedung, (Abdankung, Entlassung) jedoch ohne Beraubung der bürgerlichen Ehre (dimissio simplex,) auch nach Befinden zuweilen mit Auswerfung einer kleinen Pension, Statt;

β) Ver-

in Klein Annalen der Gesetzgebung in den Preuß. Staaten, Bd. 1. Num. 66. S. 299. 302. und im Journale v. u. f. Teutschland 1788. Bd. 2. S. 25.

s) Concept der C. Ger. O. Th. 1. Tit. 6. §. 1.

β) Verbrechen aus böslichem Vorſatze (dolo malo) hier iſt Caſſation (dimiſſio ignominioſa), und, nach Beſchaffenheit des Verbrechens, noch geſchärftere Strafe die Folge.

Uebrigens verſteht es ſich von ſelbſt, daß die einem Beamten zur Laſt gelegten Verſchuldungen, wenn ſie nicht ſofort klar ſind, oder dieſer derſelben nicht geſtändig iſt, gehörig erwieſen und deshalb einem unpartheyiſchen Gerichtshofe oder einer dazu niederzuſetzenden Commiſſion zur Unterſuchung aufgetragen und daſelbſt entſchieden werden müſſen, da der Regent oder Staat nicht zugleich Kläger und Richter ſeyn, und niemand ungehört verurtheilt werden kann, [1]. Auch dürfen dem Beamten die zu ſeiner Vertheidigung nöthigen Beweismittel und Papiere nicht vorenthalten oder gar entzogen werden.

b) Gemeine Vergehungen gegen die Geſetze, die mit dem Amte in keiner Beziehung ſtehen.

aa) geringe, hier findet der Regel nach die Verabſchiedung nicht ſofort Statt.

bb) ſchwere, welche Infamie, eine harte Leibes- oder Gefängniß-Strafe nach ſich ziehen,

1) de Cramer Obſerv. Iur. vniu, T. 3. Obſ. 807. Beurtheilung der Critik über das willkürliche Verfahren Joſephs II. in Klein Annalen der Geſetzgebung. Bd. 1. S. 391.-ſ.

ten, haben auch immer die Cassation zur Folge [1]).

Daß die Erstattung des durch eine jede Verschuldung beni Staate, oder einer Privatperson verursachten Schadens nicht als Strafe anzusehen sey, und in allen Fällen, so weit sie möglich ist, Statt finde, ist schon oben (§. 79.) bemerkt.

6. Auch kann, wenn etwa der Beamte, gegen die Landesgrundgesetze, die Religion ändert, der Anstellungsvertrag von Seiten des Staats gekündigt werden.

7. Wenn von Seiten des Regenten oder des Staats dem Anstellungsvertrage nicht Genüge geleistet wird, ist der Beamte berechtigt, seinen Abschied zu verlangen. Dahin gehört

a) wenn dem Beamten Dienste und Handlungen angemuthet werden, die seinem Gewissen oder seiner Ueberzeugung von dem wahren Besten des Staats zuwider laufen. Dergleichen Fälle pflegen oft bey gewaltsamen Religions- und Staats-Veränderungen vorzukommen.

b) wenn der Staat das zur Ausübung der Dienstpflichten nöthige Ansehen des Beamten nicht nur nicht schützt, oder nicht schützen kann, sondern solches

ches

1) Man vergleiche über diese Grundsätze die weisen Verordnungen des allgem. Landrechts für die Preußischen Staaten. 2ter Th. 20ster Tit. 2ter Abschn. §. 323. f.
Harprecht Vol. 2. Resp. 47. n. 54.

ches sogar noch durch allerley Beeinträchtigungen
herabzuwürdigen sucht. Dahin gehören z. B. un-
verdiente harte Verweise, oder Beschimpfungen,
Aufbürdung solcher Arbeiten, die er vermöge seiner Instruction nicht zu übernehmen braucht, oder
unverhältnißmäßige und unnöthige Ueberhäufung
mit Dienstgeschäften, welche er in der vorgeschrie-
benen Zeit, ohne augenscheinliche Zerrüttung seiner Gesundheit nicht bestreiten kann; Versagung
der Genugthuung gegen falsche Verläumder, un-
verschuldete Zurücksetzung u. dgl.

c) ungerechte Verkümmerung oder Verkürzung der
  ihm zugesagten Besoldung [1]).

Daß indessen ein redlicher und vorsichtiger Staatsdiener nicht sofort, oder aus übereilter Hitze, bloß um
seine Privatleidenschaften und Vorurtheile zu befriedigen,
zu diesem äußersten Mittel schreiten, sondern vorher
andre rechtmäßige Wege sich zu helfen und gelindere Mittel versuchen werde, versteht sich von selbst und ist den
gemeinen Rechten von Verträgen angemessen.

Endlich verdient noch die Frage:
Ob, außer den bisher erwähnten Fällen,
und ohne Begründung einer rechtlichen
Ursach, der Anstellungsvertrag, entweder vom Beamten
oder vom Regenten, einseitig und wider Willen
des

[1] Seuffert §. 93. 95.
  Man vergleiche von der Becke a. a. O. S. 74. ff.

Canzleyst. Th. 2.   X

des andern contrahirenden Theils, aufgehoben werden könne?

theils, weil dieselbe in den allgemeinen Gesetzen noch nicht bestimmt entschieden ist, theils, weil die Rechtslehrer in ihren Meynungen darüber sehr von einander abweichen, theils wegen ihrer großen Wichtigkeit und der seit Kurzem oft zur Sprache gekommenen merkwürdigen Beyspiele, eine nähere Erörterung.

§. 97.

2. Strittige Arten, den Amtsvertrag aufzuheben.

a) von Seiten der Beamten, Resignation Abschiednehmen [1]).

Bey jedem Vertrage, also auch beym Aystellungsvertrage der Beamten, muß man zufördert auf die besondern Verabredungen der beyden contrahirenden Theile sehen. Hat also ein Staatsdiener sich ausdrücklich anheischig gemacht, entweder ein bestimmtes Geschäft zu vollbringen, oder eine festgesetzte Zeit zu dienen, oder auch auf immer im Dienste des ihn anstellenden Staats zu bleiben; so kann er ohnehin nicht willkürlich, oder ohne Eintritt der im vorigen Paragraphen aufgestellten Fälle, seinen Dienst kündigen. In wiefern ihm aber,

falls

---

1) Philipp Adolph de Münchhausen de iure ministrorum exigendi a principe dimissionem. Hal. 1716. 1730. 1734. 4.
Ahasuer. Fritsch de resignatione regum, principum, officialium etc. In dessen Opusculis. (Nürnb. 1731. 32. Fol.) Num. 44. Seuffert a. a. O. §. 85-90. v. der Becke S. 129. ff.

falls im Anstellungsvertrage deshalb nichts bestimmtes ausgemacht ist, das Recht, sein Amt nach Gefallen niederzulegen, frey stehe, oder ob der Regent ihm den begehrten Abschied mit Recht verweigern könne? Darüber ist kein ausdrückliches allgemeines Gesetz vorhanden [1]), und die Meynungen vieler ältern und neuern Schriftsteller sind in dieser Hinsicht sehr verschieden.

Der Regel nach pflegt der Regent oder Staat den erbetnen Abschied nicht zu verweigern, da es ihm selten an Mitteln gebricht, die erledigten Stellen mit geschickten Dienern wieder zu besetzen, auch erzwungne oder mit Widerwillen verrichtete Dienste den Geschäften sehr nachtheilig sind. Indessen können doch sehr oft Umstände eintreten, unter welchen es für die Sicherheit oder das Wohl des Staates nicht rathsam ist, die geschehene Dienstkündigung anzunehmen. Dieß ist der Fall, 1) wenn sich zu einem wichtigen Amte kein so geübtes oder geschicktes Subject sogleich wieder findet [2]); 2) wenn der Beamte zu tief in die Geheimnisse des Staats geblickt hat, als daß man ihn ohne Gefahr in die Dienste eines feindlich gesinnten Nachbars treten lassen könnte; 3) wenn der Abschied offenbar in der Absicht, dem Staate zu schaden,

---

1) Nach dem neuen Preußischen Landrechte 2ter Th. 10ter Tit. §. 95. soll die Entlassung den Beamten nur dann versagt werden, wenn daraus ein erheblicher Nachtheil für das gemeine Beste zu besorgen ist.

2) de Cramer Obseru. Iur. vniu. T. 2. P. 2. Obs. 628.
Carpzov Lib. 4. Resp. 75. n. 27.

den, verlangt wird; 4) wenn der Beamte noch keine gehörige Rechenschaft über seine bisherige Dienstverwaltung abgelegt, oder 5) das Amt eigenmächtig oder zur Unzeit zu verlassen, oder auf eine unschickliche Weise den Abschied zu erhalten versucht hat. Unter diesen Voraussetzungen dürfte dem Staate das Recht, die verlangte Entlassung zu weigern, schwerlich abzuerkennen seyn. Alle Beamte sind Bürger (§. 71.) und als solche verpflichtet, den Schaden des Staates nach ihren Kräften abzuwenden; durch den Anstellungsvertrag, der in der Regel als fortdaurend anzunehmen ist (§. 68.), wird die Verpflichtung noch erhöht, nicht zu gedenken, daß der Beamte durch das Amt selbst Gelegenheit erhält, seine Geschicklichkeit und Fertigkeit zu vermehren, und also auch in dieser Hinsicht dem Staate zur Dankbarkeit verpflichtet ist, welche nicht erlaubt, demselben diese erhöheten Kräfte zu entziehen. Auf der andern Seite hat der Staat ein vollkommnes Recht, in den unter Num. 2. und 3. angeführten Fällen, seine Sicherheit zu wahren [1]), in dem Falle unter Num. 4. auf Erfüllung der Verbindlichkeit des Beamten zu dringen, oder ihn auf den Num. 5. angegebnen Fall zu bestrafen. Dagegen erfodert es die Billigkeit, den Beamten unter den Num. 1. und 2. angeführten Umständen, wenn ihm durch die verweigerte Annahme eines auswärtigen Rufs die s i c h e r e Gelegenheit zur e r l a u b t e n

Ver-

---

1) Leyser Sp. 62. med. 10. Sp. 571. m. 76. S. Preuß. Land-Recht. Th. 2. Tit. 10. §. 96. dessen Verordnung in dieser Hinsicht der Weisheit und Billigkeit vollkommen gemäß ist.

Verbesserung seiner Umstände entgeht, dafür nach Verhältniß zu entschädigen [1]).

Die eifrigsten Vertheidiger der entgegengesetzten Meynung sind selbst so billig, einige der bisher angeführten Fälle als Ausnahmen von der Regel gelten zu lassen [2]).

Folgende Gründe werden hauptsächlich für die Resignationsfreyheit aufgestellt [3]).

1. Da der Regent das Recht habe, den Amtsvertrag nach Gefallen zu kündigen, so müsse dieses gleichmäßig, vermöge der Reciprocität der Rechte, dem Beamten zustehen; aber die Unrichtigkeit des Vordersatzes wird weiter unten erwiesen werden.

2. Es stehe vorauszusetzen, daß der Diener bey Uebernehmung des Amts nicht die Absicht gehabt habe, dasselbe auch dann noch zu behalten, wenn eine Verbesserung seiner Umstände, oder Abneigung ihm die Aufkündigung anrathen würde. Allein

a) be-

1) Ueberhaupt erfodert aber die Klugheit und Gerechtigkeit, nützliche Staatsdiener durch allzukarge Besoldungen nicht mißmüthig zu machen, oder die Belohnung verdienter Männer (§. 85.) so lange zu verschieben, bis ein auswärtiger Ruf dazu nöthigt. Rufe ins Ausland sind ein sehr unsicherer Maaßstab des wahren Verdienstes.

2) de Münchhausen a. a. O. §. 11. 13.

3) J. L. Klüber kleine juristische Bibliothek. St. 22. S. 156. f.

X 3

a) beweist diese Voraussetzung zu viel. Denn solchergestalt würde der Diener auch einen auf bestimmte Zeit eingegangnen Vertrag willkürlich aufsagen, nach diesem Grundsatze würden auch Eheverbindungen und andre Verträge nach Willkür wieder getrennt werden können. Der Regel nach soll keiner ein Amt annehmen, ohne die damit verbundnen Pflichten zu kennen, und ob er Neigung zu deren Erfüllung habe, zu prüfen (§. 72.).

b) In der Besoldung liegt nicht der Grund der Dienstpflicht (§. 80.), und Aemter dürfen nicht um der Besoldung willen übernommen werden, wenn gleich aus der Zusage derselben ein N e b e n r e c h t für den Beamten erwächst, dieselbe zu fordern; mithin steht' auch die obige Vermuthung beym Antritte eines Amtes nicht vorauszusetzen. Hiezu kommt noch, daß der Amtsvertrag ein f o r t d a u r e n d e s G e s c h ä f t betrifft (§. 69.), und eben so verbindlich ist als ein andrer Vertrag, von welchem nicht, um einseitigen Vortheils willen, wieder abgegangen werden kann.

c) Es würde hieraus folgen, daß auch d e r S t a a t, wenn ein Andrer um geringern Gehalt zu dienen sich erböte, den Vertrag aufrufen könnte, welches aber zu zahllosen Mißbräuchen und Bedrückungen führen dürfte [1]).

d) Endlich ist es ja dem Beamten unverwehrt, sich auf obigen Fall die Resignation ausdrücklich v o r z u b e h a l t e n, und tritt im Unterlassungsfalle

die

[1] Kräuse Abh. aus d. teutsch. Staats-Rechte. 1ster Th. S. 182.

die bekannte Rechtsregel ein: Interpretatio con-
tra eum facienda, qui clarius loqui potuisset
et debuisset.

3. Das Sprüchwort: Herrendienste sind keine Ehegelübde ¹), kann bey seiner Zweydeutig-
keit, da es auch auf eine bloße locationem opera-
rum zu beziehen stehet, und aus Zeiten herrührt,
die nicht mehr auf unsre jetzigen Verhältnisse passen,
keinesweges hier als ein gültiger Rechtsgrund angesehen werden. Stehet es der obersten Staatsgewalt
frey, von den Unterthanen die Uebernehmung
der Staatsämter als eine Pflicht zu fodern (§. 71.)
um so mehr muß es ihr erlaubt seyn, dieselben, nöthigen Falls, zur Fortsetzung des einmahl übernommenen Amtes anzuhalten.

4. Einige glauben, daß blos solchen Beamten, die zugleich Eingebohrne seyen, die willkürliche Resignation abzusprechen sey ²); aber Auswärtige, wenn
sie die Verwaltung eines Amtes übernehmen, müssen
vorher ebenfalls Bürger werden und sind in Ansehung
ihrer Verpflichtungen gegen den Staat, von den Eingebohrnen nicht unterschieden, da sie auch deren Vorrechte genießen. Endlich soll

5. das

---

¹) J. Fr. Eisenhart Grundsätze des teutschen Rechts
in Sprüchwörtern. (neue Aufl. Leipz. 1792.) S. 54.
I. N. Hertius de Paroemiis iuris Germanicis L. 2.
Par. 9. In dessen Opusculis. (Frcf. 1737. 4.) Vol. II.
Tom. 1. p. 399.

²) Moser teutsches Nachbarl. Staats-Recht. (Frkf.
u. Lpz. 1773. 4.) S. 678.

5. das Auswanderungsrecht die willkürliche Dienstkündigung begründen; allein dieses kann wohl von der erzwungnen Annahme eines Amtes befreyen, nicht aber den schon geschloßnen Amtsvertrag und die dadurch übernommnen besondern Verpflichtungen aufheben.

Hieraus ergeben sich folgende Resultate:

1. Staatsämter können, außer den im vorigen Paragraphen angeführten Ursachen, und wenn nicht ausdrücklich im Anstellungsvertrage ein Anderes verabredet ist, nicht ohne Einwilligung des Staatsoberhaupts niedergelegt werden [1]).

2. Dieses pflegt aber, ohne Noth, die Einwilligung nicht zu verweigern.

3. Es ist billig, und durch die Praxis aller wohlgeordneten Staaten bestätigt, daß der Beamte für dasjenige, was ihm durch Entsagung eines auswärtigen Rufs entgeht, auf irgend eine Art entschädigt werde.

§. 98.

b) Von Seiten des Staats.

aa) Suspension [2]).

Suspension ist eine von dem Regenten auf eine bestimmte Zeit verfügte Entsetzung eines Beamten, oder eine

1) de Wolff Ius naturae. P. 8. §. 914. und 918.

2) Sam. Stryck de suspensione ab officio: Hal. 1680. und in Collect. differt. Frcf. 1743. Fol.) Vol. 4. Num. 4. Malacord a. a. O. §. 25.

eine Untersagung der Amtsverrichtungen, und Entziehung der damit verknüpften Rechte während eines gewissen Zeitraums. Sie kann Statt finden

a) als Strafe für ein begangnes Versehen (§. 79.),
und hier versteht es sich von selbst, daß sie nicht ohne
vorhergehende Untersuchung und richterliche Entscheidung, wider Willen des Beamten verhängt werden
könne.

b) als eine interimistische Verfügung, während der Untersuchung eines dem Beamten zur Last gelegten Verbrechens, und in dieser Hinsicht ist sie der Weg
zur Endigung des Staatsdienstes. Es treten hiebey
folgende Grundsätze ein:

1. Sie kann nicht verhängt werden, ohne den An-
geschuldigten zu hören. Im Verweigerungsfalle,
kann dieser durch zweckdienliche Rechtsmittel sich
beym Besitze des Amtes erhalten ¹).

2. Sie darf nur wegen Verdachts eines solchen
Vergehens erkannt werden, welches, wenn es erwiesen werden könnte, die Entsetzung nach sich
ziehen würde.

3. Sie findet nur dann Statt, wenn ein starker
Verdacht und wichtige Anzeigen vorhanden sind,
die der Beamte nicht sofort widerlegen kann.

4. Gewöhnlich ist sie mit Vorenthaltung der Besoldung verbunden ²), die aber der Beamte, nach
der

---

1) Stryck C. 5. n. 4 - 6.
de Cramer T. 3. Obs. 807.

2) Meuius P. 8. Decis. 144. behauptet das Gegentheil.

T 5

der zu ſeinem Vortheile geendigten Unterſuchung, noch nachfordern kann ¹).

5. Sie endigt ſich mit der Wiedereinſetzung oder Caſſation des Beamten, je nachdem er für unſchuldig oder ſchuldig erklärt worden iſt.

§. 99.

bb) Dimiſſion, Entlaſſung (dimiſſio ſimplex).

α) Gründe dafür, und deren Beantwortung.

Entlaſſung, (Dimiſſion) heißt, wenn der Regent einſeitig, entweder ohne irgend eine Urſach anzuführen, oder doch ohne hinreichende und gehörig begründete Urſachen, den Beamten, ohne ihn zu entſchädigen, obgleich ohne ausdrückliche Beraubung ſeiner bürgerlichen Ehre, verabſchiedet. Ob und in wie fern aber die Entlaſſung für eine erlaubte Art, den Anſtellungsvertrag aufzuheben, gehalten werden könne, oder nicht? darüber iſt lange geſtritten worden, ohne daß man noch bis jetzt über die Entſcheidung dieſer Frage ſich hätte vereinigen können ²).

In

---

1) Puſendorf obſ. iur. vniu. T. IV. Obſ. 208.

2) Die vorzüglichſten Schriftſteller für die willkürlichen Entlaſſungen der Staatsbeamten ſind:
Meuius P. 2. Deciſ. 12.
I. H. Boehmer (reſp. Ph. A. de Münchhauſen) de iure principis circa dimiſſionem miniſtrorum. Hal. 1716. und in deſſen Exercitatt. ad Pand. T. 3. Exerc. 57. (p. 730-801.) Dieſe Diſſertat. iſt

auch

Inzwiſchen pflegt man, wie die Erfahrung zeigt,
in vielen Staaten ohne eben ſo genau nach den Rechts-
grün-

auch in deſſen Iure Eccl. Proteſtant. Lib. 5. tit. 37.
§. 68. f. wörtlich wieder abgedruckt.

de Neumann Meditationes iuris principum priuati
Lib. 3. tit. 20. §. 481-488.

I. I. Moſer de Iure ſtatuum imperii circa ſuos con-
ſiliarios. Frcof. 1738. §. 40. in deſſen Select. Iuris
publ. et priuati p. 251.

Struben Rechtl. Bedenk. Th. 1. Num. 172. Th.
3. Num. 144.

Joh. Ludw. Klüber kleine juriſt. Bibl. St. 22.
(Erl. 1792.) S. 156. f.

Für die entgegengeſetzte Meinung ſtreiten aber:

Caſp. Klock T. 1. Conſil. 32. u. 13-19.

Schilter Exercitat. ad Pand. 37. §. 142. f.

de Lyncker d. de Beneplacito Sect. 2. C. 1. §. 2.
wo noch mehr Schriftſteller für dieſe Menn. angef. ſind.

Leyſer Spec. 62. med. 9. der ſich aber Spec. 570.
med. 46. ſelbſt widerſpricht.

Io. Vlr. de Cramer Obſ. iur. vniu. Tom. 2. P. 2.
Obſ. 628.

Moſer von der Landeshoheit in Regierungsſachen
überhaupt. Cap. 2. §. 51.

Die Entlaſſungen der Räthe ſind nicht ſo willkürlich
als manche vermennen. Frkf. und Leipz. 1784.

Votum über die Frage: Ob und in wiefern ein Prin-
ceps berechtigt ſey, ſeine Diener zu dimittiren, oder
einen in officio publico ſtehenden officialem ſeines
Dienſts zu entſetzen? in Schlözer Staats-Anz.
XXIX. S. 3. f. und (Runde) Zuſätze zu dieſ. voto.
Ebendaſ. S. 43. f.

Scheidemantel Repertorium des Staats- und
Lehn-Rechts unt. d. W. Abſchied der Staatsbeamten.

Weſtphal teutſches Staatsrecht. (Leipzig 1784.)
19te Abh. S. 171. f.   Se-

gründen zu fragen, die Entlassung für ein bequemes Hülfsmittel des Regenten oder der Regierung anzusehen, sich manches verdächtigen, unbeliebten oder beschwerlichen Staatsbeamten leicht und schnell zu entledigen.

Diejenigen Schriftsteller, welche die Rechtmäßigkeit der Entlassung vertheidigen, weichen wieder in so fern von einander ab, daß einige dieselbe dem Regenten ganz unbedingt, andre blos dann zugestehen, wenn im Anstellungsvertrage die Clausel aus Gnaden, oder: So lange es Uns gefällt (ad beneplacitum), bis auf weitere Verordnung, ausdrücklich enthalten oder eine

bes

Sebast. Malacord diss. de publicis officiis absque iusta causa eiusque legali cognitione non auferendis Gott. 1788. 4. und die daselbst abgedruckte Entscheidung der Königl. Preuß. Gesetz-Commission von 1787.

(Rebmann) Versuch über die Frage: Ob ein Herr seinen verpflichteten Beamten ohne Ursach seiner Dienste entsetzen oder entlassen könne? Regensb. 1791. 8.

Seuffert a. a. O. §. 71-84.

Fr. Guil. Engler de muneribus publicis iustitiae sacerdotibus absque iusta causa non auferendis. Lipf. 1794. 4to.

F. A. von der Becke von Staatsämtern und Staatsdienern. (Hellbronn 1797. 8.) S. 84. ff.

Gutachten der Juristen-Facultät zu Erlangen, die Dienstentlassung des Churbraunschweig. Hofrichters auch Land- und Schatzraths von Beriepsch betreffend, ist abgedruckt in Häbelin Samml. einiger Actenstücke. (Helmstedt und Leipzig 1797. 8.) S. 12-51.

beſtimmte Zeit der Kündigung verabredet ſey; wieder
andere beſchränken die Befugniß zu entlaſſen blos auf
ſolche Staatsdiener, die zugleich Unterthanen ſind,
und ihr Amt nicht käuflich an ſich gebracht haben;
noch andre räumen dieſelbe nur dem Nachfolger in der
Regierung und nur dann ein, wenn er ſucceſſor ſingu-
laris, d. i. wenn er nicht zugleich Allodial-Erbe ſeines
Vorgängers iſt [x]).

Folgendes ſind die vorzüglichſten Gründe, womit
ſie ihre Meynung zu unterſtützen ſuchen.

1. Die Beſetzung der Staatsämter ſey ein Theil der
dem Regenten zuſtehenden oberſten Gewalt (Ius
maieſtatis) vermöge deren er dieſelben nach Gefallen verleihen könne. Er ſey in dieſer Hinſicht
als ein Hausherr zu betrachten, der ſein Haus-
geſinde, ſeine Verwalter oder Geſellen nach Belieben annehme und abſchaffe. Es laſſe ſich über-
dieß bey den Beamten eben ſo wenig, als bey
dieſen ein Eigenthumsrecht an ihren Bedienungen
gedenken, welches ihnen etwa nicht willkürlich gekündigt oder entzogen werden dürfe [2]).

Allein

1) Man ſ. a. Joh. Chrſtph. Krauſe Abhandlungen aus dem teutſchen Staatsrechte. 1ſter Bd. (Halle 1797. 8.) S. 180. ff.

2) Ziegler de iur. maieſt. Lib. 1. C. 29. §. 7. ſagt:
Poteſt princeps, qui magiſtratum conſtituit, eundem
iterum dimittere et in priuatorum ordines redigere,
poteſt eius poteſtatem ampliorem reddere, anguſtiorem,
ſublimiorem et infirmiorem, prout ipſi libuerit, inuito
etiam

Allein dieß Gleichniß ist sehr unpassend, da ein Hausvater blos seinen Privatnutzen beabsichtet und nur in dieser Hinsicht Bediente annimmt und verabschiedet, ein Regent aber so wenig bey Anstellung der Staatsbeamten, als bey deren Verabschiedung, blos seinen Privatvortheil, seine persönliche Neigung oder Abneigung, sondern das Beste des Staats vor Augen haben muß, die Beamten hingegen nicht allein Pflichten gegen den Regenten, sondern auch gegen den Staat übernehmen, deren treue Erfüllung gar leicht das vermeyntliche Privat-Interesse des erstern beleidigen kann. Ueberhaupt scheinen hier die Begriffe von Staatsbeamten und Hofdienern (§. 69.) verwechselt zu seyn.

2. Die Staatsämter seyen eigentliche Precareyen (precaria, bittweise überlaßne Befugnisse) welche schon stillschweigend die Clausel: bis auf Widerruf (ad beneplacitum) enthielten, ja in den mehrsten Bestallungsbriefen werde diese Bedingung ausdrücklich eingerückt, oder doch durch die Ausdrücke: gnädigst, bis auf weitere Verfügung, bezeichnet.

Hierauf steht aber zu erwiedern: der Anstellungsvertrag, wo der Regent Namens des Staats handelt, ist nicht mit Privat-Contracten zu verwechseln, noch weniger nach römischen Rechtsgrundsätzen zu beurtheilen ¹).

Die

---

etiam magistratu, cui ne hiscere quidem aduersus eiusmodi decretum licitum est.

1) Böhmer a. a. O. C. II. §. 9. vergl. mit C. I. §. 15. und C. II. §. 17. wo er dem erst aufgestellten rich-

Die angeführten Clauseln sind theils zu unbestimmt, um daraus das Recht einer willkürlichen Verabschiedung herzuleiten, und vielmehr wie bloße Canzley-Formeln zu betrachten, theils fragt es sich noch, ob überhaupt der Vorbehalt dieser Willkür mit den bey Num. 1. angegebnen staatsrechtlichen Grundsätzen bestehen könne?

Nicht zu gedenken, daß selbst Privilegien, nur aus triftigen Ursachen für widerruflich gehalten werden, im vorliegenden Falle aber kein aus bloßer Gnade ertheiltes Vorrecht, sondern ein von beyden Seiten lästiger Vertrag vorhanden ist ¹).

3. Da die Staatsdiener die Freyheit hätten ihr Amt niederzulegen; so müsse, vermöge der Reciprocität der Rechte, dem Regenten auch die Entlassung zukommen.

Aber es ist oben (§. 97.) gezeigt, daß die Resignationen nicht willkürlich seyen, und wenn gleich die Einwilligung des Regenten nicht leicht versagt zu werden pflegt; so geschieht es doch nur, weil es dem Staate nicht an andern geschickten Subjecten fehlt, dahingegen der Beamte durch die Entlassung allemahl großen Nachtheil leidet, wie sich weiter unten ergeben wird.

4. Man

richtigen Grundsatze, daß die Entlassung nicht nach dem Römischen Rechte beurtheilt werden dürfe, gerade zuwider handelt.

1) Strube Rechtl. Bedenk. Th. 2. Bd. 80.
Leyser de Assentation. ICtor. (Helmst. 1726. 4.)
C. 3. Sect 2. §. 35.
Westphal teutsches Staatsr. 1ste Abh. §. 6.

4. Man dürfe nicht Absetzung (Remotion, Cassation) mit der Entlassung verwechseln. Jene setze ein Verbrechen voraus, sey entehrend und könne daher nur aus hinlänglich, begründeten Ursachen, nach vorhergehender Untersuchung verhängt werden; von dieser lasse sich dieß nicht behaupten, zumahl wenn noch die Clausel: in Gnaden, oder: mit Vorbehalt der Ehre, dem schriftlichen Abschiede beygefügt würde. Allein

a) enthält eine gezwungne Entlassung in Gnaden einen Widerspruch. Ein Staatsdiener, der sein Amt so verwaltet, daß er den Beyfall und die Gnade des Regenten verdient, kann und wird nicht willkürlich abgedankt oder weggestoßen werden [1]).

b) Der Vorbehalt der Ehre wird den von einem Ehrenamte einseitig Entfernten nicht vor nachtheiligen Auslegungen und Muthmaßungen schützen, da bekanntlich oft auch die verschuldete Cassation in eine Entlassung aus Gnaden oder in eine abgenöthigte Resignation verwandelt wird, weshalb ein ohne Ursach entlaßner Beamter, wenn er dazu still schweigt, gar leicht mit einem Verbrecher verwechselt werden kann [2]).

c) Nicht

---

[1]) **Martials** bekannter Ausspruch, L. I. Ep. 32.
Non amo te, Sabidi, nec possum dicere, quare;
Hoc tantum possum dicere, non amo te.
kann hier nicht in Anwendung kommen.

[2]) **Boehmer** C. I. §. 16. sagt: negari nequit, saepe remotionem, ex praecedente delicto decretam, vocu

c.) Nicht nur die bürgerliche Ehre kommt hier in
Betracht, sondern auch die Besoldung, welche dem Beamten ohne Ursach, durch einen blof-
fen Machtspruch, entzogen werden soll, ungeachtet er auf deren Genuß, vermöge des bey seiner
Anstellung eingegangnen Nebenvertrags, so lange
er seine Amtspflichten gehörig erfüllt, (woran er
durch willkürliche Entsetzung oder Suspension (§.
98.) nicht gehindert werden darf,) ein wohlerworbnes Recht erhalten hat [1]).

5. Es könne oft ein schlauer Beamter dem Staate
Schaden zufügen, oder seine Pflichten sonst gröblich
vernachlässigen, ohne daß er dessen juristisch zu über-
führen sey. Stehe nun dem Regenten in einem solchen Falle die Entlassung nicht zu, so gäb es kein
Mittel, den Staat von einem so schädlichen, oder
wohl gar gefährlichen Diener zu befreyen [2]).

Allein einer Seits ist in einem wohlgeordneten Staate eine lang fortgesetzte und grobe Pflichtverletzung der
Be-

voce dimiffionis velari. Die Entlassung ist
also doch, wie die Cassation, als eine, nur etwas gelindere, Strafe zu betrachten, obgleich Böhmer
dieß im Eingange des Paragraphen leugnet.

1) rectius statuitur generaliter, neque in poenam, neque in damnum, sine justa causa eiusque cognitione, fieri remotionem. de Cramer de differentia inter remotionem et dimiffion. in Opuscul. T. IV. n.
21. §. 2.

2) Actenmäßige Berichtigung. (Hannover 1797.)
S. 72.

Beamten selten möglich, ohne daß sie gehörig entdeckt werde, und ein Beamter, der ein böses Gewissen hat, wird gern in die ihm angebotne Entlassung willigen (wo sodann der Fall des §. 96. N. 3. eintritt), da hingegen auf der andern Seite, bey Annehmung obigen Grund-satzes viele unschuldige und nützliche Staatsdiener ein Raub der Cabale und der Leidenschaften werden wür-den [1]).   Sollte auch bey eintretenden Fällen aus der gerichtlichen Untersuchung kein voller Beweis eines solchen Verbrechens, worauf der Regel nach die Cassa-tion stånd (§. 96.), wohl aber ein hinlänglicher, nicht zu widerlegender Verdacht desselben hervorgehen; so kann ja immer, nach den allgemeinen Grundsätzen des peinlichen Rechts, und nach Maaßgabe der Umstånde, auf die außerordentliche gelindere Strafe der Entlassung erkannt werden [2]).   Da die Staats-beamten zu einem gesitteten und vorsichtigen Betragen, besonders in Dienstsachen, doppelt verpflichtet sind; so kann keiner, der auf solche Weise, durch Urtel und Recht, entlassen wird, sich für beschwert halten. Zugleich wird aber auch der oben aufgestellte Scheingrund für die willkürlichen Entlassungen hierdurch gänzlich beseitigt.

6. Ein

---

1) Vortrefflich sagt Trajan (L. 5. pr. D. de poenis). Satius est impunitum relinqui facinus nocentis, quam innocentem damnare.

2) Kleinschrod über die Wirkungen eines unvoll-kommnen Beweises in peinlichen Sachen; in Plitt Repertorium für das peinl. Recht. (Frkf. a. M. 1786.) Bd. 1. S. 421. ff.

6. Ein Regent könne bey der Wahl der Beamten oft getäuscht werden, und es müsse ihm daher um so mehr frey stehen, sich und den Staat auf die kürzeste und leichteste Weise von einem Unwürdigen zu befreyen, da ihm ohnehin kein Diener, zu dem er kein Vertrauen habe, aufgedrungen werden könne.

Wem fällt hier nicht der bekannte Spruch ein: Turpius eiicitur, quam non admittitur hospes? Bey der Wahl eines Staatsbeamten kann die strengste Vorsicht und Prüfung nicht genug empfohlen werden; ist aber der Beamte wirklich gewählt, so hat er die Vermuthung der Tauglichkeit für sich, welche ohne Beweis des Gegentheils nicht entfernt werden kann. Höchstens würde bey denen Staatsbeamten, welche unmittelbar mit dem Regenten zu arbeiten haben, auf die persönliche Abneigung oder das verminderte Vertrauen desselben Rücksicht zu nehmen seyn. Hier sind aber, falls dem Beamten keine Verschuldung erweislich zur Last fällt, anderweite ehrenvolle Beschäftigungen, oder Befreyung vom Dienste, mit Beybehaltung des Ranges und Gehalts, glimpflichere und gerechtere Auskunftsmittel, als die gezwungene Resignation oder Entlassung (§. 79. N. 1. u. 3.).

7. Man dürfe bey Untersuchung der strittigen Frage bloße Billigkeits- oder Klugheits-Gründe, nicht mit Rechtsgründen verwechseln. Der Regent beleidige, indem er sich seines Rechts gebrauche, den Beamten so wenig, als einer, der ein precarium zum Schaden des andern aufrufe, und dem

U 2

man

man wohl Härte und Unmenſchlichkeit, aber keine Ungerechtigkeit vorwerfen könne [1]).

a) Dieſe Behauptung ſetzt aber das ſchon als ausgemacht voraus, was erſt noch bewieſen werden
muß, das aus ſehr triftigen Gründen bezweifelte
Recht des Regenten zur willkürlichen Entlaſſung.

b) Noch zur Zeit iſt in keinem Staate ein poſitives
Geſetz vorhanden, welches den Regenten dieſes
Recht einräumte, und es wird auch ſchwerlich ei-
nem

[1] Boehmer a. a. O. den wir hier ſchon ſo oft auf
Widerſprüchen gefunden haben, macht ſich eines aber-
mahligen auffallenden Widerſpruchs ſchuldig, wenn
er C. I. §. 15. folgende Erklärung der Entlaſſung auf-
ſtellt: Sie ſey ademtio muneris commiſſi a principe
facta, iuſta de cauſa, non tamen praeciſe in
poenam, ob delictum forſan commiſſum. Hier
wird alſo (ohne uns übrigens bey dem Schwanken-
den der Definition aufzuhalten) ausdrücklich eine
gerechte Urſach zum Begriff der Entlaſſung erfodert, welche mithin, im Leugnungsfalle, erwieſen
werden müßte, und doch ſoll nach C. II. §. 18. ein
Fürſt ex friuola cauſa einen verdienten Beamten verabſchieden können! wie kann ein friuola cauſa
zugleich iuſta ſeyn? Eben ſo verwickelt ſich auch
Mevius in der angeführten Deciſion in offenbare Wi-
derſprüche, da er behauptet, daß ein ad beneplacitum
verliehenes Amt für immerwährend zu halten: daß
da, wo durch Geſetz oder Herkommen die Staatsämter fortdaurend wären, keine Aufkündigung ohne
wichtige und gerechte Urſachen Statt fänd, und doch
zugleich den Grundſatz aufſtelle, daß Staatsämter
nach Gutdünken gekündigt werden könnten.

nem weisen und billigen Gesetzgeber einfallen, eine
solche Verordnung aufzustellen — warum? weil jeder rechtschaffene und geschickte Mann sich scheuen
würde, in einem solchen Staate, wo die Staatsbeamten eine so precäre, sie in die Classe gemei-
ner Dienstboten herabwürdigende Existenz hätten,
eine Bedienung anzunehmen. Ja man hat Beyspiele, daß da, wo noch in den Bestallungsbriefen die Clausel: bis auf weitere Verfügung, auf halbjährige Kündigung,
eingerückt zu seyn pflegt, solche für eine bloße
Canzley-Formel erklärt wurde, wenn dieselbe bey
Anstellung eines verdienten Mannes etwa anstößig
schien.

c) Bey einem erst noch gesetzlich zu bestimmenden
Falle dieser Art, müssen allerdings, nächst der
Natur der Sache., dem allgemeinen Staatsrechte
und der Analogie des positiven Rechts, auch die
dabey eintretenden Staatsklugheits- und Billig-
keits-Regeln in Erwägung gezogen und darnach
die Gesetzgebung bestimmt werden.

8. Wenigstens müßten die Unterthanen, da sie
auch zur Uebernehmung der Staatsämter gezwungen werden könnten, sich die Entlassung
gefallen lassen. Allein

a) sind die Bürger nur im Falle der Noth zur Uebernehmung besonderer Pflichten gegen billige Entschädigung verbunden (§. 4. 71.).

b) Fremde, die ein Staatsamt übernehmen, müssen Bürger werden, und sind, als solche, nach

U 3   glei-

gleichen Rechten mit den übrigen Bürgern zu beurtheilen.

c) Bey den Eingebohrnen treten hier gewöhnlich
die nämlichen Gründe ein, wie bey Fremden.

d) Der Regent kann auch den Unterthanen ihre wohl erworbnen Rechte nicht willkürlich entziehen.

9. Die Praxis des Mittelalters in Teutschland, und
der neuern Europäischen Staaten, bestätige die Befugniß der Regenten, Staatsdiener einseitig zu entlassen [1]). Allein

a) kann das Beyspiel des Mittelalters bey unsern
so sehr verschiednen Sitten und Staatsverwaltungs-
arten nicht zur Richtschnur dienen, sodann betreffen
auch die von Böhmer [2]) und Andern beyge-
brachten Exempel hauptsächlich die Statthalter- und
andre hohe Aemter in den Provinzen, welche aus
politischen Ursachen selten auf lange Zeit verliehen
zu werden pflegen.

b) Einzelne Beyspiele von Dienstentlassungen
neuerer Zeiten, können ebenfalls um so weniger
einen allgemeinen Rechtsgrund, oder eine Obser-
vanz bewirken, da bey vielen Fällen, z. B. beym
Ministerwechsel in England, gewöhnlich eine gegründete Ursach, das verlorne Vertrauen des Volks,
vor-

[1]) Krause Abhandl. aus dem teutsch. Staatsrechte.
Th. 1. S. 180. ff.
[2]) a. a. O. C. II. §. 19.

vorhanden ist, viele schon während ihres Dienstes
auf diesen Fall für ihre Entschädigung gesorgt
und die Entlassung gutwillig angenommen, manche auch blos der Uebermacht haben weichen
müssen.

§. 100.

β) Gegengründe.

1. Aus der Natur des Anstellungsvertrags und der öffentlichen Aemter.

a) Die Staatsämter erfodern zu ihrer Verwaltung besondre Eigenschaften und Kenntnisse, vieljährige Vorbereitung und Uebung, und eine vorzügliche Anstrengung der geistigen Kräfte (§. 68.), weshalb auch nur
solche Subjecte als Beamte angestellt werden können,
von welchen der Staat Ursach zu glauben hat, daß
sie die zu ihrer Stelle nöthigen Eigenschaften und Fähigkeiten besitzen (§. 87.). Die Verleihung eines
Amtes enthält daher die stillschweigende Erklärung
des Verleihers, daß er zu der Fähigkeit des Angestellten ein gegründetes Vertrauen habe. Jeder Beamte hat also die Vermuthung der Tauglichkeit so lange für sich, bis das Gegentheil erwiesen ist.

b) Die Staatsbedienungen setzen ein zur bessern Erreichung des Staats-Zweckes nöthiges, fortdaurendes
Geschäft (§. 68.) oder eine aneinanderhangende Reihe
von Geschäften derselben Art voraus. Da nun bekanntlich jede Arbeit immer leichter, schneller und
besser vollbracht wird, je öfter sie schon wiederholt ist,

U 4

und

nud alfo zu vermuthen stehet, daß auch die Fähigkeit der Amtsführung durch die Uebung zunehme; so erfohdert das Beste des Staats: daß ein einmahl als tauglich anerkannter Beamter nicht ohne Ursach vom Amte entfernt werde [1]. Dieß ist auch die Regel in der jetzigen Europäischen Staatsverwaltungs-Praxis, und die einzelnen Beyspiele willkürlicher Entlassungen sind blos als Ausnahmen davon zu betrachten, deren Rechtmäßigkeit erst noch erwiesen werden muß.

c) Der Anstellungsvertrag ist keine bloße Gnadenverleihung, und betrifft einen fortdaurenden Gegenstand. Hat also bey Schließung desselben der Staat die Befugniß der Entlassung, oder der Beamte die Kündigung sich nicht ausdrücklich vorbehalten; so tritt von beyden Seiten die rechtliche Vermuthung ein, daß ohne gegründete Ursach kein Theil den Vertrag einseitig aufheben wolle [2].

d) Der Beamte muß der Regel nach alle Zeit und Kräfte dem Amte widmen, ohne durch Betreibung bürgerlicher Gewerbe die Verbesserung seiner Umstände bewirken zu können; und der Staat ist schuldig, ihn

---

[1] Ant. Perez ad Cod. L. 1. tit. 26. n. 5. L. 12. tit. 1. n. 10. 11.
    Ant. Ferd. Otero de officialibus reipublicae. C. 13. num. 1 - 14.

[2] de Wolffius nat. P. 8. §. 899. 913.
    de Cramer T. 2. P. 2. Obs. 628.

ihn für diese Aufopferung durch eine billige Besoldung zu entschädigen (§. 81.). Nun gewährt
aber jedes bürgerliche Gewerbe dem fleißigen, geschickten und redlichen Arbeiter, wenn nicht große
Unglücksfälle eintreten, einen fortdauernden Unterhalt. Dem Staatsbeamten kann also
die einmahl zugesicherte Besoldung um
so weniger ohne Ursach durch die Entlassung entzogen werden, da ihm der Weg
zur Ergreifung andrer, einen fortdaurenden Unterhalt gewährender, bürgerlicher Erwerbmittel, durch die Verwaltung seines Amtes gewöhnlich versperrt
wird. Auch hierin zeigt sich ein großer Unterschied
zwischen dem Anstellungsvertrage eines öffentlichen
Beamten und dem Miethcontracte eines gemeinen
Dienstboten oder Gesellen. Jener übernimmt dadurch
ein von den bürgerlichen Gewerben sehr verschiednes
Geschäft; dieser bleibt in seinem gewöhnlichen Berufe; jener leidet durch Verabschiedung meist unersetzli-
chen Schaden, da er im Vaterlande selten wieder
Gelegenheit findet, sich und seine Familie zu nähren,
dieser hingegen braucht dafür gar nicht besorgt zu
seyn [1]). Der Beamte ist ferner nicht blos dem
Regenten, sondern vorzüglich dem Staate; der
Dienstbote allein dem Brodherrn zu Diensten ver-
pflich-

[1]) Daher das bekannte Sprüchwort: Ein Handwerk
hat einen güldnen Boden. Eisenhart a. a. O.
S. 65.

U 5

pflichtet; ersterer kann daher auch nicht so willkürlich behandelt werden, als letzterer. Eben so wenig können auch die Beamten mit bloßen Mandatarien oder Privatverwaltern verglichen werden.

e) In den mehrsten Staaten ist eine stufenweise Fortrückung in höhere und einträglichere Stellen üblich, und die niedern Beamten können sich mit Recht Hoffnung zu Beförderungen machen, wenn sie ihre Pflichten redlich erfüllen. Es ist also vorauszusetzen, daß ein Beamter, beym Anstellungsvertrage, wo ihm vielleicht eine kümmerliche Entschädigung angewiesen ist, mit auf dereinstige Beförderung Rücksicht genommen habe, welche ihm daher durch willkürliche Entlassung nicht entzogen werden darf.

f) Der Anstellungsvertrag betrifft ein fortdaurendes Geschäft, in dessen Hinsicht beyde contrahirende Theile einander wechselseitige Rechte und Pflichten zusagen und übernehmen (§. 71.). Jene können wohl nach Gutfinden aufgegeben, diese aber nicht einseitig und willkürlich entzogen oder vorenthalten werden.

g) In solchen Staaten, wo der Diensthandel (§. 94. b)) üblich ist, kann vollend die willkürliche Entlassung, nach dem einstimmigen Urtheile aller Schriftsteller, mit gar nichts entschuldiget werden [1]).

§. 101.

---

1) Raue d. de iure officii titulo oneroso collati. Ien. 1766. 4.

§. 101.

Fortſetzung.

2. Gründe aus dem allgemeinen Staatsrechte.

a) Die höchſte Gewalt eines Staats, nebſt denen, welche ſolche bekleiden, ſind nicht um ihrer ſelbſt, ſondern
um des Staats willen, und zur Erreichung des gemeinſchaftlichen Zwecks einführt (§. 4.). Blos in
deſpotiſchen Staaten betrachtet der Regent ſich als
Zweck, die Unterthanen als Mittel; aber ſolche Staats-
Puppenſpiele (Verfaſſungen verdienen ſie nicht
zu heißen) ſind auch die Menſchheit entehrende Abweichungen von der Regel.

b) Die höchſte Gewalt (der Regent) hat zwar die
Befugniß (Majeſtätsrecht), alles, was zur
Erreichung des Staatszweckes dient, anzuordnen
(Staatsverwaltung, Regierung); zur beſſern Beſorgung der abgeleiteten Geſchäfte (§. 66.)
die nöthigen Staatsbeamten anzuſtellen,
über deren Verwaltung die Aufſicht zu führen,
und vermöge derſelben das Recht zu ſtrafen oder
zu belohnen. Aber dieſe Befugniß muß pflichtmäßig, d. i. dem Staatszwecke und den Grundgeſetzen gemäß, dieſe Oberaufſicht darf nicht nach Willkür, dieſes Straf- und Belohnungsrecht nicht nach
perſönlicher Laune, oder Privatvortheil, ausgeübt
werden, wenn ſie nicht in Deſpotie ausarten ſoll.
Es können daher die Staatsbeamten eben ſo wenig
nach Willkür oder zum Nachtheile des Staats ohne
rechtliche, und nöthigen Falls gehörig zu erweiſende
Urſachen, angeſetzt, oder verabſchiedet werden.

c) Der

c) Der Regent ift Menfch, und kann als folcher, felbft bey den beften Gefinnungen, irren, von Leidenfchaften und Vorurtheilen geblendet, von äußerm Einfluffe gemißleitet werden; die Staatsdiener aber haben als folche (perfonae publicae), und als Bürger eine zwiefache Verpflichtung, dem Staatszwecke und dem befondern, jenem untergeordneten, Zwecke ihres Amtes gemäß zu handeln. Ihre Pflichten können daher leicht mit den Forderungen und Abfichten des Regenten in Collifion kommen. Es ift alfo auch in diefer Hinficht einer wohlgeordneten Staatsverfaffung zuträglich, daß die Beamten, befonders Juftizbeamten (S. 18.), nicht von der Willkür des Regenten abhangen, oder nach Laune von ihm verabfchiedet werden können, da fie fonft gar leicht durch die Beforgniß, für fich und ihre Familie brodlos zu werden, zu pflichtwidriger, dem Wohle des Staats und der einzelnen Bürger fchädlicher Nachgiebigkeit verleitet werden dürften ¹).

d) Die

1) v. Mofer politifche Wahrheiten. ²tes Böchen. (Zürich 1796.) S. 80.
Sehr richtig behauptet der Würtembergifche Landfchafts-Ausfchuß in feiner Vorftellung wegen eigenmächtiger Entlaffung des Hofraths Autenried, vom 16ten März 1787. "Räthe find zugleich Diener des Staats; um ihren auf das unzertrennliche Befte von Herrn und Land befchwornen Pflichten Genüge zu leiften, müffen fie mit unbefangenem Herzen fprechen können." Neues Götting. Hiftorifch. Magazin. Bd. 3. St. 1. S. 121. ff.
In

d) Die Beamten sind Bürger (§. 71.) und es darf ihnen, als solchen, kein wohlerworbnes Recht vom Regenten entzogen werden. Nun ist im vorigen Paragraphen schon erwiesen, daß sie durch den Anstellungsvertrag nicht nur ein Recht auf Entschädigung für ihre Dienste, sondern auch, der Regel nach, auf fortdaurende Entschädigung für ihre Lebenszeit erwerben, welches ihnen nicht einmahl der Staat nach Willkür entziehen kann.

e) Die Besoldungen der Beamten werden nicht aus dem Privatvermögen des Regenten, sondern aus den Staatseinkünften bestritten, und können also auch in dieser Hinsicht nicht nach bloßem Gutbefinden oder persönlichen Abneigungen desselben entzogen werden. Fände dieses Statt; so möchten sich wohl wenig Bürger entschließen, sich zu den Geschäften des Staats, mit Aufwendung ihres Vermögens und ihrer besten Lebensjahre gehörig vorzubereiten, und durch Uebernehmung eines Staatsamtes, die Erlernung anderer sie zeitlebens nährender Gewerbe zu verabsäumen. Der Staat würde also bald Mangel an geschickten, brauchbaren und zuverlässigen Dienern leiden, da auch auswärtige verdiente und rechtschaffene Männer sich unter dieser Voraussetzung schwerlich zur

Ueber-

In England vergiebt zwar der König alle hohe Richterstellen; aber unter der Bedingung: quam diu se bene gesserint.

Rehberg Untersuchung über die französische Revolution. Th. 1. S. 157. f.

Uebernahme eines so undankbaren Geschäfts entschließen dürften [1]).

f) Am allerwenigsten aber sind in eingeschränkten Monarchien die vom Regenten einseitig und willkürlich verhängten Entlassungen solcher Beamten

zu

[1] Kant (Metaphysische Anfangsgründe der Rechtslehre. (Königsb. 1797. S. 190. f.) erklärt sich folgendermaßen über diese Streitfrage:

"Was ein bürgerliches Amt anlangt, so kommt hier die Frage vor: Hat der Souverain das Recht, einem, dem er ein Amt gegeben, es nach seinem Gutbefinden (ohne ein Verbrechen von Seiten des letztern) wieder zu nehmen?

Ich sage, nein! denn, was der vereinte Wille des Volks über seine bürgerliche Beamte nie beschließen wird, das kann auch das Staatsoberhaupt über ihn nicht beschließen. Nun will das Volk (das die Kosten tragen soll, welche die Ansetzung eines Beamten ihm machen wird) ohne allen Zweifel, daß dieser seinem ihm auferlegten Geschäfte völlig gewachsen sey; welches aber nicht anders, als durch eine, hinlängliche Zeit hindurch, fortgesetzte Vorbereitung und Erlernung desselben, über der er diejenige versäumt, die er zur Erlernung eines andern ihn nährenden Geschäfts hätte verwenden können, geschehen kann; mithin würde, in der Regel, das Amt mit Leuten versehen werden, die keine dazu erforderliche Geschicklichkeit, und durch Uebung erlangte reife Urtheilskraft erworben hätten; welches der Absicht des Staats zuwider ist, als zu welcher auch erforderlich ist, daß jeder vom niedrigeren Amte zu höheren (die sonst lauter Untauglichen in die Hände fallen würden) steigen, mithin auch auf lebenswierige Versorgung müsse rechnen können.

zu entschuldigen, welche vermöge der Grundgesetze zur Wahrung der Volksrechte gegen gesetzwidrige Eingriffe des Oberhaupts verpflichtet, und von den Reichs- oder Landständen, mit Zustimmung des Regenten, angestellt sind. Könnten diese solchergestalt von dem einseitigen Willen desselben abhängig gemacht werden, so würde es leicht seyn, die Grundverfassung des Staats zu untergraben und der Volksfreyheit ihre wackersten Vertheidiger zu rauben oder sie zum Schweigen zu nöthigen [1]).

Es meynen nun zwar Einige [2]), daß wenn auch ein Regent im höchsten Grade unbillig und dem Staatswohle zuwider handle, derselbe doch deshalb nicht dem Diener, sondern blos dem Staate verantwortlich sey. Allein diese Behauptung gründet sich auf die falsche Voraussetzung des willkürlichen Resignationsrechts (§. 97.), und selbst unter dieser Voraussetzung müßte es doch dem unschuldig verabschiedeten nützlichen Diener frey stehen, zu erklären, daß die Entlassung willkürlich und wider seinen Willen geschehen sey,

---

1) Hierdurch, und durch das, was oben unter c) und §. 99. unter Num. 5. beygebracht ist, widerlegen sich die Scheingründe der Actenmäßigen Berichtigung S. 73. f. (Hannover 1797.) wozu sich der Herr Geh. Canzley-Secretär Rehberg zu Hannover, der in seinen Betracht. über die französische Revolution S. 153. 157. f. ganz andre Grundsätze aufstellt, selbst als Verfasser angegeben hat. Hamb. Corresp. 1797. Num. 65.

2) Z. B. Klüber kleine jurist. Bibl. St. 22. S. 157.

ſey, da er als Bürger nicht nur befugt, ſondern auch
verpflichtet iſt, auf Handlungen der oberſten Gewalt,
die dem Staate nachtheilig ſind, aufmerkſam zu machen. Dieß iſt noch mehr der Fall, wenn den Beamten eine rechtliche Inſtanz offen ſtehet, wo dergleis
chen Machtſprüche zur geſetzlichen Unterſuchung und
richterlichen Entſcheidung gebracht werden können, wie
in Teutſchland ¹).

g) Ein noch größres Recht hat der ſolchergeſtalt entlaßne
Staatsdiener, der ſich ſeiner Unſchuld bewußt iſt,
auf Unterſuchung zu bringen, wenn ſchon vor oder
nach ſeiner Entlaſſung e h r e n r ü h r i g e G e r ü ch t e
ü b e r d i e U r ſ a c h e n d e r ſ e l b e n ſich öffentlich verbreitet haben, wenn etwa gar der Regent, zwar nicht
im Verabſchiedungs-Decrete, aber doch in andern
officiellen Aufſätzen, oder ſonſt, w i r k l i c h e V e r-
b r e ch e n zur Urſach ſeiner Entlaſſung angegeben
hat, wodurch allerdings die ſimple Entlaſſung nicht
blos den S ch e i n, ſondern auch das W e ſ e n der
Caſſation und einer ſchweren Strafe erhält.

§. 102.

¹) Daß das Volk, oder deſſen Repräſentanten die Befugniß haben, gegen die Dienſtentlaſſungen Erinne-
rungen zu machen, wenn erhellet:
"principem vel cupide, vel cauſis aut plane incon-
gruis aut non ſatis idoneis, aut certe non ſatis proba-
tis, moueri,"
zeigt die Geſchichte der Wahlcapitulation Leopolds II.
wovon weiter unten.
S. Hommel de remotione conſiliariorum Imperii
aulicorum. §. 2. S. 25.

§. 102.

Fortsetzung.

3. Klugheits- und Billigkeits-Gründe.

Wäre einmahl das Recht der willkürlichen Entlassungen durch ausdrückliche Gesetze oder gesetzliche Folgerungen begründet; so würde es freylich von dem Berechtigten abhangen, in wiefern er in einzelnen Fällen der Klugheit und Billigkeit Gehör geben, oder sein Recht nach der Strenge ausüben wollte. Da aber nach den bisherigen Betrachtungen das Daseyn eines solchen Rechtes billig bezweifelt wird; so dürfen allerdings auch solche Gründe, die eben nicht gerade aus dem strengen Rechte hergenommen sind, zur Entscheidung der vorkommenden Fälle, so wie zur Grundlage einer künftigen Gesetzgebung mit zu Hülfe genommen werden. Dahin gehören nun folgende Betrachtungen:

a) Wenn man auch nicht geradezu mit Cramer [1] und Andern behaupten möchte, daß die Entlassung eben so entehrend sey, als die förmliche Cassation; so steht, wie schon oben bemerkt ist, doch keinesweges zu leugnen, daß ein Entlaßner wenigstens beträchtlichen Nachtheil an seinem guten Rufe leide. Es ist daher einem solchergestalt in den Augen des Publicums herabgewürdigten Manne nicht zu verdenken, wenn er alles aufbietet, sich wenigstens von diesem Flecken zu reinigen, wozu ihm die Freyheit der Presse das schicklichste Mittel an die Hand giebt. Nun wird

---

1) de Cramer Obf. iur. vniu. T. 2. P. 2. Obf. 618.

Canzleyst. Th. 2. X

wird keine weise Regierung sich so weit über die öffentliche Meynung erhaben glauben, daß sie durch
Stillschweigen den gehäßigen Verdacht der Willkür
bestärken sollte, sondern ihr Verfahren auf irgend eine
Weise zu rechtfertigen suchen. Hierdurch wird aber
eine Sache, die ohne Geräusch im gewöhnlichen Rechts-
wege hätte entschieden werden können, gar vor den
Richterstuhl des großen denkenden und in jedem Betracht ehrwürdigen Publicums gezogen, dessen Entscheidung auch dem mächtigsten Regenten nicht gleich-
gültig seyn kann.

b) Die Klugheit erfodert daher schon, daß ein Regent selbst da, wo er auf das vollkommenste von der
Gerechtigkeit seiner Maaßregeln, von der Schuld
oder Untauglichkeit eines Beamten, überzeugt ist, die
rechtlichen Formen in Ehren halte, und falls
der Beamte die dargebotne gütliche Entlassung nicht
annehmen sollte, keinesweges mit Machtsprüchen zu-
greife, damit nicht dadurch der Frevel-
hafte den Schein eines unschuldig Leidenden erhalte, und statt gerechten Unwillens,
das Mitleid des Publicums erschleiche, damit nicht
etwa gar der Verdacht entstehe, als ob die Regierung selbst zur Hinlänglichkeit oder
Lauterkeit ihrer Beweggründe kein rechtes Vertrauen habe.

c) Oft kann auch der edelste Regent, selbst durch seinen Gerechtigkeitseifer oder durch übertriebene Ge-
rüchte und einseitige Vorstellungen, zu Härten und
Uebereilungen fortgerissen werden, kann bey dem besten

sten Willen für das Wohl des Staats, ganze Familien,
ohne ihr Verschulden und ohne Noth, zu unsglücklichen Opfern heimlicher und fein angelegter Cabalen oder des Jähzorns und eines zu raschen Gerechtigkeitseifers machen, und dadurch nicht nur seinen
verdienten Ruhm beflecken, sondern auch dem Staate
selbst durch allzu rasche Schritte Nachtheile zufügen,
welche bey der Einleitung einer gerichtlichen Untersuchung gewiß vermieden worden wären ¹). Ueberhaupt ist nicht abzusehen, warum ein Regent oder
seine Regierung, Machtsprüche dem Wege des
Rechts vorziehen sollte. Man könnte zwar hier einwenden.

aa) Das Ansehen der Regenten würde darunter leiden. Allein wenn bey solchen Verbrechen, die eine Cassation oder peinliche Strafe nach sich ziehen,
gerichtliche Untersuchung für zulässig gehalten wird,
warum nicht auch bey Vergehungen oder Versehen,
welche blos die Entlassung zur Folge haben? Die
Untersuchung geschieht ja von den verpflichteten
Gerichtshöfen des Staats, vermöge Auftrags des
Regenten. Ueberhaupt darf der Gesetzgeber und
Aufseher der Richter, nie das Richteramt selbst
üben ²).   bb) Die

---

1) Ich beziehe mich hier um der Kürze willen auf die
bekannten Beyspiele Friedrichs II. und Josephs
II. Von letzterm sehe man die wahrhafte Erzählung
der Schicksale des gewesenen Reichshofraths v. Grävenitz. Frkf. und Lpz. 1788.

2) Man vergleiche besonders hierüber die vortreffliche
Abhandlung in Klein Annal. d. Gesetzgeb. Bd. 1.
S. 391. f.

Im-

bb) Die Gerichte könnten nicht über die Tauglichkeit oder Untauglichkeit eines Staatsdieners urtheilen. Dieser Einwurf verdient keine weitere
Beantwortung, als die Frage: warum nicht?

cc) Oft wünsche der Regent einen Beamten, der
bey einer gerichtlichen Untersuchung noch zu härterer Bestrafung sich qualificiren möchte, um der
Familie willen, oder aus andern Ursachen zu schonen, und es müsse ihm frey stehen, den gelindern
Weg einzuschlagen. Aber auf der einen Seite
zwingt ja niemand einen Beamten, der ein böses
Gewissen hat, die angebotene Entlassung auszu-
schlagen und auf Untersuchung zu bringen; auf
der andern Seite erfodert das Wohl des Staats,
daß die Vergehungen nach Verdiensten gestraft werden, und endlich steht es dem Fürsten noch immer
frey,

imgleichen Leyser de principe in propria causa iudi-
cante specim. 69. med. 4. 5. 6. 8. 9. 10. 11.
Montesquieu Espr. des Lois L. 6. Ch. 5. "Dans
les états despotiques le Prince peut juger lui-même.
Il ne le peut dans les monarchies: la constitution seroit detruite: les pouvoirs intermédiaires dépendans,
anéantis; on verroit cesser toutes les formalités des
jugemens; la crainte s'empareroit de tous les esprits;
on verroit la pâleur sur tous les visages; plus de
confiahce, plus d'honneur, plus d'amour, plus de
sureté, plus de monarchie. --- Outre que cela con-
fondroit toutes les idées, on ne sauroit, si un
homme seroit absous, ou s'il recevroit
sa grace. In wiefern es erlaubt sey, Rechtssachen vor Regierungs-Collegien (im engern Verstande) zu ziehen, wird im 6ten Cap. erörtert.

frey, das Urtheil zu mildern und in eine Entlaſſung
zu verwandeln.

dd) Es könne in manchen Fällen das Staats-Beſte
erfodern, die Verbrechen des Beamten geheim zu
halten. Allein die Gerichtshöfe ſind zur Verſchwiegenheit verpflichtet und es kann ja nöthigen Falls
eine noch beſonders zum Schweigen vereidete Commiſſion von Richtern, niedergeſetzt werden. Nicht
zu gedenken, daß die willkürliche Entlaſſung ein
ſehr unſichres Mittel zur Bewahrung des Geheim-
niſſes iſt. Ueberhaupt möchte ſchwerlich in wohlgeordneten Staaten der Fall eintreten, wo rechtliche Unterſuchungen mit dem Staatswohl in Colli-
ſion kämen, und geheime Inquiſitionen damit entſchuldigt werden könnten.

ee) Der Gang rechtlicher Unterſuchungen ſey zu lang-
ſam, die proceſſualiſche Form zu beſchwerlich, der
Staat laufe Gefahr, inzwiſchen noch mehr beein-
trächtigt zu werden. Aber es giebt Mittel, den
Gang der Unterſuchung auf erlaubte Weiſe zu be-
ſchleunigen, die Nachtheile, die allenfalls aus dem
Verzuge zu befürchten ſtehen möchten, zu verhüten, und niemand kann ſich mit Grund über die
nöthigen Formalitäten beſchweren, wo es auf die
Ehre eines Bürgers, auf das Glück einer Familie,
auf das Wohl des Staats ankommt [1]). Iſt gegen

1) **Klein** a. a. O. beſonders S. 394.
   Montesquieu Eſprit des Lois L. 6, Ch. 2.

Æ 3   Dans

gen einen Beamten wirklich ein ziemlich starker
und gegründeter Verdacht vorhanden, den er nicht
sofort entfernen kann; so darf er bis nach ausge-
machter Sache suspendirt werden (§. 98.).

d) Wenn schon in Privathaushaltungen der öftere
Wechsel der Bedienten eine nachtheilige Meynung von
der Rechtlichkeit und Billigkeitsliebe des Hausherrn
erregt; so dürfte dieß auch in noch höherm Grade
von der Staatsverwaltung zu behaupten stehen. Häufige, selbst gerechte Verabschiedungen der Staatsbeamten erregen den Verdacht von Uebereilung und
Unbehutsamkeit in der Annahme der Staatsdiener,
von Fehlern in dem allgemeinen und besondern Geschäftsgange, von Wankelmuth oder Schwäche der
Regierung, oder doch von einem großen Verderben
der National-Sittlichkeit. Kommen gar schnell auf
einander folgende Beyspiele willkürlicher Entlassungen hinzu, so nimmt unter den redlichen Staatsdienern heimliches Mißvergnügen und Besorgniß; bey
den Uebelgesinnten, Muth zu Cabalen, niedrige Kriecherey, politischer Verketzerungsgeist und Spionirerey,
immer mehr überhand; die Zahl der ersten wird immer kleiner, indeß die Schaar der letztern täglich zu-
nimmt, und in den Augen des Volks sinkt das Ansehen und Vertrauen der Staatsbeamten immer tiefer.
Und wenn auch ein wahrhaft weiser und gütiger Regent

Dans les états modérés où la téte du moindre
citoyen est considérable, on ne lui ôte son honneur
et ses biens, qu'après un long examen.

gent gar wohl die Vermuthung verdient, daß er die
Grenzen der Gerechtigkeit und Billigkeit nie über-
ſchreiten werde; ſo kann doch Niemand für unbe-
wachte Augenblicke! ſtehen — Glück und Unglück,
Belohnung und Strafe, hängt von dem Namenszu-
ge des Regenten ab — je mächtiger ein Fürſt iſt, in
je größerm Rufe der Weisheit und Gerechtigkeitsliebe
er ſteht, deſto drückender iſt die Entlaſſung eines Beamten, deſto gewiſſer zerſtört ſie ſeine künftige Exiſtenz
in der bürgerlichen Geſellſchaft — und falls auch vom
g e g e n w ä r t i g e n Regenten nie ungerechte oder unbillige Entlaſſungen zu beſorgen ſtehen möchten; wer
bürgt wohl immer für die Weisheit oder Standhaftigkeit des N a c h f o l g e r s? Erkennt man einmahl die
willkürlichen Entlaſſungen als einen Theil des Maje-
ſtätsrechts an; wo ſind die Grenzen deſſelben? oder
wie ſollen ſie beſtimmt werden? Man wird am Ende doch wieder auf Unterſuchungen und Ausſprüche
unpartheyiſcher Gerichtshöfe zurückkommen müſſen.

e) Die K ü n d i g u n g d e r S t a a t s d i e n ſ t e wird
einſtimmig, ſelbſt von den gegenſeitigen Schriftſtellern,
für einen ſo wichtigen und nachtheiligen Schritt in
Anſehung des Staatsdieners gehalten, daß auch die A b-
ſ i c h t z u r e ſ i g n i r e n nicht ohne deutliche Erklärung
und triftige Urſachen bey einem Beamten gemuthmaßt
oder als vorhanden angenommen werden darf ¹).
Noch ſtärkere Billigkeitsgründe ſtreiten aber gegen
die w i l l k ü r l i c h e n Entlaſſungen. Dem Beamten

¹) Meuius P. 7. Dec. 333. n. 5.

X 4

amten und seiner Familie soll durch einen Machtspruch
das vielleicht einzige Mittel zum Unterhalte entzogen
werden, worauf er doch der Regel nach mit Zuversicht rechnen konnte (§. 100.). Der in den Diensten
des Landes grau und stumpf gewordne Staatsdiener
soll mit Frau und Kindern an den Bettelstab verwiesen werden, nachdem er vielleicht schon auswärtige
anständige Versorgungen ausgeschlagen hat, nachdem
er wohl gar unter glänzenden Versprechungen in das
Land gezogen ist, oder im Anfange des Dienstes, bey
kärglicher Besoldung, einen beträchtlichen Theil seines
Vermögens zugesetzt hat — [1] und dieß alles soll er
über sich ergehen lassen, ohne zu räsonniren;
dieß

[1] v. Moser neues patriotisches Archiv. Bd. 2. S.
423.
"Man setzt oft Männer zur Ruh, die noch keine
Ruh verlangen, damit sie andern, die gern voran
wollten, Platz machen, damit der Sohn, Schwieger-
sohn, oder Vetter eines Ministers oder Günstlings
eine Versorgung erhalte; oft auch blos, weil der
Mann mit Runzeln, altmodigem Rock und ernstem
Blick dem jungen eleganten Hof und Fürsten einen
gewissen Mißton verursacht, oder aus andern noch
unedlern Ursachen. Ein guter, dankbarer Fürst
giebt dem Entlaßnen noch ein weiches Kopfkissen und
Sicherung vor Mangel und Nahrungssorgen auf
den Weg; ein böser undankbarer Fürst giebt ihm
einen Abschied, wie ihn jeder Stallknecht bekommt,
zahlt ihm die Besoldung bis auf den Tag seines Ab-
schieds und überläßt seiner Klugheit, an welcher Brod-
rinde er mit Frau und Kindern seinen Hunger, an
welchem Sumpf oder Quelle er seinen Durst stillen
wolle.

dieß alles soll blos durch die mystischen Worte: das
Beste des Staats (Raison d'Etat), entschul-
digt, mit diesem Talisman der Mund der Gerechtigkeit versiegelt werden? Nein! auch die Entlassung ist
entweder als Strafe, oder als Folge eines eintretenden
Collisionsfalles mit dem Staatswohle zu betrachten, welche zwar vom Regenten, vermöge seiner Oberaufsicht,
zur Sprache gebracht werden kann; aber
im Leugnungsfalle gehörig zu erweisen ist, da vermöge des oben Ausgeführten weder Untauglichkeit, noch
Verbrechen, noch Collisionsfälle vermuthet werden.
Durch die Widersprüche des Beamten verwandelt sich
die ursprüngliche Regierungssache, in eine
Justizsache, welche vor dem competenten Gerichtshofe ausgemacht werden muß [1]). Diese Gründe
werden auch durch die Praxis der höchsten Reichsgerichte, besonders des Reichscammergerichts bestätigt,
welches gegen eine willkürliche Entlassung im J. 1759,
aus bloßen Billigkeitsgründen, unbeding-
te Strafbefehle ergehen ließ [2]).

§. 103.

[1] Struben rechtliche Bed. Th. 4. Bd. 129.
Ge. Christ. Schreiber (oder vielm. Reinhard)
de causarum politiae et earum quae Iustiae dicun-
tur conflictu et differentia. (Gotting. 1762. Sect. 3.
§. 4.
vorzüglich ist nachzusehen.
Io. Fr. Alb. Const. Neurath Obseruatt. de cognitione et potestate iudiciaria in cauf. quae Politiae
nom. veniunt. (Erl. 1782. 4.) Obf. 3. 9. 14. 15. 16.
[2] v. Cramer a. a. O.

X 5

§. 163.

Fortsetzung.

4. Gründe aus der Analogie positiver Gesetze und der Reichsgerichts-Praxis.

Die bisher erörterten Gründe gegen die willkürlichen Entlassungen der Staatsbeamten, so zahlreich und einleuchtend sie auch schon an und für sich sind, erhalten noch dadurch, besonders in Teutschland, ein vorzügliches Gewicht, daß einestheils mehrere weise und gerechte Gesetzgeber dieselben in ihren Verordnungen befolgt haben, anderntheils die Praxis der teutschen höchsten Reichsgerichte, ihre Gültigkeit anerkennt. Dahin gehört

a) daß vermöge der Reichsgesetze [1]) die Cammergerichtsbeysitzer nicht willkürlich oder einseitig entlassen werden dürfen, ob ihnen gleich, wenn sie die gesetzlichen sechs Jahre ausgehalten haben, die Resignation auf halbjährige Kündigung freygelassen ist [2]). Noch merkwürdiger aber für den vorliegenden Zweck ist

b) der wichtige Zusatz zur Wahlcapitulation Kaisers Leopold II. Art. 24. §. 10.

"Auch

1) Conc. d. CGO. Th. 1. Tit. 6. §. 1.
   J. F. Malblank Anleit. zur Kenntn. der teutschen Gerichts- und Canzleyverf. 1ster Th. (Nürnb. und Altdorf 1791.) §. 107.

2) Mohl Vergl. der beyden höchsten Reichsgerichte S. 101. und die das. ausgehobne Stelle der Reichs-Instruction v. 1706.
   Von der Cammergerichts-Canzley s. w. Conc. d. CGO. Th. 1. Tit. 39. §. 8. 9. 10. 12.

"Auch soll kein Reichshofrath seiner
„Stelle anders, als nach vorher ge-
„gangener Cognition und darauf er-
„folgtem Spruche Rechtens entsetzt
„werden [1])."

welcher zuerst von Churbraunschweig in Vorschlag gebracht und, unter der von Churtrier an-
heim gegebnen Abänderung, von den sämmtlichen
Wahlfürsten genehmigt wurde [2]).

Die unter der vorigen Regierung erfolgte Entlassung zweyer geschickten, thätigen und in ihrem
Amte tadelfreyen Mitglieder dieses höchsten Reichs-
gerichts, nebst der Besorgniß, daß nicht leicht mehr
geschickte und rechtschaffene Männer sich zur Annahme
einer solchen unsichern Stelle entschließen dürften,
daß dieser Gerichtshof immer abhängiger von den
Privat-Absichten des Reichsoberhaupts werden möchte, bewogen hauptsächlich Churbraunschweig
zur Aufstellung dieser Erinnerung und die übrigen
Wahlfürsten zum Beytritte [3]).

Sollte

---

1) Joh. R. Roth Wahlcapitulation K. Leop. II.
(Mainz und Frff. 1790. 4.) S. 81.

2) Aechtes Protocoll des Churfürstlichen Wahl-Convents
1790. Bd. 2. S. 236.

3) Rud. Hommel de remotione Consiliariorum Imperii
aulicorum ad illustrand. locum Art. 24. §. 10. Capit.
Caes nou. Lips. 1791. 4.
Häberlin pragmatische Geschichte der neuesten
Kaiserl. Wahlcapitulation. (Leipzig 1792. 8.) S.
305. f.
Malblank a. a. O. 3ter Th. §. 55.

Sollte aber nicht eine Verordnung, welche in diesem besondern Falle dem Besten des Staats zuträglich gefunden ward, auch in allen ähnlichen Fällen dafür gehalten werden können? Sollte man hier nicht vom ganzen Teutschen Reiche auf die einzelnen Reichsterritorien einen gültigen Schluß machen dürfen? oder könnte es wohl jemandem einfallen, die Reichsstände mit Gutsbesitzern, ihre Beamten, mit Privat=Verwaltern und Hausbedienten in eine Classe zu setzen, auf welche dieses Reichsgesetz nicht anzuwenden stehe?

c) Diesen Beyspielen kann noch mit allem Rechte das vortreffliche allg. Landrecht für die Preußischen Staaten (Th. 2. Tit. 10. §. 98 - 101.) beygefügt werden, wo es heißt:

"Kein Vorgesetzter oder Departements= Chef [1]) kann einen Civilbedienten, wider dessen Willen, einseitig entsetzen oder verabschieden. Vielmehr muß er, wenn die Verabschiedung nöthig gefunden wird [2]), den Beamten mit sei-

ner

1) Schon sind die Königlichen Staatsdiener vor willkürlichen Entlassungen von Seiten des Staats, theils durch die so gerechte als standhafte Entscheidung der Gesetzcommission (S. oben §. 96. Num. 4.), theils durch die bekannte Weisheit und Gerechtigkeitsliebe der Regierung gesichert. Hier ist also noch die Rede, in wiefern Vorgesetzte und Departements-Chefs Verabschiedungen der Mittel= und Unterbeamten verfügen können.

2) Soll dieß blos vom Gutfinden des Chefs abhangen, oder kommt es dabey auch, wie beym Reichscammer-

gee

ner Erklärung oder Verantwortung darüber ordnungsmäßig ¹) hören, und die Sache zum Vortrage im versammleten Staatsrathe ²) befördern. Was dieser durch die Mehrheit der
Stimmen beschließt ³), dabey hat es lediglich
sein

gerichte, mit auf die Stimmen der Räthe an? ich
glaube das Letztere.

1) Dieses Wort kann bedeuten, entweder: nach der im
Reglement für das Collegium, wohin der Beamte
gehört, enthaltnen Vorschrift, oder nach Maaßgabe
der Proceßordnung. Auf keinen Fall ist ein tumul-
tuarisches, oder den Begriffen einer rechtlichen Untersuchung zuwider laufendes Verfahren zulässig.

2) Also der Regel nach in pleno, nicht etwa blos vor
den Ministern eines besondern Staatsdepartements.
Nun pflegt aber der Geheime Staatsrath aus
vier und zwanzig und mehrern Staatsministern
zu bestehen, worunter sich allein vier Minister des
Justizdepartements befinden, unter denen drey zugleich Chefs der höchsten Gerichtshöfe, sind, welche
wegen ihrer tiefen Einsicht in die Rechtsgelehrsamkeit sowohl, als wegen ihrer unerschütterlichen Gerechtigkeitsliebe, in ganz Teutschland verehrt werden.
(v. Alvensleben) Handbuch über den Königl.
Preuß. Hof und Staat. Berlin 1794. S. 51. und
147.

3) Hier wird also eine schon zur Entscheidung reife,
gehörig und ordnungsmäßig instruirte Sache
vorausgesetzt; der Staatsrath untersucht nicht
selbst, sondern entscheidet entweder über die Untersuchung, oder nach dem Ausfalle derselben,
durch die Stimmen-Mehrheit. Hiezu kommt
noch, daß dieses hohe Collegium, bey verwik-
kelten und zweifelhaften Fällen, nicht gerade durch-
zu-

sein Bewenden. Doch muß bey Bedienungen, zu welchen die Bestallung von dem Landesherrn selbst vollzogen wird, ein auf Entsetzung oder Entlassung ausgefallener Beschluß des Staatsraths, jedesmahl dem Landesherrn zur unmittelbaren Prüfung und Bestätigung vorgelegt werden ¹)."

und Th. 2. Tit. 6. §. 170=173. wird in Ansehung der von Gemeinheiten zu wählenden Beamten verfügt:

"Ist keine gewisse Zeit bestimmt; so wird angenommen, daß Vorsteher und Beamte auf Lebenszeit bestellt worden. Weder die auf lebenslang, noch die auf kürzere Zeit angesetzten Vorsteher und Beamten, können von der Corporation nach bloßer Willkür wieder abgesetzt werden. Der Staat aber kann sie, aus eben den Gründen, aus welchen Beamte überhaupt ihres Amtes verlustig erklärt werden können, absetzen oder entlassen. Die Corporation hat nur das Recht, bemerkte Gründe dieser Art, dem Staate zur Untersuchung anzuzeigen."

d) Im Herzogthum Würtemberg ist durch den Erblandesvergleich (von 1770.) Cl. I. und II. verordnet: daß in Fällen, wo von Bestrafung, Ent-

l a s=

zugreifen, sondern gemeiniglich ein Gutachten der Gesetzcommission zu veranlassen pflegt.

¹) Es bleibt also bey einer gerechten und ordnungsmäßigen Untersuchung das Ansehen und Begnadigungsrecht des Regenten nicht nur völlig ungekränkt, sondern seine Weisheit und Gerechtigkeitsliebe erscheint dabey in einem noch glänzendern Lichte.

laffung oder Abſetzung eines Herzogl. Raths, Beamten oder andrer zur Herzogl. Canzley gehörigen Perſonen die Rede iſt, nichts ohne vorhergängige Unterſuchung und Vernehmung der Behörden verfügt werden ſolle [1])."

e) Die Praxis der beyden höchſten Reichsgerichte iſt bisher, wegen Mangels eines ausdrücklichen allgemeinen Geſetzes, nicht immer gleichförmig geweſen, neigt ſich aber, beſonders ſeit der Wahlcapitulation Leopolds II. augenſcheinlich auf die Seite derer, welche die Unzuläſſigkeit willkürlicher Entlaſſungen behaupten.

aa) Beyde höchſte Gerichtshöfe kommen in allen ihren Erkenntniſſen darin überein, daß ein Beamter ohne Urtel und Recht nicht auf eine entehrende Weiſe verabſchiedet, oder ohne ſtarken Verdacht eines ſolchen Verbrechens, welches die Caſſation zur Folge hat, ſuspendirt, und die Unterſuchung mit der Execution angefangen werden könne.

bb) Das Reichscammergericht ſcheint insbeſondre folgende Grundſätze zu befolgen:

1. Dienſtentſetzungen finden weder als Strafe, noch zum Schaden des Beamten (nec in poenam, nec in damnum) ohne hinlängliche und gehörig begründete Urſachen Statt [2]).

2. Nur

[1] Man vergleiche hiemit die Herzogl. Würtemb. Canzleyord. Tit. VIII. §. 1.

[2] de Cramer Opuſc. T. 4. num. 21. §. 2.

2. Nur dann kann ein Beamter einseitig entlassen werden, wenn im Bestallungsbriefe die Kündigung des Dienstes ausdrücklich vorbehalten ist [1]).

Es lassen sich daher diejenigen ältern Erkenntnisse, worin zwar schimpfliche, ohne vorhergängige Untersuchung verhängte, Entsetzungen cassirt werden, dem Regenten aber die Kündigung oder unschimpfliche Entlaßung vorbehalten wird, mit den obigen Grundsätzen gar wohl vereinigen, da die Clausel der Kündigung in den mehrsten Bestallungen eingerückt zu werden pflegt [2]).

Eben dieses möchte auch bey denen Reichshofraths-Conclusis, worin der Kündigung Erwähnung geschieht, der Fall seyn [3]).

Gegenwärtig scheint [4]) aber das Reichscammergericht den Grundsatz, welcher nach den bis-

1) Desselb. Obs. iur. vniu. T. 2. P. 2. Obs. 628.

2) Desselb. Wezlar. Nebenstunden. Th. 38. S. 81. Th. 79. S. 94.

3) Der Reichshofrath in Justiz-Gnaden und andern Sachen. S. 266. f.

4) Allerdings hat das Reichscammergericht den obigen Grundsatz angenommen, dies ergiebt sich aus einem voto des Referenten in der bekannten Neu-Wieder Sache, welches mir von meinem Freunde, Herrn Hofrath Häberlin, ist mitgetheilet worden, und worin es heißt: "die beyden Räthe Droosten und von

bisher ausgeführten Behauptungen der richtigste
seyn dürfte, angenommen zu haben:

Daß der in den Bestallungsbriefen gewöhnliche
Vorbehalt nur dann von Wirkung seyn könne,
wenn er von gegründeten Ursachen unterstützt
werde, und daher überhaupt gar keine willkürliche Entlassung, wider Willen des Beamten, ohne gehörige Untersuchung, Statt
finde.

§. 104.

von Probeck haben bey ihrer Anstellung paciscirt,
daß ihnen bey ihrer Entlassung resp. 6. und 3. Monate
vorher die Aufkündigung geschehen solle, und diese
Aufkündigung thut ihnen jetzt der Herr Fürst in den
sub Adiunctis Nr. 3. und Nr. 37. anliegenden Re-
scripten. Da jedoch die in den Bestallungen enthal-
tene Aufkündigungsclausel, nach den bisherigen,
in der größten Billigkeit beruhenden
Grundsätzen dieses höchsten Gerichts, al-
lezeit stillschweigend voraussetzt, daß die
Aufkündigung aus gerechten Gründen geschehe,
und aus allen Umständen klar zu Tage liegt, daß
der Hr. Fürst hauptsächlich wegen der zwischen seinen
Räthen und dem Commissario gehaltenen geheimen
Conferenzen einen Groll auf sie geworfen und endlich
die beyden Vorbenannten entlassen habe; so finde ich
nunmehro keinen Anstand, meinen Antrag dahin zu
erweitern, daß derselbe die Räthe Droost und
v. Probeck in ihrem Dienste und Besoldung bis
auf dieses Kais. Cammergerichts weitere Verordnung
bey Strafe 10 Mark löthigen Goldes belassen und die
Gründe der ihnen ertheilten Dienstaufkündigung
prima post ferias magnas anzeigen solle."

§. 104.

γ) Schlußfolgen aus den bisherigen Ausführungen.

1. Die Vertheidigung der willkürlichen Entlassung stützt sich theils auf schiefe Anwendung fremder Gesetze, theils auf unschickliche Vermischung des Staats= und Privat=Rechts, theils auf falsche Begriffe vom We= sen der Staatsämter auf übertriebene und dem Despo= tismus schmeichelnde Grundsätze von den Majestäts= rechten des Regenten, vom Staatswohle, von den Unterthanenpflichten u. s. w., theils endlich auf offen= bare Widersprüche, grundlose Voraussetzungen, und unrichtige Folgerungen.

2. Dagegen haben die Vertheidiger der entgegengesetzten Meynung, die Natur des Anstellungsvertrag, das allgemeine Staatsrecht, die deutlichsten Maximen der Klugheit und Billigkeit, die Analogie mehrerer Reichs= und andrer Gesetze, nebst der Reichsgerichtlichen Praxis, auf ihrer Seite.

3. Die einseitige Aufhebung des Anstellungsvertrags ist also, außer den oben (§. 96.) angeführten Fällen, weder von Seiten des Regenten, noch von Seiten der Staatsbeamten, für zulässig und rechtmäßig zu hal= ten [1]).

4. Selbst

---

1) Eben dieß gilt auch von den mittelbaren, ver= mittelst des Präsentations= oder Wahl=Rechts der höhern Collegien, der städtischen Gemeinheiten, der Kirchen=Patronen und Erbgerichtsherrn angestellten Beamten. Sie sind ebenfalls zu einem fortdauren= den, mit dem Wohle des Staats unmittelbar zusam= men=

4. Selbst dann, wenn die Kündigung im Bestallungsbriefe ausdrücklich vorbehalten seyn sollte, steht mit
Recht zu bezweifeln, ob diese Clausel das Vorhandenseyn rechtsbegründeter Ursachen unnöthig mache,
oder ob sie nicht vielmehr als eine bloße, aus früheru
Zeiten, wo man noch häufig R ä t h e v o n H a u s
a u s hatte, beybehaltene Canzleyformel, deren es noch
so viele in öffentlichen Urkunden giebt, angesehen werden müsse [1]).

5. Am allerwenigsten können Beamte, welche die Verwaltung der Gerechtigkeitspflege anvertraut ist, oder
solche, die zugleich mit von den Reichs- oder Landständen zur Verhandlung öffentlicher Geschäfte angestellt sind, nach einseitigem Gutfinden des Regenten,
ohne gehörige Untersuchung, entlassen werden.

6. Freysprechung von Amtsgeschäften, mit Beybehaltung des Gehalts und Ranges, kann nicht dem Be-
                                                        a m-

menhangenden Geschäfte, unter ausdrücklicher oder
stillschweigender Genehmigung des Regenten berufen
(§. 69. 70.), und es finden bey ihnen eben die Grundsätze, wie bey den u n m i t t e l b a r e n Staatsbeamten, Anwendung.

Daher verdienen die, besonders in Ansehung der
Gerichtshalter bey den Patrimonial-Gerichten, von
L e y s e r Sp. 27. Cor. 3. und G l ü c k Erläut. der
Pandecten Th. 3. Abschn. 1. §. 208. S. 251. aufgestellten Behauptungen keinen Beyfall. Man vergleiche noch hierüber die vortrefflichen Verfügungen
des P r e u ß. allg. LandR. 2ter Th. 6ter Tit. §. 170-
176.

1) v. M o s e r neues patriotisches Archiv. Bd. 2. S.
309.

ämten; wohl aber, nach Beschaffenheit der Umstände, dem Volke und dessen Stellvertretern, Veranlassung zu gegründeten Beschwerden geben.

7. Das sogenannte gezwungne Jubiliren oder zur Ruhe setzen, noch rüstiger Beamten auf eine geringe Pension, wohin auch die Versetzung derselben auf minder einträgliche oder ehrenvolle Stellen, oder unbillige Schmälerung ihres bisherigen Gehalts, nebst andern Beeinträchtigungen gehört, ist als eine indirecte Entlassung zu betrachten und nach eben den Grundsätzen zu beurtheilen [1]).

8. Kein Nachfolger in der Regierung kann einen von seinem Vorgänger angestellten Staatsdiener einseitig und willkürlich entlassen. Bloße Anwartschaften zu Staatsämtern aber enthalten noch keinen wirklichen Anstellungsvertrag und sind fast immer als Abweichungen von der Regel zu betrachten (§. 91. 93.). Der Nachfolger ist also, ohne besonders eintretende Gründe, nicht daran gebunden.

9. Einem Staatsdiener stehet es frey, gegen willkürliche Entlassung, rechtliche Hülfe in dem gesetzmäßigen Wege zu suchen.

10.

[1]) Man hat einem unlängst verstorbenen Regenten nachgerechnet, daß er in einem Jahre 1700 Staatsdiener, die sich nach seinem Sinne überlebt hatten, auf sehr kümmerliche Pensionen jubilirt habe.
v. Moser a. a. O. S. 399. u. dessen politische Wahrheiten. 2tes Bdchen. S. 161.

10. Es ist sehr zu wünschen, daß dieser so wichtige Gegenstand bald durch ein allgemeines teutsches Reichsgesetz eine weise und gerechte Bestimmung erhalten möge.

Fünftes Hauptstück.

Von der Erziehung und Bildung der künftigen Staats= beamten und Geschäftsmänner

§. 105.

1. Von der Erziehung junger Staatsbürger überhaupt.

Die Möglichkeit einer zweckmäßigen Erziehung und Bildung der heranwachsenden Geschlechter zu ihrer künftigen Bestimmung als Menschen und Bürger, ist eine der wichtigsten und wohlthätigsten Folgen des Staatsvereins, so wie die Veranstaltung einer solchen Erziehung selbst, als ein vorzügliches Bedürfniß zum Wohlseyn und zur Fortdauer des Staats, und die Sorge dafür, als eine unerläßliche Regenten= und Bürger=Pflicht betrachtet werden muß.

Der Regent sorgt, daß es dem Staate nicht an hinlänglichen und zweckmäßigen Anstalten zur Erziehung und Bildung der Jugend fehle, erläßt die dazu nöthigen Verordnungen, Belehrungen und Gesetze, und wacht über deren Befolgung; der Bürger ist dagegen ver= pflichtet, nicht nur für die Erhaltung des Lebens und der körperlichen Gesundheit seiner Kinder, von ihrer ersten Entstehung an, zu wachen, und die Erziehung in der zärtesten Jugend selbst zu besorgen, sondern auch in der Folge die im Staate vorhandnen Bildungsanstal=

ten,

ten, nach Maasgabe seiner Verhältnisse, zu benutzen. Bey genauerer Erwägung dieses Gegenstandes und der den Regenten dabey zustehenden Mitwirkung ergiebt sich folgender Unterschied:

1. Die allgemeine Erziehung, welche in der Sorge für das Leben und die Gesundheit der Kinder, für ihre sittliche und religiöse Bildung zu guten Menschen und nützlichen Bürgern bestehet, ist ein Gegenstand der positiven Staats=Thätigkeit (§. 11.), und die Eltern können und müssen durch Strafbefehle vom Regenten dazu gezwungen werden, wenn sie sich darin nachlässig bezeigen. Leben und Gesundheit sind ein Eigenthum der jungen Staatsbürger, welches ihnen der Staat gegen vorsätzliche Verletzungen und grobe Verwahrlosungen schützen muß; Sittlichkeit und Fähigkeit, zum gemeinen Besten, wenigstens mittelbar beyzutragen, ist die erste Bedingung des Bürgerrechts.

2. Die besondre Erziehung, welche theils in der Wahl eines bestimmten Standes oder Gewerbes und in der zweckmäßigen Vorbereitung dazu, theils in einer die gewöhnlichen Bedürfnisse übersteigenden Ausbildung der geistigen und körperlichen Fähigkeiten besteht, ist ein Gegenstand der negativen Staats=Thätigkeit. Der Regent darf dazu nicht zwingen, oder mit Gewalt davon zurückhalten, wohl aber durch Wegräumung der Hindernisse, durch Belehrung, Belohnung, Erleichterung, dazu beförderlich seyn, und dieselbe,

selbe, dem Besten des Staates gemäß leiten (§.
12.). Selbst die Eltern können der Regel nach
die Kinder nicht zur Ergreifung dieses oder jenes
Standes und Gewerbes zwingen, wohl aber sie
von einer zu derselben Unglücke gereichenden Lebensart, durch Zwangsmittel entfernen, und zur
Erlernung eines, ihren Umständen, ihren körperlichen und geistigen Fähigkeiten angemeßnen Gewerbes anmahnen.

§. 106.

2. Bestimmungsgründe der besondern Erziehung der
Staatsbeamten.

Die Staatsbeamten sind Gehülfen oder Werkzeuge der obersten Staatsgewalt, zur Unterhaltung, Beförderung, Leitung der auf- und absteigenden, der positiven
und negativen Staats-Thätigkeit (§. 33.), in ihren
Händen ruht ein großer Theil vom Glück oder Unglücke
der Regierungen, vom Wohl und Wehe der Staaten,
und die Wichtigkeit ihrer Bestimmung wächst in dem
Verhältnisse, wie ihr Geschäftskreis sich dem Mittel-
puncte des Ganzen, dem Regenten, nähert.

Wenn die übrigen Bürger-Classen zunächst für
sich und ihre Familien sorgen, erst ihr Privatwohl und
dadurch mittelbar das Beste des Staats befördern;
so müssen dagegen die Kräfte der Staatsbeamten zunächst und unmittelbar dem Dienste des Staats
gewidmet seyn, durch dessen Wohlstand erst mittelba-
rer Weise der ihrige erhöhet wird. Sodann beschäftigen sich auch die mehrsten bürgerlichen Gewerbetheils

mit

mit Hervorbringung und Gewinnung, theils mit Verede-
lung, theils mit Vertauschung der Naturproducte, und
erfodern daher auch zu ihrer Betreibung vorzüglich körperliche Fertigkeiten und Kräfte, nebst einem relati-
ven Grade geistiger Ausbildung (§. 12.). Dagegen ist
den vorzüglichsten Classen der Staatsbeamten der Bürger selbst als Gegenstand seines Wirkungskreises angewiesen, um dessen Handlungen mit den Gesetzen in Einklang
zu bringen; die ihm von innern und äußern Feinden
drohenden Gefahren abzuwenden; das physische und moralische Uebel im Staate zu vermindern, oder wenigstens
seine nachtheiligen Wirkungen auf die Einwohner zu hemmen; die natürlichen und politischen Vortheile des Landes, ohne Verletzung der Gerechtigkeit, für das allgemeine Beste, klüglich zu benutzen; die Widersprüche zwischen Staats- und Privat-Interesse, zwischen
Sinnlichkeit und Sittlichkeit, mit möglichster
Schonung der Freyheit, zu heben; überall einen wohlthätigen Gemeingeist und Gefühl für ächte Bürgertu-
gend zu verbreiten, und so die verschiedenartigen Ele-
mente der aufsteigenden Staats-Thätigkeit immer mehr zu beleben, zu ordnen und nach einem gemeinschaftlichen Ziele hinzuleiten. Kurz, die Staatsbeamten sollen, jeder nach seiner besondern Bestimmung, auf
dem ihm angewiesenen Posten, Erzieher, Lehrer, Ver-
treter, Beschützer, Muster, Freunde und Rathgeber
ihrer Mitbürger, in ihren wichtigsten Familien- und Nah-
rungsangelegenheiten, sollen die Wächter der Gesetze, die Geschäftsträger der obersten Gewalt, die Pfleger der Staatskräfte, sollen das Band seyn, welches sich um Bürger
und Bürger, um Regenten und Volk, um Staatsver-

fas-

fassung und Staat schlingt.   Zur Erfüllung aller dieser Pflichten wird ein hohes Maas von Seelenkräften, eine sorgfältige wissenschaftliche und sittliche Bildung, langjährige Vorbereitung und absolute Aufklärung erfodert.   Wenn die gewöhnliche Erziehung zu den bürgerlichen Gewerben, entweder durchgängig practisch ist, oder doch sogleich die Regel mit der Anwendung verbindet, und die Schranken des vom Lehrlinge gewählten Nahrungszweiges selten zu überschreiten braucht; so hat der künftige Staatsbeamte eine gelehrte Erziehung, einen systematischen Vorunterricht, zur Bildung seines Kopfes und Herzens, zur Schärfung und Erhöhung seiner Seelenkräfte nöthig, ehe er zur Erlernung desjenigen Geschäftszweiges, dem er sich eigentlich gewidmet hat, schreiten kann, und hier muß die Theorie der Praxis vorangehen.   Ueberdieß erfodert der genauere Zusammenhang worin die Wissenschaften nicht nur, sondern auch die Staatsgeschäfte unter einander stehen, nebst der Ungewißheit, in welchem Fache der künftige Staatsdiener eigentlich gebraucht werden wird, daß sich jeder junge Studirende, wenigstens eine encyclopädische Uebersicht aller Staatsverwaltungs-Wissenschaften, nebst einer historischen Kenntniß von den Staatsgeschäften und dem Gange derselben erwerbe [1]). Wenn daher die allgemeine Schul-

Er-

_____

[1]) Daß diejenigen, welche sich eigentlich und zunächst für die Verwaltungsgeschäfte des Staats bestimmt haben, tiefer in das Detail der dahin einschlagenden Wissenschaften eindringen müssen, versteht sich von selbst.

Erziehung den für die bürgerlichen Gewerbe bestimmten Jüngling im funfzehenden Jahre und noch früher der besondern Bildung für den gewählten Nah-
rungszweig überliefert; so nimmt erst alsdann die wich-
tigste allgemeine Bildungs-Epoche für den
künftigen Beamten (in den Gymnasien und gelehrten
Schul-Instituten) ihren Anfang, an welche sich gewöhnlich erst mit dem zwanzigsten Jahre die besondre
theoretisch-practische (akademische) Vorbereitung
zu einer bestimmten Classe von öffentlichen Geschäften
anschließt, worauf in mehrern Staaten dem jungen Geschäftsmanne noch eine ganz besondre practische
Laufbahn zur Vorbereitung auf ein bestimmtes
Staatsamt eröffnet wird.

§. 107.

3. Kurzer Umriß der Erziehung der Staatsbeamten.

a) auf Schulen.

Bis zum funfzehnden Jahre ist der Regel nach die
Erziehung des künftigen Staatsdieners von
der allgemeinen bürgerlichen nicht verschieden. Sie
besteht theils in einer sorgfältigen, zwischen Eltern und
Lehrern getheilten Aufsicht zur Verhütung oder Entfernung sittlicher und physischer Gebrechen; theils in zweckmäßiger Entwicklung und Bildung der geistigen und kör-
lichen Fähigkeiten, des Gefühls für Religion und ächte
Sittlichkeit, des Selbstdenkens, des Geistes der Ordnung
der nützlichen Thätigkeit und aller übrigen bürgerlichen
und geselligen Tugenden; theils in Erlernung der allgemeinen zu jedem bürgerlichen Gewerbe nöthigen

oder

oder nützlichen Hülfsmittel und Vorkenntnisse, z. B. Lesen, Schreiben, Zeichnen, Rechnen und erste Grundli-
nien der Geometrie, der Musik, richtiger Ausdruck in
der Muttersprache, womit in den letztern Jahren, den
Begriffen und Bedürfnissen der jungen Bürger angemeßne Belehrungen über Welt- und Menschen-Geschichte,
Erdbeschreibung, Naturlehre und Naturgeschichte, besonders über natürliche und politische Beschaffenheit des Vaterlandes, über die wichtigsten allgemeinen Landes- und
Polizey-Gesetze, über die Verhältnisse der verschiednen
Einwohner-Classen gegen einander, und die vorzüglichsten bürgerlichen Pflichten und Rechte, nebst den Haupt-
regeln der allgemeinen Klugheit im Umgange, im Handel und Wandel, einer angemeßnen Kenntniß des menschlichen Cörpers, der bewährtesten Mittel, die Gesundheit
desselben zu erhalten und Verhaltungs-Regeln bey eintretenden Krankheiten [1]), zu verbinden sind; theils endlich in Schärfung der Sinne, in Abhärtung gegen Schmer-
zen, in Erhöhung der körperlichen Kraft und Gewandheit, durch zweckmäßige Spiele und mechanische Arbeiten, durch Schwimmanstalten u. dgl. Hier kommt fast
alles auf die Einsichten und den guten Willen der Eltern, auf die Fähigkeiten und die Redlichkeit der Lehrer,
auf zweckmäßige Verbindung der Indüstrieschulen
mit den Lehrstunden an.

Während dieser Zeit liegt den Lehrern und Eltern
ob, die natürlichen Anlagen, die Neigung der Kinder
zu

---

1) Scharffe über den Nutzen und die Nothwendigkeit des Schulunterrichts in der Gesundheitslehre.
im Braunschw. Magaz. v. J. 1797. St. 29. ff.

zu beobachten, zu prüfen, und mit einander darüber zu
Rathe zu gehen, welche Lebensart oder Beschäftigung den
körperlichen und geistigen Fähigkeiten der Kinder am an-
gemessensten seyn dürfte, zu welcher sie den stärksten
Hang-äußern, um sie demnächst in der Wahl eines bestimmten bürgerlichen Gewerbes, welche der Regel nach
dem Jünglinge überlassen bleibt, gehörig leiten zu
können.

Um aber die jungen Bürger in den Stand zu setzen,
mit Vernunft und ihren persönlichen Umständen gemäß
zu wählen, müßte ihnen im letzten Schuljahre eine zweckmäßige Uebersicht der mannigfaltigen bürgerlichen Geschäftszweige sowohl, als der Bestimmung des gelehrten
Standes mitgetheilt, und sie mit eines jeden besondern
Vortheilen, und Nachtheilen, Rechten und Pflichten, mit
den dazu nöthigen Eigenschaften, Kenntnissen und äußern
Umständen bekannt gemacht, müßten die Vorurtheile,
womit so mancher Jüngling gegen die Handwerke überhaupt, oder gegen einige insbesondre, eingenommen ist,
zerstreut, die hohe Meynung von dem Glücke des gelehrten Standes berichtigt werden, wobey der Staat, ohne
Zwang, für das allgemeine Beste mit einwirken und
dafür sorgen könnte, daß es keinem nützlichen Gewerbe
an der verdienten Achtung, an hinlänglichen und geschickten Zöglingen fehle, keins damit überladen werde [1].

Mit

---

1) In der Vernachläßigung dieses wichtigen Hülfsmit-
tels liegt die Hauptquelle des mit jedem Jahre über-
zähliger werdenden gelehrten Standes, worüber

Mit dem funfzehenden Jahre ſchließt ſich der
Regel nach die allgemeine bürgerliche Er-
zie-

über ſchon oft fruchtloſe Klagen geführt worden ſind.
Der Jüngling würdigt das Studieren blos nach
dem luſtigen und freyen Studenten-Leben, wovon
er ſo manche Beyſpiele vor ſich ſieht, und wogegen
ihn freylich die ſclaviſchen Lehrjahre der Handwerker
im Schatten ſtehen müſſen; die mehrſten Handwerker haben eine hohe Meynung von der Glückſeligkeit
der ſogenannten Studierten und erblicken in ihrem hoffnungsvollen Sohne ſchon den beliebten Prediger, den geſtrengen Amtmann oder angeſehenen
Bürgermeiſter, den wohlhabenden Arzt, ohne die
Koſten und die Gefahren des Mißlingens zu berechnen; der gewöhnliche Schlag der Lehrer ſelbſt verachtet in ſeinem gelehrten Dünkel die bürgerlichen
Gewerbe, deren wahre Beſtimmung er nicht kennt,
wie ſollte er im Stande ſeyn, den Schülern Achtung
und Neigung für dieſelben einzuflößen? Oft geſellt
ſich auch noch der Eigennutz und die ſchlechte Beſoldung, wodurch jener entſchuldigt wird, dazu. Schon
in den niedern Claſſen wird der Schüler, ohne Unterſchied, mit Auswendiglernen lateiniſcher, wohl gar
griechiſcher Vocabeln und grammaticaliſcher Regeln
gequält, welche er doch nicht umſonſt gelernt haben
will. Solchergeſtalt rückt er unvermerkt in die höhern Claſſen fort, die leichtgläubigen Eltern werden
durch die häufigen Lobeserhebungen des guten
Kopfs, um den es Schade ſeyn würde, wenn er
nicht beym Studieren bliebe, geblendet, der früh geweckte gelehrte Stolz des Jünglings, die Ausſicht
auf ein Stipendium, die Nähe der Univerſität, Fa-
milien-Verbindungen, vollenden ſeine Beſtimmung
zum gelehrten Stande, von dem er nur die glänzende Außenſeite kennt. Iſt er vollends gar der Sohn
eines Staatsbeamten, eines Gelehrten; ſo würde
er

ziehung und die besondre gelehrte, beginnt ¹), indem der für ein bürgerliches Gewerbe bestimmte Jüngling in die Lehre tritt, der künftige Staatsbeamte aber, entweder in die höhern Classen des Gymnasiums fortrückt, oder in eine gelehrte Landesschule versetzt und da zum academischen Leben zunächst verbreitet wird. Dieser wichtige Schritt dürfte aber nicht ohne genaue

Prü=

er sich und seine Familie für entehrt halten, wenn er bey einem Handwerker in die Lehre gehen wollte; ja selbst die wenigsten dieser Familien würden einen solchen Entschluß billigen

Berl. Monatsschr. Sept. 1788. S. 251. ff.

Hannöv. Magaz. v. J. 1763. S. 1585. ff.

Wiedeburg Progr.: In wiefern kann verhütet werden, daß diejenigen sich nicht dem Studiren widmen, die dazu nichts taugen? Helmst. 1783.

Bergius Polizey und Cameral-Mag. B. 8. unt. d. W. Schulwesen.

1) Daß dieß nicht so zu verstehen sey, als ob kein Jüngling früher zu gelehrten Kenntnissen angeleitet werden, als ob der in die Lehre getretne Handwerker keinen weitern theoretischen Unterricht erhalten dürfte, brauche ich wohl nicht zu erinnern. Wem hervorstechende Talente, Rang und Vermögen, oder häuslicher Unterricht u. s. w. dazu Gelegenheit verschaffen, der kann auch früher zur Erlernung älterer und neuerer Sprachen, zu einer vollkommnern Kenntniß anderer nützlichen Wissenschaften und Künste geführt werden. Auch für den künftigen Handwerker, Kaufmann, Oeconomen, wünschte ich überall Bildungs-Institute, wo er noch als Lehrling, als Gesell, in den zu seinem besondern Geschäftszweige nöthigen oder nützlichen Hülfskenntnissen zweckmäßig unterwiesen und geübt würde.

Prüfung des bisher erwiesnen Fleißes, der Fähigkeiten und des sittlichen Betragens geschehen [1]).

Die Erziehung, welche bisher mehr zwingend und positiv war, nimmt nun eine mehr negative Gestalt an. Die Aufsicht der Eltern und Lehrer kann und darf nun nicht mehr so streng seyn, wie in der vorigen Periode; das bisherige Gängelband verwandelt sich in eine minder fühlbare Begleitung: an die Stelle der vorigen Zucht, tritt nun ernste Warnung und freundschaftlicher Rath; der Jüngling soll, unter zweckmäßiger Aufsicht, sich selbst rathen und leiten lernen. Wenn vorher gleich stark auf Entwicklung und Erhöhung der körperlichen und geistigen Kräfte, mehr auf Erweckung und Schärfung der untern, als der höhern Seelenmögen, mehr auf Bildung des Herzens, als des Kopfes, Rücksicht genommen wurde; so erhält jetzt die Erziehung eine andre Richtung. Der fragmentarische und für die allgemeinen Bedürfnisse des Bürgers berechnete Unterricht der vorigen Periode, wird nun zusammenhangender und begrenzt sich auf die künftige Bestimmung des Gelehrten; die Fortbildung der körperlichen Fähigkeiten muß blos als Nebensache betrachtet, dagegen desto mehr auf Erhöhung und Schärfung aller geistigen Kräfte, auf

un-

---

1) Freylich ist es oft möglich, daß sich das Talent erst in spätern Jahren entwickelt, daß manche frühzeitige Fähigkeit sich in der Folge abgestumpfe. Man müßte daher hier mehr rathend, als zwangsweise zu Werke gehen.
Berl. Monatsschr. a. a. O. S. 264. ff.

unerschütterliche Befestigung der Sittlichkeit, auf gründliche Vorbereitung zu den höhern Wissenschaften hingearbeitet werden. Allein auch hier muß die Erziehung wieder allgemein, d. i. auf kein besondres Fach der gelehrten Kenntnisse, oder der sogenannten Facultäts-Wissenschaften eingeschränkt, sondern für solche Vorübungen und Hülfsmittel berechnet seyn, welche dem Gelehrten überhaupt, in jeder Lage, nothwendig und nützlich sind. Dahin gehören

A. Sprachen, als die unentbehrlichsten Hülfsmittel zur Erlernung und Anwendung gelehrter Kenntnisse.

1. Die sogenannten gelehrten Sprachen. Von diesen müßte die Lateinische so weit geübt werden, daß der Jüngling nicht nur die classischen Schriftsteller verstehen, sondern auch dieselbe mit ziemlicher Leichtigkeit grammaticalisch richtig und zierlich sprechen und schreiben lernte ¹). Die Erlernung der griechischen Sprache brauchte sich blos auf das leichte Lesen und Verstehen zu beschränken; aber so weit sollte es, meines Erachtens, jeder angehende Gelehrte darin gebracht haben. Selbst die ersten Anfangsgründe der hebräischen Sprache, nach der jetzt verbesserten Lehr-Methode, würde ich mit unter die allgemei

---

¹) Eine zweckmäßige Unterweisung in der lateinischen Grammatik scheint mir, was auch in neuern Zeiten dagegen gesagt worden ist, die Grundlage und das Hülfsmittel zur leichtern Erlernung aller übrigen Sprachen zu seyn.

meinen Vorübungen zählen, da vielleicht dadurch manches Talent für die, noch so viel ver-
borgne Schätze enthaltende, orientalische Litteratur
geweckt und zu Tage gefördert werden könnte.

2. Sorgfältige Ausbildung der Muttersprache,
im Reden und Schreiben, grammaticalische Richtigkeit, Deutlichkeit und von provinciellen Eigenhei-
heiten möglichst gereinigte Annehmlichkeit der Aussprache, richtige Orthographie, Kenntniß der
verschiednen Dialecte 1), der im gemeinen Leben
vorkommenden Kunstwörter u. s. w.

3. Von den übrigen neuern Europäischen
Sprachen müßte wenigstens die Französische,
als jetzige Universalsprache, bis zum Sprechen und
Schreiben geübt werden. Bey der Englischen
und Italienischen, womit allenfalls, nach
den Bedürfnissen dieses oder jenen Staates, eine
und die andre der nordlichen Sprachen (Schwedisch,
Dänisch, Polnisch, Russisch) noch zu verbinden
ständ, könnte man sich mit der richtigen Aussprache
und dem Verstehen der leichtern Schriftsteller vor
der Hand begnügen 2).

B. all-

1) Jeder teutsche Gelehrte sollte das Platt-Teutsche
verstehen, und der angehende Geschäftsmann in denen Staaten, wo solches noch die Sprache des Volks
ist, auch sprechen lernen.

2) So sollte z. B. in den Preußischen und Oesterreichischen Mittel-Schulen die Polnische, in
letztern auch die Ungarische Sprache gelehrt wer-

Canzleyst. Th. 2.   Z   den.

B. allgemeine, d. i. solche Wissenschaften, welche jedem Gelehrten nothwendig sind und wovon der studierende Jüngling wenigstens die Grundlage mit auf die Universität bringen muß. Diese können und müssen mit dem Studium der ältern und neuern Sprachen und dem Lesen der besten Schriftsteller in denselben, dergestalt verbunden werden, daß sie zur Erhöhung der Seelenkräfte, zur sittlichen Vervollkommnung, zur Schärfung und Bereicherung des Gedächtnisses dienen. Hierher gehören

a) historische Kenntnisse. Alterthümer, alte, mittlere und neue Erdbeschreibung, allgemeine Weltgeschichte, Staatenkunde, Naturgeschichte, besonders Botanick, Literärgeschichte. Hiebey müßte auf die Kenntniß des Vaterlandes vorzügliche Rücksicht genommen werden.

b) Philosophische Wissenschaften. Vernunftlehre, Religion und Sittenlehre, nebst einem Umrisse der philosophischen Geschichte; Physik, mit erläuternden Versuchen; reine Mathematik, verbunden mit den Anfangsgründen der angewandten, wohin auch mathematische Geographie, nebst der Zeitrechnung gehört.

c) Schöne Redekünste (Aesthetik) Uebung des mündlichen und schriftlichen Vortrags, nach den verschiednen Gattungen der Schreibart, in teutscher, lateinischer und französischer Sprache, in gebundner Re-

den. Ueberdieß wird die Dänische und Schwedische Sprache für die Gelehrsamkeit immer wichtiger.

Rede ¹), in eignen Aufsätzen, Uebersetzungen, Auszügen u. dgl., womit das Lesen und Erklären der vorzüglichsten Musterschriften zur Bildung des Geschmacks nebst sorgfältiger Uebung im Declamiren und dem körperlichen Vortrage, Auswendiglernen und Ausziehen schöner Stellen aus den besten Dichtern und Prosaisten zu verbinden sind ²).

C. Schöne Künste und andre nützliche mechanische und körperliche Uebungen:

    a) Zeichnen, Mahlen, Musick, Schönschreiben, Modelliren, Tanzen, Reiten, Fechten,

    b) Kunst, Rechnungen zu führen, Erlernung irgend eines Handwerks ³).

D. Der

---

¹) Die Ermunterung junger Leute zur Dichtkunst hat mannigfaltige Vortheile, wenn sie mit der gehörigen Vorsicht und Warnung vor Empfindeley, Schwärmerey, oder übertriebnem Hange zur sogenannten Schöngeisterey begleitet ist.

²) Hannöverisches Magazin v. J. 1774. St. 81. ff. und v. J. 1775. St. 17·19.

³) Schon von Mehreren ist die Erlernung eines bürgerlichen Gewerbes neben der Bildung zum Gelehrten und Staatsbeamten mit Recht empfohlen worden. Wie nützlich eine solche Vereinigung für den Gewerbfleiß sowohl, als für die Beamten-Classe seyn werde, welche Vortheile der Staat selbst, durch zweckmäßige Einrichtungen, daraus ziehen könne, bedarf keines Erweises. Wie sehr würde nicht das Vertrauen der Bürger gegen den Staatsbeamten wachsen, wenn noch ein engeres Band sie mit ihm verbänd; wie viel-

3 2

leich-

D. Der nach einem richtigen Verhältniß abgemeßne und
zweckmäßig geordnete Unterricht in diesen Kenntnissen, nebst dem täglichen Umgange mit den Zöglingen, wird treuen und geschickten Erziehern eine beque-
me Gelegenheit darbieten, den eigenthümlichen
Character, die besondern Talente und Neigungen eines Jeden zu beobachten, sie mit Einsicht
zu leiten, die Seelenkräfte zu entwickeln, zu erhöhen,
und solchergestalt den Jüngling zu seiner künftigen
Bestimmung, als Mann und nützlicher Staatsdiener,
vorzubereiten.   Dahin gehört

a) Uebung des Verstandes, der Urtheilskraft, zur Gegistesgegenwart, zum richtigen
Schnell- und Scharf-Blick, zum Selbstdenken,
zur Bildung gesunder Begriffe über Religion und
Sittlichkeit, über Welt und Menschen, Glück
und Unglück, über Staat und Staatsverwaltung, zur Entfernung der Irrthümer und Vorurtheile;

b) Be-

leichter würden sich nicht durch dieses Mittel die
neuen Entdeckungen in der Chemie, Mechanik u. s.
w. mit den ausübenden Gewerben amalgamiren lassen;
wie viel schneller würde Aufklärung und sittliche Bildung durch diesen Canal auf die hervorbringenden Classen übergehen; wie manches schlechte Buch würden wir
weniger haben, wenn dem unglücklichen oder verunglückten Gelehrten ein solcher Zuflucht-Ort offen
stänb! Daß aber dieser Vorschlag nicht so zu verstehen
sey, als ob der künftige Gelehrte und Standsbeamte
das erlernte Handwerk auch durchaus, neben seiner Hauptbeschäftigung, treiben müßte,
wird man wohl ohne Bevorwortung einsehen.

b) Bereicherung und Erweiterung des Gedächtnisses mit nützlichen Kenntnissen, zweckmäßige Richtung der Aufmerksamkeit, der Wißbegierde, des Begehrungsvermögens überhaupt;

c) Erhöhung der Einbildungskraft, Läuterung des Geschmacks, Leitung des Witzes und Scharffinnes;

d) Bildung des Willens und Herzens durch edle Grundsätze zur practischen Lebensweisheit, zur ächten Menschen- und Vaterlands-Liebe, zur Freundschaft, zur Standhaftigkeit, zur Wahrheits- und Gerechtigkeits-Liebe, Vorsicht, Bescheidenheit, Folgsamkeit, Dienstfertigkeit, Verschwiegenheit, zur Selbstbeherrschung, Genügsamkeit, Seelenruhe u. s. w.

e) Angewöhnung zur Ordnung, zur richtigen Eintheilung und gewissenhaften Benutzung der Zeit, zur Kunst Haus zu halten, zur Arbeitsamkeit, Mäßigkeit, Reinlichkeit und Bewahrung der Gesundheit ohne Verzärtlung, zu einem gefälligen, zwischen ängstlicher Verlegenheit und stolzer Selbstgenügsamkeit, zwischen Modegeckerey und Pedantengravität die Mitte haltenden äußern Anstande; kurz, zu einem klugen, und gesitteten Betragen im geselligen Leben.

E. Im letzten halben Jahre wird der Schulunterricht mit einer Reise-Karte, einem Wegweiser durch das academische Leben beschlossen. Bisher hätte der Jüngling noch seine Eltern, seine Lehrer zur Seite, wurde

Z 3　　　　　　theils

theils durch Vorschriften, theils durch Beyspiele, durch Ermunterungen und Warnungen in seinem Studieren geleitet; sein Umgang beschränkte sich meist auf seine unter gleicher Aufsicht stehende, einer gleichen Erziehung genießende, nach demselben Ziele strebende, an Jahren und Kenntnissen nicht sehr verschiedne Mitschüler; sein Unterricht war mehr rhapsodisch, als systematisch, mehr für allgemeine Hülfsmittel zu den höhern Wissenschaften, als für diese selbst, und genau nach des Schülers besondern Fähigkeiten berechnet, hatte mehr die Form freundschaftlicher Unterredungen, als an einander hangender Vorträge. Jetzt steht der junge Mann am Scheidewege, wo er sich zur Wahl einer besondern Laufbahn entschließen muß, in welcher er dereinst dem Staate dienen will. Auf der Universität hebt sich gleichsam eine neue Lebens-Epoche für ihn an. Er wird nun der nahen Aufsicht der Eltern, der Vormundschaft der Lehrer entlassen; er tritt in eine zahlreiche Gesellschaft andrer jungen Männer, deren Erziehung, Alter, Character, Bestimmung, Kenntnisse, Lebensart und Aussichten von den seinigen oft sehr verschieden sind; der Vortrag in den Collegien ist an einander hangend und systematisch; der academische Lehrer kann selten auf die besondern Fähigkeiten seiner Zuhörer Rücksicht nehmen, und muß die Benutzung seiner Vorlesungen ihrem häuslichen Fleiße oder Unfleiße, ihren mehrern und mindern Vorkenntnissen überlassen [1]. Daher sollte auf allen

---

1) v. Massow Handbuch der Litteratur. (Berlin und Stettin 1794. 8.) 1ster Bd. S. 10. ff.

Joh.

allen Schulen die Veranstaltung getroffen werden, daß die zur Universität reifen Jünglinge nicht nur die verschiednen Zweige der höhern Wissenschaften, die Bestimmung und Eigenschaften eines Gelehrten (allgemeine Encyklopädie und Methologie), historisch kennen lernten; sondern auch zum zweckmäßigen Selbststudieren, zur richtigen Benutzung des academischen Unterrichts angeleitet, und vor Abwegen und Verirrungen in ihrer künftigen Laufbahn gewarnt würden. Deshalb sollte nicht leicht einer vor dem zwanzigsten Jahre, keiner aber ohne genaue Prüfung seiner bisher erlangten Kenntnisse, seines sittlichen Verhaltens, seiner Talente, ohne einen zweckmäßigen Studier-Plan für dasjenige Fach, welches er gewählt hat, von Schulen entlassen, oder durch Stipendien und andre Unterstützungen zum Studieren ermuntert werden [1]).

§. 108.

Joh. Chr. Fr. Meister über das Juristische Studium besonders auf Academien. (Berl. und Stralf. 1780. 8.) S. 179. ff.

[1]) Der gewissenlose Mißbrauch, welcher häufig mit Ertheilung und Benutzung der eigentlich für arme und würdige Studierende bestimmten Stipendien und andern Wohlthaten getrieben wird, ist bekannt.
Jo. Chr. Siebenkees von Stipendien und dem Rechte derselben. Nürnb. 1786. 8.
Io. Fr. Maii diff. de officiis eorum, qui studiorum causa beneficiis fruuntur. Lipf. 1752. 4.

§. 108.

b) Auf Universitäten [1]).

aa) Mängel.

Hier tritt die zweyte, besondre Vorbereitungs-Periode zum Staatsbeamten ein. Wenn der Unterricht in der vorigen mehr auf Entwicklung und Erhöhung der Seelenkräfte unter fremder Aufsicht und Leitung, mehr auf allgemeine Hülfsmittel zur gesammten Gelehrsamkeit berechnet war; so muß nun alles zu dem besondern Ziele hinstreben, welches sich der Jüngling für sein künftiges Leben vorgezeichnet hat, so muß dieser nun durch eignes Nachdenken und richtige Anwendung der Seelenkräfte die sichersten Mittel zur Erreichung desselben auswählen und seinen Plan mit standhaftem Muthe verfolgen. Das Gebiete der Gelehrsamkeit und Literatur ist so unermeßlich, daß ein Kopf und das Leben eines Menschen nicht hinreicht, dasselbe ganz zu beherrschen und zu durchwandern [2]); auf der andern Seite aber stehen alle seine einzelnen Theile in so naher Verbindung mit einander, daß man, um topographische Kenntnisse von einer Hauptprovinz zu er-

---

[1] Besonders verdient hieben folgende, mit Benutzung der besten neuern Schriften über diesen Gegenstand, geschriebne Abhandlung empfohlen zu werden: D. Gottlieb Schlegel Summe von Erfahrungen und Beobachtungen zur Beförderung der Studien in den gelehrten Schulen und auf den Universitäten. Riga und Königsb. 1786. 8.

[2] Eine vollständige Uebersicht davon findet sich bey Massow am a. O. S. 153. ff.

erlangen, wenigstens die Grenzen der übrigen bereist haben muß. Hiebey kommt alles auf die richtige Bestimmung der Mittelstraße zwischen zuviel und zuwenig an,
daß man nicht zu lange auf Nebenwegen herumirre und
darüber sein Hauptziel aus den Augen verliere. Selbst
die einzelnen Hauptwissenschaften zerfallen wieder in viele
Unterabtheilungen, wovon abermals nur eine oder die
andre, nach den verschiednen Neigungen, Fähigkeiten
oder äußern Verhältnissen der Studierenden, zum Hauptgegenstande ihrer Bemühungen gewählt werden kann.
Ganz anders muß z. B. der künftige Geschäftsmann die
Rechte studieren, als derjenige, welcher sich zum academischen Lehrer der Rechtsgelehrsamkeit bilden will, und
im letztern Falle ist wieder ein Unterschied, ob er das
Staatsrecht, oder Privatrecht, u. s. w. zu seinem Hauptsache gewählt hat [1]. In der Vernachläßigung dieser
Vorsichtsregel, liegt eine Klippe verborgen, woran leider schon so viele gescheitert sind; eine Quelle der wech-
selseitigen Geringschätzung zwischen Geschäftsmännern
und Theoretikern, der häufigen Klagen über die Widersprüche zwischen Theorie und Praxis, zwischen Collegien
und Facultäten [2]. Kämen alle junge Männer so vorbereitet auf Universitäten, wie sie es nach dem vorhergehenden Paragraphen sollten, wären diese nebst den academischen Vorlesungen immer zweckmäßig und den jetzigen

---

1) Helvetius de l'Esprit. Discours IV. Chap. 16.

2) Nettelbladt de optima iuris prudentiam practicam
docendi methodo. In dessen Samml. kleiner jurist.
Abhandl. (Halle 1792. 8.) S. 89. ff.
Schlegel a. a. O. S. 203. f.

gen Bedürfnissen angemessen eingerichtet; so würden
dergleichen Klagen selten gehört werden. Allein

1. Sehen sehr wenig Schulen in Teutschland dem
Ideale ähnlich, welches oben im allgemeinen Umrisse gezeichnet ist.

2. Viele teutsche Universitäten tragen noch das Gepräge von dem Zeitalter ihrer Errichtung, der italienischen oder französischen Muster, denen sie nach-
gebildet wurden. Vor dreyhundert Jahren, ja
selbst noch im siebzehenden Jahrhunderte, zählte
man die Gelehrten zum Clerus und die Klöster
waren fast ausschließlich im Besitze der Bildungs-
anstalten für die Jugend. Die Gelehrsamkeit
selbst beschränkte sich noch meist auf scholastische
Grillenfängereyen und Kenntniß der ältern Sprachen; die Rechtsgelehrten verstiegen sich selten
über das Auswendiglernen und Erklären der fremden Gesetzbücher; zu wenigen Staatsämtern wurden eigentliche Gelehrte erfodert; viele protestantische Universitäten entstanden aus aufgehobnen
Klöstern rc. Kein Wunder war es also, wenn auch
diese neuen Anstalten einen klösterlichen Zuschnitt
behielten, wenn man sie vom Geräusche der Welt-
geschäfte zu entfernen suchte, damit ihre Bewohner, in irgend einem stillen Winkel des Landes,
ihren Speculationen desto ungestörter nachhangen
könnten; wenn dabey mehr auf theoretische
Kenntniß, als practische Uebungen Rücksicht
genommen wurde. Wie wenig aber eine solche
Bildung den jetzigen Bedürfnissen künftiger

Staats-

Staatsbeamten angemeſſen ſey, zeigt die Erfahrung.

3. Ein großer Theil unſrer Studierenden eilt zu früh,
mit ungebildetem Verſtande, mit mangelhaften
und unreifen Kenntniſſen, von Schulen auf die
Univerſität. Die wenigſten haben einen deutlichen Begriff von dem Zwecke des Studierens, von
den Pflichten ihrer gegenwärtigen und künftigen
Beſtimmung als Staatsbeamte und Geſchäftsmänner, von den dazu nöthigen Fähigkeiten und
Wiſſenſchaften. Je mehr ſich die Bedürfniſſe der
Staatsämter, die Anforderungen des Staats an
ſeine Beamten häufen, je höher die Zahl der zur
Bildung des künftigen Staatsdieners nöthigen
Fertigkeiten und Kenntniſſe ſteigt, deſto enger beſchränkt man die Laufbahn des academiſchen Lebens [1]). Statt der in ältern Zeiten für nöthig
ge-

---

[1]) Noch vor zweyhundert Jahren beſchränkte ſich die
ganze Rechtswiſſenſchaft faſt allein auf das Corpus
Iuris ciuilis und Canonici, auf die Kenntniß der Gloſ-
ſatoren, einiger alten Formularbücher, Statuten
und der beyden Spiegel; da verlangte man von einem Juriſten nichts weiter, als auswendig gelernte
Geſetze, Gloſſen und Formeln, wenn es hoch kam,
ariſtoteliſche Politick, ſcholaſtiſche Philoſophie, nebſt
einem oft ſehr barbariſchen Latein und noch barbari-
ſcheren teutſchen Style; Cameral- und Polizey-Wiſſenſchaften kannte man nicht, und eine genaue Prüfung der teutſchen Staatsverfaſſung galt beynah für
ein Verbrechen der beleidigten Ma jeſtät.
Pfeffinger ad Vitriar. Prooem. §. 16. n. 3.

Da-

gehaltnen fünf Studierjahre begnügt man sich
jetzt höchstens mit dreyen, und wie zweckwidrig
und leichtsinnig werden nicht oft auch diese vergeudet [1]? Höchstens werden von vielen die, sehr
mit Unrecht, sogenannten Brodcollegien
gehört, und zwar nur, um durch das künftig
dro-

Dagegen zählt man jetzt über 20,000 juristische
Schriftsteller; nächst dem Römischen und Canonischen
muß auch das Lehen-, das teutsche, das peinliche,
das Staatsrecht studiert werden, welche wieder eine
Menge neuer Sprößlinge getrieben haben; dazu
kommt noch die beynah zahllose Menge von Gerichts-
Polizey und andern Verordnungen, der besondern
teutschen Staaten;
Mein Progr. von den teutsch. Landesgesetzen. Helmst.
1795. 8.
Die sich immer weiter ausbreitenden Staatsverwal-
tungswissenschaften, die schriftliche Verhandlung der
öffentlichen Geschäfte, nebst der einem Staatsbeamten so nöthigen Kenntniß der mannigfaltigen Collegien und des Geschäftsganges; endlich noch das Studium der vorzüglichsten neuern Sprachen, der Philosophie, Geschichte, Statistik u. s. w.

1) Sehr vielen scheint das Wort: Student, einen
jungen Herrn zu bezeichnen, dem Niemand zu befehlen hat, der, wenn es hoch kommt, täglich zu gewissen Stunden sich etwas vorsagen läßt, das er in
seine Hefte schreibt, außerdem aber auf Kosten der
Eltern oder des Staats die academische Freyheit
genießt, d. i. nach Belieben ausreitet, Schulden
macht, Nächtedurchschwärmt, spielt, trinkt, Einheimische und Fremde neckt, Liebeleyen oder Schläge-
reyen anspinnt, und so die drey kostbarsten Lebensjahre vergeudet oder verträumt.

drohende Examen zu ſchlüpfen. Auf manchen Univerſitäten iſt es oft nöthig, durch Laufzettel, ſogenannte Werbe-Künſte u. ſ. w., die Lehr-ſäle zu füllen, und die Studierenden ſcheinen zu wähnen, dem Lehrer eine Wohlthat zu erweiſen, wenn ſie ſich zu einer ſeiner Vorleſungen unter-ſchreiben. Wie ſchwer hält es nicht zuweilen, ei-ne verjährte Lehrmethode zu verbeſſern, ein zweck-mäßigeres Lehrbuch einzuführen, ein noch nicht geleſnes obgleich ſehr nothwendiges Collegium zu Stande zu bringen?

4. Der Fleiß der Studierenden wird zu oft durch allmählige Ausdehnung der verfaſſungsmäßigen, oder auch durch willkürliche Ferien unterbrochen. Das immer mehr einreißende frühere Fortelen von der Univerſität am Schluſſe eines jeden halben Jahres, die ſpätere Rückkehr zu den Vorleſungen beym Anfange des neuen, ſind ein ſehr trauriger Beweis von der ſtets kälter werdenden Liebe zu den Wiſſenſchaften, von der immer höher ſteigen-den Arbeitsſcheue vieler Studierenden, von ihrer re-gelloſen Sucht nach Abwechſelungen und Vergnü-gungen. Zählt man alle auf teutſchen Acabemien jetzt eingerißne Ferien zuſammen; ſo muß man von drey Studierjahren faſt ein ganzes Jahr, das damit verſchwendet wird, in Abzug bringen, wobey die vielen Nebenunterbrechungen und ſchäb-lichen Folgen, welche eine unruhige und herum-ſchweifende Lebensart auf das Studieren ſelbſt hat, nicht einmahl in Anſchlag kommen. Was kann

der

der Staat dereinst von solchen jungen Männern hoffen, welche bey ihrer Vorbereitung zum Dienste des Vaterlandes so leichtsinnig und planlos zu Werke gehen? werden sie sich bey wirklicher Verwaltung der Staatsämter arbeitsamer, anhaltender, ordentlicher zeigen? werden sie auch die nöthigen Kenntnisse dazu in der gehörigen Vollständigkeit erwerben [1])?

5. Die Einrichtung der Vorlesungen ist häufig der Bestimmung des künftigen Geschäftsmannes nicht angemessen, mehr für den eigentlichen Gelehrten, und Schriftsteller, mehr für die Schule, als für den Staatsbeamten und für die Geschäfte berechnet,

[1]) Vortrefflich sind die schädlichen Folgen dieser Sucht nach langen Ferien auf den teutschen Universitäten dargestellt vom Hrn. Hofrath H e y n e in dem bey Gelegenheit der Preisaustheilung geschriebnen Programm vom 4ten Jun. 1797. (Götting. fol.) "Inter haec (heißt es das. S. 5.) contrahi et coangustari professorum studia, et aut rerum tradendarum filum media in tela texenda abrumpi, aut lectionibus sensim sensimque disciplinarum potius epitomas tradi, quam per earum ambitum duci auditores necesse est; primis adeo tantum labiis pleraque a vobis delibari; sine pleno haustu plerosque discedere; domesticis enim studiis repetitionibusque multo minus tempus iustum superest. Cumulantur interea auditiones, rerum diuersissimarum mole obruitur memoria, iudicio a partibus suis agendis excluso aut intercepto. Verbo, redibunt tandem omnia ad gustationem potius, quam ad coenam iustam; et academiae erunt popinas, ad quas raptim concurritur et cibo raptim sumto disceditur."

net, mehr speculativ, als pragmatisch ¹). Was
eigentlich Hülfswissenschaft seyn sollte, wird
oft als Hauptgegenstand vorgetragen; was
gar wohl in Ein Collegium zusammengefaßt werden könnte, wird in mehrere zerlegt und dadurch
die Zeit zu weit nothwendigern Vorübungen ver-
splittert; dagegen fehlt es z. B. noch fast auf allen teutschen Universitäten an einer zweckmäßigen
Vorlesung über die verschiednen Gattungen der
Staatsämter und Staatsbeamten in Teutschland,
über deren Rechte und Pflichten, über die Einrichtung und Besetzung der höhern und niedern Collegien,

---

1) Joseph II. der in vielen Sachen einen so richtigen
Blick hatte, besahl unter andern in seiner Resolution
über einen Vortrag der Studien-Hof-Commission
vom 25sten Nov. 1782.
"3tio Muß nicht den jungen Leuten gelehrt werden,
was sie nachher entweder sehr selten, oder gar nicht
zum Besten des Staats gebrauchen können, da die
wesentlichen Studien auf Universitäten zur Bildung der
Staatsbeamten nur dienen, nicht aber blos zur Erziehung Gelehrter gewidmet werden müssen, welche, wenn
sie die ersten Grundsätze wohl eingenommen haben,
nachher sich selbst bilden müssen, und glaube ich nicht,
daß ein Beyspiel da sey, daß von der bloßen Cathe-
der herab einer es geworden.
Allgem. literär. Anzeig. 1797. Num. 66. S. 694.
M. sehe noch Joh. Christ Fabricius über Academien. (Kopenh. 1796. 8.) S. 48. 69.
v. Massow Handbuch der Litteratur angehenden
Justizbeamten gewidmet. (Berl. u. Stett. 1794. 8.)
Bd. 1. S. 53.
E. F. Elsäffer Bemerkungen über academische Gegenstände. (Stuttg. 1793. 8.) §. 11.

gien über den Geschäftsgang bey denselben u. dgl.
Hiezu kommt nicht selten noch eine pedantische Verachtung und Verkleinerung einer Facultät gegen
die andre, ja unter den Mitgliedern derselben Facultät hält sich wohl der Lehrer der theoretischen
Theile für vornehmer, als den der practischen.
Dieser Zunftgeist, verbunden mit Brodneid und
kleinlichem Stolze auf Autor-Ruhm und Studen-
ten-Beyfall, räth oft zu Mitteln, welche nicht
nur der Gelehrsamkeit, sondern auch den Studierenden selbst ungemein nachtheilig sind [1]. Besonders verdient in dieser Hinsicht der anmaßende
und unduldsame Modeton einiger neuen Philoso-
phen gerügt zu werden, welche alles Positive neben ihrer transcendentalen Weisheit verachten, ihren Jüngern alle practische Wissenschaften, als
empirisch und unnütz, zu verleiden suchen, sie von
der wirklichen Welt abziehen und auf dem Lot-
terbette der Speculation in süße Träume wie-
gen [2].

Daher, bey einem über zehentausend Mann
starken und noch täglich wachsenden Heere teutscher Ge-
lehr-

1) (Voigt) Ueber die Europäische Republik. 4ter Th.
(Frkf. a. M. 1789. 8.) S. 127.
Menken de Charlataneria eruditor. p. 254. 274.
278.
2) Fr. Nicolai in seinem lesenswürdigen Anhange
zu Schillers Musen-Almanach. (Berl. 1797.) S.
16-21. hat diesen Mißbrauch so wahr als nachdrücklich gerügt.
Ueber die Europ. Republ. 4ter Th. S. 153.

lehrten und Schriftsteller [1]), die häufigen Klagen
über Mangel an geschickten und brauchbaren Geschäftsmännern; daher die Verlegenheit der Regierungen
bey Wiederbesetzung der wichtigsten Aemter [2]), ungeachtet der beschwerlichen Ueberzähligkeit an Candidaten; daher die häufig in die Augen fallenden Beyspiele von
schlechter Verwaltung der Staatsämter, woran nicht sowohl böser Wille, als Unwissenheit Schuld ist.

§. 109.
bb) allgemeine Bemerkungen.

Universitäten und die bey denselben angestellten öffentlichen Lehrer haben eigentlich eine dreyfache Bestimmung. Erstlich, die jungen Bürger zum Dienste
des Staats zunächst vorzubereiten und sie zur Verwaltung der öffentlichen Geschäfte geschickt zu machen; sodann, die Wissenschaften und Künste in ihrem ganzen
Umfange nicht nur zu erhalten, sondern auch mit vereinten Kräften zu berichtigen, zu ergänzen und zu erweitern; endlich, bey vorkommenden Fällen, den Regierungen, Staatsbeamten und Privatpersonen ihren gut-
acht-

---

1) Meusel Gelehrtes Teutschland die neueste Auf-
lage.

2) Königl. Preuß. Verordnung an alle Landes-Justiz-
Collegien vom 1sten Jan. 1797. In den neuesten Staats-
anz. 2ten Bds 2tem St. S. 259. auch im 3ten Bde
von Eisenbergs und Stengels Beyträgen.

Ja, es hält jetzt oft schwer, einen brauchbaren Haus-
lehrer unter den Studierenden aufzufinden, den man
mit gutem Gewissen empfehlen könnte.

achtlichen Rath auf Erfordern zu ertheilen und solchergestalt dem Staate bey Verbreitung der a b s o l u t e n und
r e l a t i v e n A u f k l ä r u n g, bey Leitung und Beförderung der p o s i t i v e n und n e g a t i v e n Staats-
T h ä t i g k e i t, bald mittelbar, bald unmittelbar zu
Hülfe zu kommen ¹).

Wenn auf Schulen der junge Bürger f ü r d i e G e-
l e h r s a m k e i t überhaupt erzogen werden mußte;
so soll er auf Academien für eine b e s t i m m t e C l a s s e von
Staatsämtern gebildet werden. Zur Verwal-
tung derselben aber sind theils besondre Kenntnisse und
Fertigkeiten theils ein vorzüglicher Grad p r a c t i s c h e r
S i t t l i c h k e i t u n d A u f k l ä r u n g nöthig. Es muß
also für wissenschaftliche und sittliche Bildung
der Studierenden in gleichem Maaße gesorgt werden.
Dazu gehört nun

1. Von Seiten des Staats, eine zweckmäßige Einrichtung der Universität im
Ganzen;

a) in Ansehung ihres Wohnsitzes. Dieser muß
nicht nur eine gesunde Lage in einer angenehmen
und heitern Gegend haben, sondern auch ein Muster in Ansehung der Polizey, Reinlichkeit, bür-
ger-

---

¹) Der cameralistische Nutzen der Universitäten
sollte billig den oben angegebnen Zwecken nachstehen,
und als eine Folge derselben betrachtet werden. Daher
verdienen auch die in neuern Zeiten eingeführten
Sperranstalten gegen auswärtige Universitäten keinen Beyfall.

gerlichen Ordnung, Güte und Wohlfeilheit der
Lebensmittel, wo möglich zugleich der Siz eines
und des andern höhern Landes-Collegiums ſeyn,
und in der Mitte des Staats liegen [1]). Unter
den Einwohnern müßten Kunſtfleiß und bürgerliche Gewerbe blühen, die Univerſität dürfte nicht
den beträchtlichſten Theil oder den Hauptnahrungs-
zweig derſelben ausmachen. In der Stadt dürfte,
außer dem zur Sicherheit nöthigen Militär, keine
Garniſon liegen. Der Profeſſor der Staats-
und Polizey-Wiſſenſchaften müßte in dem ſtädti-
ſchen Polizey-Collegium eine vorzügliche Stimme
haben;

b) in Anſehung ihrer Bedürfniſſe. Dahin gehört

aa) eine hinlängliche und ausgeſuchte Anzahl
von Lehrern in allen Fächern der Wiſſenſchaften
und Künſte;

bb) treue und geübte Unterbeamte;

cc) die

[1]) Sowohl Profeſſoren als Studenten müſſen gern und
zufrieden an dem Orte ihrer Beſtimmung leben; der
Anblick guter bürgerlicher Ordnung und Reinlichkeit
hat einen wohlthätigen Einfluß auf den ſittlichen Character der Bewohner; Geſundheit des Cörpers und
Seelenheiterkeit befördert die Geſchäfte des Geiſtes;
die Nähe der Landes-Collegien giebt ſowohl Lehrern
als Lernenden Gelegenheit zu practiſchen Uebungen,
verhindert Einſeitigkeit und Pedanterey; in Grenzör-
tern hat der Student zu nahe Gelegenheit, ſich der
nöthigen Aufſicht zu entziehen.

cc) die zum Lehren und andern gelehrten Arbeiten
nöthigen Hülfsmittel. Z. B. eine vollständige,
gut geordnete und unterhaltne Bibliothek, wohin
auch Sammlungen von Landcharten, Planen,
Rissen, gehören; ein zweckmäßig eingerichteter
botanischer und ökonomischer Garten, eine Stern-
warte, eine Instrumenten-Cammer für den
Arzt, Wundarzt, Mathematiker, Physiker,
Künstler; ein Naturalien-, Kunst-, Münz-
und Medaillen-Cabinett; eine Modell-Cammer
für die angewandte Mathematik, Technologie
u. s. w.; ein chemisches Laboratorium, Hospi-
tal, Entbindungshaus, eine Anatomie, auch
für die Thierarzneykunst, eine Apotheke, eine
Gemälde--, Kupferstich-, Statuen-, Alterthü-
mer-Sammlung; ein vollständiger Vorrath
von rohen und verarbeiteten Waaren für die
Handlungs- und Gewerb-Wissenschaften; anständige und der Würde ihrer Bestimmung angemeßne Versammlungs-Zimmer, öffentliche
Lehrsäle, eine Kirche, eine gutgeordnete Registratur, eine Reitbahn, ein Musiksaal, eine
Buch- und Kunst-Handlung, eine Druckerey, ein
anständiger Ort für Erholung und freundschaftliche Zusammenkünfte, verbunden mit einem
Lese-Cabinette u. s. w. Für jedes dieser Institute müßten sowohl zur Unterhaltung, als
Vermehrung hinlängliche Fonds angewiesen seyn.
Besäße die Universität liegende Gründe in der
Nähe, so würde der Lehrer der Oekonomie, der
Forstwissenschaft, desto bessere Gelegenheit
zu

zu practiſchem Unterrichte, zu Verſuchen haben.

c) der innern Verfaſſung;

aa) zweckmäßige, deutlich und beſtimmt abgefaßte, und ſtreng gehandhabte Geſetze;

bb) Vorſicht bey der Aufnahme neuer Ankömm-
linge. Keiner ſollte ohne zuverläſſige Zeugniſſe
von der Schule, oder Univerſität, wo er ſich
zuletzt aufgehalten hat, ſowohl über ſein ſittli-
ches Betragen, als über ſeine Fähigkeiten, ſeinen Fleiß, keiner ohne die nöthigen Vorkennt-
niſſe, auch nicht ohne Beſcheinigung ſeiner Eltern, ſeines Vormundes oder der Obrigkeit ſeines Geburtsortes, aufgenommen; jeder müßte
ernſtlich über den Zweck ſeines Studierens,
über die Mittel zur Erreichung deſſelben befragt,
mit Würde über die academiſchen Geſetze be-
lehrt und zu deren Beobachtung angewieſen
werden;

cc) zweckmäßige Religions-Vorträge und mo-
raliſche Vorleſungen über die Beſtimmung und
die Pflichten der Studierenden;

dd) wohlgeordnete Aufſicht über den Fleiß und
das ſittliche Betragen derſelben; nöthigen Falls,
ſtufenweis geſchärfte Warnung, Verweis, Dro-
hung, Nachricht an die Eltern, Vormünder,
Wohlthäter. Man mache keinen Unterſchied
zwiſchen Reichen und Armen, Fremden und
Einheimiſchen, und unterſcheide wohl jugendli-

che

che Uebereilung, und Unerfahrenheit, von Nie-
derträchtigkeit und Bosheit. Im letztern Falle
ist baldige Entfernung rathsamer, als Carcer-
oder Geld = Strafen;

ee) zweckmäßige Controle und Oberaufsicht über
die Verwaltung und Benutzung der academischen Anstalten, die Verhandlung der Disciplin-
und richterlichen Angelegenheiten, die Befolgung
der Instructionen und Gesetze;

ff) Belohnung des Fleißes und der Sittlichkeit,
durch Aufnahme in Seminarien, zweckmäßige
Unterstützung der Unvermögenden, vorsichtige Ertheilung academischer Würden, öffentliche Belobung, Preismedaillen, zuverlässige
Empfehlung und gewissenhafte Zeugnisse des
Wohlverhaltens [1]).

2. Von

[1]) Ein ausführlicher Plan, wie Universitäten in dieser
Hinsicht eingerichtet werden müßten, gehört nicht
hieher, und ich verweise deshalb auf.

Michaelis Raisonnement über die protestantischen
Universitäten in Teutschland. Th. 1 = 4. 1768 = 76. 8.
Neues Raisonnement über die protestant. Uni-
versität. Straßburg 1769. 8.

Heyne Progr. Iudiciorum de vniuersitatibus litera-
riis recognitio. Gott. 1792. fol.

C. F. Elsässer Bemerkungen über academische Gegenstände. Stuttg. 1793. 8.

Joh. Christ. Fabricius über Academien. Kopenh. 1796. 8.

Daß übrigens bey einer solchen Einrichtung, wenn
die Lehrer gleichfalls ihre Pflicht treu erfüllen, kein
Ver-

2. Von Seiten der Professoren — redliche Erfüllung ihres Berufs;

a) in Ansehung des Unterrichts. Wer den Namen eines Professors oder öffentlichen academischen Lehrers mit Recht führen will, muß nicht nur eine allgemeine Ueberficht der ganzen Gelehrsamkeit, besonders desjenigen Hauptzweiges der Wissenschaften, dem er sich vorzüglich gewidmet hat, besitzen; sondern auch mit seiner Zeit fortschreiten, unabläßig zur Vervollkommnung und Erweiterung seines Faches durch eignes Nachdenken, Studieren und nützliche Schriften mitwirken; er muß die besondre Geschichte, die ältere und neuere Literatur, die verschiednen Systeme derjenigen Wissenschaft, welche er lehren will, genau kennen und zu würdigen wissen. Sein Vortrag sey frey, lebhaft, angenehm, systematisch, der Würde des Gegenstandes, den Bedürfnissen und Einsichten der Zuhörer angemessen, weder dunkel noch weitschweifig, weder witzelnd und hochtrabend, noch vernachläßigt und pöbelhaft; weder allzuperiodisch, noch immer aphoristisch; weder unvorbereitet, noch ängstlich vom Hefte; sein Ausdruck sprachrichtig, bestimmt, weder ängstlich puristisch, noch buntschäckig; seine Aussprache rein, weder gekünstelt, noch plump oder provinciell; seine Stimme weder schreyend, noch

Verbot, auswärtige Universitäten zu besuchen, nöthig seyn werde, fällt von selbst in die Augen.

noch unvernehmlich; weder dictirend, noch decla-
mirend, noch eintönig, sein äußrer Anstand
weder theatralisch, noch pedantisch. Er wähle
oder schreibe selbst ein zweckmäßiges Lehrbuch, und
vergeude nicht die Zeit mit geheimnißvollem Dicti-
ren bekannter und schon gedruckter Sätze; seine
Beyspiele und Erläuterungen seyen passend, beleh-
rend, gesittet; er verliere sich weder in unnütze
Spitzfündigkeiten, oder auf Nebenwege, noch ver-
weile er sich unverhältnißmäßig bey Lieblings-
Materien, unbrauchbaren Alterthümern und ver-
jährten, unfruchtbaren Controversen; bey Prüfung
strittiger Meynungen sey er bescheiden, widerlege
die Gründe der Gegner, ohne zu schimpfen; die
Geschichte seiner Wissenschaft trage er pragmatisch vor, und zeige besonders die neueste Lage derselben und ihrer Lehrsätze. Er verweise vorzüglich
seine Zuhörer immer auf die Quellen und zeige den richtigen Gebrauch derselben. Er empfeh-
le kein Buch, das er nicht selbst kennt, lege bey
jedem Lehrsatze blos die auserlesensten und wichtigsten Schriften vor, mit kurzen Urtheilen über
den Zweck des Verfassers, über die Einrichtung
und Benutzung derselben; warne vor auffallend
schädlichen oder unnützen Büchern, und verweise
zum eignen Fortstudieren, oder zum Gebrauche
für die Zukunft, auf die besten literarischen Werke. Am Schlusse jedes Abschnitts prüfe er die
Zuhörer in freundschaftlichen Unterredungen nach
einer kurzen Tabelle, ob und wie sie den Vortrag
gefaßt haben, und theile einige auserlesne Fälle

zu

zu schriftlichen Ausarbeitungen mit, die er nachher verbessert. Ueberhaupt sage er sich selbst und
seinen Zuhörern recht oft, daß die academischen
Vorlesungen blos ein Leitfaden seyn können und
sollen, zum eignen Nachdenken, Fortstudieren,
Handeln; eine Grundlage, worauf erst das Gebäude der Gelehrsamkeit und Geschäfts-Thätigkeit
aus eignen Mitteln errichtet werden muß.

Bey solchen Vorlesungen, wo anschauliche
Kenntniß der Gegenstände nöthig ist, benutze er
fleißig die academischen Anstalten, führe die Zuhörer in die Werkstätte der Künstler und Handwerker
u. s. w: bey practischen Uebungen und Versuchen,
sehe er blos aufs Nützliche, auf den künftigen Gebrauch, ohne mit leeren Spielereyen die Zeit zu
verschwenden. Kurz, er sorge, daß seine Vorlesungen den Verstand und nicht blos das Heft
der Zuhörer ausfüllen, suche mehr Geschäftsmänner, als Schriftsteller und Academiker zu bilden;

b) in Ansehung der Sittlichkeit. Man
suche, mit Beywirkung der Stadtpolizey, die
Reitze zu Ausschweifungen, die Verführung zum
Unfleiße, zur Verschwendung, möglichst zu entfernen, ein richtiges Ehr- und Pflicht-Gefühl
bey den Studierenden zu erwecken und zu erhalten;
man wache streng über die Beobachtung der Gesetze, bestrafe die Verletzungen derselben ohne Ansehen der Person, sey aufmerksam auf geheime
Verbindungen, strebe die Unordnungen im ersten
Keime zu ersticken und überzeuge die Uebelgesinn-

Aa 5   ten,

ten, daß ihre geheimnißvollesten Anschläge der Obrigkeit nicht lange verborgen bleiben können. Besonders aber wird hier das eigne gute Beyspiel der
Professoren und der freundschaftliche Umgang
derselben mit den Studierenden von Nutzen seyn.
Letzterer darf auf der einen Seite nicht in Fami-
liarität und Gewinnsucht, auf der andern aber
auch nicht in Zwangvisiten (Couren) und leere
Spielparthieen ausarten. Der Student muß den
Lehrer als treuen Rathgeber in seinem Studieren,
als theilnehmenden Freund in wichtigen Vorfällen
seines Lebens, ehren und lieben; der Professor
sollte nicht blos mit dem Munde, sondern mit
der That, Pflegevater der Studenten seyn;
der Zutritt in die Gesellschaften und Häuser der
Professoren müßte als ehrenvolle Auszeichnung
des Fleißes und der Sittlichkeit geschätzt, gesucht
und zur höhern Vervollkommnung, zur Erlernung
urbaner Sitten, höherer Welt= und Menschen-
Kenntniß, eines klugen und anständigen gesellszigen
Betragens, genutzt werden.

3. Von Seiten der Studierenden thätiger
Wille, den Zweck ihres academischen Lebens möglichst
vollständig zu erreichen. Es giebt drey Haupt-
zwecke, weswegen die Academien besucht werden,
1) um sich zum Geschäftsmanne, zur Verwaltung eines practischen öffentlichen Amtes, vorzubereiten; 2) um Gelehrter und Schriftsteller von
Profession, um Lehrer der Theorie auf Academien
oder Gymnasien zu werden; 3) studieren einige, ohne

ne zunächst auf Staatsämter oder Gelehrsamkeit Rücksicht zu nehmen, blos zur Erlangung einer bessern
Cultur, zu ihrem Vergnügen, oder zum Privatge-
brauche ihrer erlangten Kentnisse. Unter diesen verschiednen Classen machen diejenigen, welche sich zu
öffentlichen Geschäften vorbereiten wollen,
oder dereinst zu practischen Staatsämtern
gebraucht werden, den größten Theil aus, und es
muß also der allgemeine Studierplan nebst dem
öffentlichen Vortrage, vorzüglich nach den Bedürfnissen dieser Classe eingerichtet werden. Sie zerfällt wieder in drey Unterabtheilungen;
1) derer, welche sich zu practischen Kirchen- und Schul-
Aemtern, oder 2) der ausübenden Arzeney- und Wund-
arzneykunst, und den für solche bestimmten Staats-
diensten, oder 3) der Rechtsgelehrsamkeit und solchen
politischen Staatsämtern, wozu der Regel nach
Rechtsgelehrte gebraucht werden (Th. I. §. 4.), gewidmet haben, und dazu vorbereiten wollen. Die
Studierenden der letzten Unterabtheilung sind wieder
a) solche, welche sich hauptsächlich zu Justiz- und
b) solche, die sich vorzüglich zu Regierungs-,
Cameral-, Polizey- und Kriegs-Ge-
schäften zu bilden suchen. Endlich können auch
sehr oft äußre Umstände und Aussichten, oder besondre Talente, Neigungen oder Abneigungen der Studierenden, welche zuweilen erst während des Aufent-
halts auf der Academie eintreten, Abweichungen von
dem gewöhnlichen Plane rathsam und nothwendig
machen. Von Rechtswegen sollte aber kein Studie-
render die einmahl betretne Laufbahn verlassen, ohne
mit

mit den Eltern, Vormündern oder Lehrern darüber
zu Rathe zu gehen, und ſich einen neuen, den veränderten Umſtänden angemeßnen, Plan vorzeichnen
zu laſſen.

Nach dieſen Vorausſetzungen laſſen ſich folgende allgemeine Regeln für das Studieren des künftigen Staatsbeamten und Geſchäftsmannes feſtſetzen:

1. Er muß gehörig vorbereitet, und mit den nöthigen
Fähigkeiten und Schulkenntniſſen verſehen auf die
Univerſität kommen (§. 107.), oder wenigſtens
das Verſäumte und Fehlende vor allen Dingen
noch nachholen. Hat er die ältern Sprachen gehörig erlernt, ſo muß er nun, durch Hausfleiß und
durch Leſen der beſten Schriftſteller, ſeine Kenntniß
vervollkommnen. Der künftige Kirchen- und
Schul-Lehrer ſetzt ohnehin die hebräiſche und grie-
chiſche Sprache in den gewöhnlichen Exegeticis
fort. Von den neuern Sprachen wird die Fran-
zöſiſche in ſogenannten Converſatoriis geübt, und
das Leſen der beſten Schriftſteller in den übrigen
fortgeſetzt [1]). Allgemeine Weltgeſchichte, Geographie, bleiben dem Privatfleiße überlaſſen, wenn nicht
Geſchichte das Lieblingsfach iſt.

2. Er

[1]) Dieß macht jedoch eine Ausnahme bey ſolchen, die
ſich vorzüglich auf Philologie und morgenländi-
ſche Literatur oder auf neuere Sprachkunde legen
wollen, mithin noch nähere dahin einſchlagende Kenntniſſe erwerben müſſen.

2. Er soll planmäßig studieren, d. i. nicht blos
bey den sogenannten Brodcollegien stehen bleiben,
sondern auch die nöthigen Hülfs- und Neben-
Wissenschaften in der gehörigen Ordnung
dergestalt erlernen, daß er dabey seine Hauptbestimmung nicht aus den Augen verliere. Er muß
daher in allen Fächern seiner Hauptwissenschaft einen Leitfaden zu erhalten und sich auf alle in seiner künftigen Bestimmung vorkommende Fälle vorzubereiten suchen; er darf nicht zu viele oder zu
verschiedenartige Vorlesungen zusammen hören, um
Zeit, Kraft und Lust zu den nöthigen Vorbereitungen und Wiederholungen zu behalten; er soll sich
bey Hülfs- und Neben-Wissenschaften nicht länger verweilen, als unumgänglich zu seiner Hauptbestimmung nöthig ist. Sein Hauptzweck ist
nicht, die Wissenschaften zu erweitern oder neue
Lehrgebäude aufzuführen, sondern die Theorie in
seinem künftigen Amte geschickt anzuwenden,
und die neuern Verbesserungen zweckmäßig zu benutzen ¹).

3. Er darf sich nicht damit begnügen, das vom Lehrer
Gedachte und Vorgesagte, ohne Lücke in seinem
Hefte zu haben, oder auswendig zu lernen, sondern er muß es auch mit dem Verstande fassen.
Dazu gehört, daß er sich nicht blos leidend,
sondern auch thätig verhalte, daß er sich durch auf-
merk-

---

¹) v. Massow Literatur. Bd. 1. §. 36. 37. Bd. 3.
§. 529.

merksames Lesen des Compendiums auf die Lehrstunden vorbereite, in den Stunden selbst mit angestrengter Aufmerksamkeit zuhöre, nur das Nö-
thigste mit kurzen Worten aufschreibe, und zu
Hause das Gehörte mit Nachdenken wiederhole.

4. Zu dem Ende muß er gehörig mit seiner Zeit und
seinen Kräften Haus halten, sie weder durch Müs-
siggang, Schwelgerey, Romanen-Lecture und
Vergnügungen verschleudern, noch durch unmäßi-
ges oder unzeitiges Studieren seine Gesundheit
schwächen und seinen Geist verkrüppeln

5. Er soll sich nicht in abstracte Speculationen über
Möglichkeiten versteigen, sondern die Menschen
und Staatsverfassungen, besonders seines Vaterlandes, kennen lernen, wie sie sind, um die
erlernten Kenntnisse zu deren Dienste richtig anzuwenden. In dieser Hinsicht muß er vorzüglich
die practischen Vorübungen in seinem Fache, die
öffentlichen dahin abzweckenden Anstalten, das
Studium der neuesten Geschichte, den Umgang
mit Andern, benutzen [1]).

6. Er muß die Vorschriften der Religion und Sittlichkeit, die academischen Gesetze, gewissenhaft befolgen, seine Ausgaben nach der Einnahme beschränken, sich nicht an Bedürfnisse der Luxus gewöh-
nen, aber auch Reinlichkeit und äußern Anstand
nicht vernachlässigen, die nöthigsten Bücher und
anbre

[1]) Joh. Chr. Fr. Meister über das Juristische
Studium. (Berl. u. Stals. 1780. 8) S. 72.

andre zu seinem Zwecke erforderliche Bedürfnisse anschaffen, gelehrte Zeitungen lesen, und durch Fleiß und Geschicklichkeit, durch ein gesittetes, angenehmes und offnes Betragen den Beyfall seiner Lehrer und einen nähern Umgang mit ihnen zu erhalten suchen.

7. Alle diese Vorschriften wird er um so leichter und treuer erfüllen, wenn er diese Laufbahn aus reiflich geprüfter Neigung gewählt hat ¹), je öfter und inniger er an seine künftige Bestimmung, an die verschiednen möglichen Lagen denkt, unter welchen er dieselben erfüllen soll, je vorsichtiger er in der Wahl seines academischen Umganges ist, je redlicher er es überhaupt mit sich selbst und denjenigen Geschäften meynt, zu welchen er sich vorbereiten will.

§. 110.

ee) besondrer Plan für die zu Justiz- und politischen Staatsämtern bestimmten Studierenden.

Von Rechtswegen sollten die bisherigen gesetzlichen drey Studierjahre, auf vier, wenigstens viertes halb, wieder ausgedehnt, für die verschiednen Classen von Staatsämtern neue Studierplane vorgezeichnet, und zweckmäßigere Prüfungen der von Universitäten zurückkehrenden Candidaten eingeführt werden ²).

Ich

---

1) Heluetius de l'Esprit. Disc. IV. Ch. 16.

2) Dieß letztere ist verfügt in der musterhaften Königl. Dänischen Verordnung für die Herzogthümer Schleswig

Ich will es verſuchen, hier zwey auf vier Jahre berechnete Studier-Plane, zur Vorbereitung auf Juſtiz- und
politiſche Staatsämter, der Prüfung der Kenner vorzu-
legen. Alles kommt hiebey auf richtige Vertheilung und
gewiſſenhafte Benutzung der koſtbaren Zeit an. Rech-
net man von den täglichen 24 Stunden, 7 Stunden für
den Schlaf; 3 Stunden für Auzlehen, Frühſtück, Mit-
tag- und Abend-Eſſen; 2 Stunden für Erholung und
Leibesbewegung ab, ſo bleiben zum Studieren täglich
noch volle 12 Stunden, oder wöchentlich 72 Stunden.
Dieſe würden folgendergeſtalt zu verwenden ſeyn:

1. Alle halbe Jahr 4 Haupt-Collegien,
   wöchentlich im Durchſchnitte zu 6 Stunden, nebſt Vorbereitung und Wiederholung, für jedes 1 Stunde, macht wöchentlich —————— 48 Stunt.

2. zwey Neben-Collegien, welche nur
   2 Stunden die Woche geleſen werden,
   nebſt

wig und Holſtein, die Prüfung der Candidaten der
Rechtsgel. betr. Copenhag. d. 18ten Dec. 1795. ſie
iſt abgedruckt in Häberlin Staats-Arch. 2tem Heft.
S. 253. ff. Man vergl. damit das Churf. Bayri-
ſche Reſcript, die Beſetzung der Collegial- und
Amts-Stellen im Herzogth. Neuburg betr. München
d. 17ten Jan. 1786. im Journ. v. u. f. Teuſchl. v.
1786. Bd. 1. S. 68. die Marggräfl. Badenſche Exa-
minations-Ordn. der Advocaten. Carlsruh d. 11ten
May 1789. im J. v. u. f. Teutſchl. 1789. Bd. 2.
S. 518. imgl. das Churf. Sächſiſche Mandat
wegen Qualificirung junger Leute zu künftigen Dienſt-
leiſt. Dresd. d. 27. Febr. 1793. in Schlözer Staats-
Anz. LXXII. S. 513. ff.

nebst Vorbereitung und Wiederholung im
Durchschnitt 2 Stund.   ———   6 Stund.

3. für ältere und neuere Sprachen, Zeichnen, Musik [1]), im Durchschnitt wöchentlich   ———   8 =

4. zu Examinatoriis, Disputatoriis, Con-
uersatoriis wöchentlich   4 =
                                                    _____
    Macht zusammen wöchentlich   66 Stund.

Es würde also täglich noch 1 Stunde zu eignen
Ausarbeitungen, zur Correspondenz, zum Lesen gelehrter und politischer Zeitungen, zu außerordentlichen Ab-
haltungen und dgl. übrig bleiben. Die Sonn- und Fest-
Tage lassen gleichfalls, außer den Religionsübungen,
noch andre nützliche Beschäftigungen zu, so wie denn
auch die nothwendigen Ferien, einem mit seiner
Zeit gewissenhaft haushaltenden Studierenden viele
Muße zu zweckmäßigen Nebenbeschäftigungen gewähren [2]).

I. Plan

1) Reiten, Fechten, Tanzen, können in den für die
    Leibesbewegung abgerechneten Stunden vorgenom-
    men werden.

3) Krankheiten stören freylich diese Berechnung, aber
    in dem Alter, worin man gewöhnlich die Universität
    zu besuchen pflegt, gehören dergleichen Unterbrechun-
    gen, bey einer regelmäßigen Lebensart, unter die
    seltenen Ausnahmen von der Regel.

I. Plan für diejenigen, welche sich ausschließlich zu Justiz-Aemtern vorbereiten wollen.

1stes h. J.

Haupt-Coll. 1. Literärgeschichte, nebst einer encyclopädischen Uebersicht der Wissenschaften.

— 2. Reine Mathematik.

3. Logik, Metaphysik, Seelenlehre.

4. Geschichte und auserlesne Literatur des römisch. Rechts, nebst röm. Rechtsalterthümern.

Neben-Coll. 1. Uebungen im teutschen Style, in Declamiren.

[2. Juristische Encyclopädie, nach Eisenharts Plane ¹).

2tes h. J.

Haupt-Coll. 1. Practische Philosophie, (Naturrecht, Sittenlehre).

2. Naturgeschichte.

3. Allgemeiner Theil des römischen Rechts ²).

4. Er

1) Die Rechtswissenschaft in ihrem Umfange u. f. w. von D. E. L. A. Eisenhart. Helmst. 1795. 8.

2) Hierunter verstehe ich keine Encyclopädie, keine bisher gewöhnlichen Institutionen; sondern ein wohlgeordnetes und für den Anfänger zweckmäßiges System von Grundbegriffen und allgemeinen, d. i. auf mehrere Materien anwendbaren positiven Rechtsregeln und

4. Europäische Staatengeschichte.

Neben-Coll. 1. Uebungen im teutschen Style, Lesen der besten Schriftsteller.

2. Heraldik, Genealogie, Numismatik.

3tes h. J.

Haupt-Coll. 1. Teutsche Reichsgeschichte.

2. Naturlehre.

3. Besonderer Theil des reinen, jetzt noch anwendbaren, römischen Rechts, wöchentlich 8 Stunden.

4. Lehnrecht wöchentlich 4 Stund.

Neben-Coll. 1. Diplomatik und Kenntniß der lateinischen und teutschen Sprache des Mittelalters.

2. Teutsche Rechtsalterthümer.

4tes h. J.

Haupt-Coll. 1. Statistik.

2. Populäre Arzneykunde.

3. Teutsches Privat-Recht.

4. Teutsches Staats-Recht.

Neben-

und unbestrittnen, überall anwendbaren Grundsätzen. Schon Leibniz (noua methodus discendae docendaeque iurisprudentiae, neue Aufl. Leipz. und Halle 1748. 8. Pars special. §. 7. 23. 24. 25.) wünschte ein solches Lehrbuch. v. Tevenar (vortreflicher) Versuch über die Rechtsgelahrtheit (Magdeb. u. Lpz. 1777.) könnte vielleicht zum Muster eines solchen Leitfadens dienen.

Neben-Coll. 1. Populäre Theologie.

2. Adels-Recht und Privat-Recht der Fürſten.

5tes h. J.

Haupt-Coll. 1. Kirchen-Geſchichte für Juriſten.

2. Canoniſches und proteſtantiſch. Kirchen-Recht.

3. Mathematik für Juriſten [1]).

4. (Peinliches) Straf-Recht, mit Beurtheilung und Benutzung der neveſten Unterſuchungen in dieſem Fache.

Neben-Coll. 1. Gerichtliche Arzneykunde, verbunden mit mediciniſcher Polizey.

2. Wechſel-Recht, Handlungs-Recht, See-Recht.

6tes h. J.

Haupt-Coll. 1. Geſchichte des achtzehnten Jahrhunderts.

2. Encyclopädie der Staatsverwaltungs-Wiſſenſchaften, beſonders der Cameral- und Polizey-Wiſſenſch. [2]).

3. Allgemeines Syſtem des in Teutſchland geltenden Privat-Rechts, erſter Theil.

4. Juriſtiſche Hermeneutik, oder Belehrung über die Auslegung und Anwendung

---

[1]) Hiemit könnten einige Uebungen im practiſchen Feldmeſſen eine Anleitung zum Verſtehen der Bauriſſe, zur Beurtheilung der Bauanſchläge, zur Führung und Aufſtellung einer Rechnung, verbunden werden.

[2]) Mein Progr. de politiae rerumque cameralium ſtudiis, iuris cultoribus maxime neceſſariis. Helmſt. 1794. 4.

dung der Rechtsquellen. nebst einer jurist. Casuistik.

Neben-Coll. 1. Territorial-(Landes)-Staats-Recht.
2. Kriegs- und Soldaten-Recht.

7tes h. J.

Haupt-Coll. 1. Allgem. System des in Teutschland
geltenden Privat-Rechts, zweyter
Theil.
2. Historischer Theil der besondern Vaterlandskunde 1).
3. Erster Theil der practischen Rechts-
Encyclopädie und Geschäftskunde, mit
Ausarbeitungen 2).

Neben-

1) Dahin rechne ich eine genaue geographisch-statisti-
sche Uebersicht der zu dem besondern teutschen Staate, worin der Studierende die nächste Hoffnung hat
ein öffentliches Amt zu bekleiden, gehörigen Provinzen, eine topographische Nachricht von der Residenz-
stadt und den übrigen merkwürdigen Oertern, eine
Kenntniß von den angrenzenden Ländern und ihren
Verhältnissen zum Vaterlande, eine Erklärung der
wichtigsten Diplome, Denkmünzen und andrer ge-
schichtlichen Urkunden, eine pragmatische Geschichte
des regierenden Hauses, des Volkes und der allmäh-
ligen Ausbildung seiner jetzigen Verfassung, nebst
einer auserlesnen dahin einschlagenden Literatur.

2) Die beyden letzten halben Jahre müssen vorzüglich
zur nächsten Vorbereitung auf die wirkliche Verwaltung der Staatsämter und öffentlichen Geschäfte, zur
Anwendung der Theorie auf die Praxis, benutzt
werden. Der Studierende tritt nun gleichsam in
den Vorhof der Gerichte, überblickt die mannichfalti-

Bb 3

gen

Neben-Coll. 1. Polizey- und Cameral-Recht.
        2. Juden-R.cht.

                8tes h. J.

Haupt-Coll. 1. Juristischer Theil der Vaterlandskun-
        de 1).

        2. Zweyter Theil der practischen Rechts-
        Encyklopädie 2).

        3. Geist der Gesetze, oder Naturrecht
        und Klugheitslehre, angewandt auf
        das positive Privat-, Staats- und
                                    Völ-

gen Bestimmungen, Pflichten und Geschäfte des
practischen Juristen, und sucht unter der Leitung seines Lehrers für jede Gattung derselben Mund und
Feder zu üben, damit er dereinst in jedem Fache ohne Straucheln oder Aengstlichkeit sich zurecht finden
könne. Kein Tag darf nun ohne eine wohl durch-
dachte schriftliche Arbeit vergehen, daher sind auch
für diese Periode nur drey halbjährige Hauptvor-
lesungen bestimmt.

1) Dahin gehört 1) Quellenkunde des väterländischen
Staats- und Privat-Rechts, (Gesetze, Verträge u.
s. w.) nebst Kenntniß der besten Schriften, der vorzüglichsten Geschäftsmänner. 2) Uebersicht des allgemeinen und besondern Geschäftsganges, der Colle-
gialverfassung u. dgl., 3) die Theorie des besondern
Staats- und Privat-Rechts selbst.

2) Die practische Theorie wird nach einem zweckmäßigen Systeme immer mit der Praxis verbunden, und
dabey vorzüglich auf die besondern Gesetze des Vaterlandes Rücksicht genommen. Die Zuhörer müssen, so viel möglich, wirkliche Fälle zu bearbeiten,
und eine anschauliche Kenntniß von geschriebnen
gerichtlichen und Manual-Acten erhalten.

Völker-Recht, mit Beyspielen aus der
Gesetzgebung und Geschichte.

Neben-Coll. 1. Positives Europäisches Völkerrecht.
2. Ein Reise-Collegium.

II. Plan für solche, die sich vorzüglich auf
Cameral- und andere politische Staatsämter vorbereiten wollen.

1stes h. J.
Haupt-Coll. 1. Logik und Metaphysik.
2. Reine Mathematik.
3. Europäische Staaten-Geschichte.
4. Naturgeschichte.

Neben-Coll. 1. Teutscher Styl und Lesen der besten
Musterschriften.
2. Practische Feldmeß- und Markscheide-
Kunst.

2tes h. J.
Haupt-Coll. 1. Populäre practische Philosophie.
2. Angewandte Mathematik.
3. Europäische Statistik.
4. Teutsche Reichsgeschichte.

Neben-Coll. 1. Teutscher Styl.
2. Populäre Theologie.

3tes h. J.
Haupt-Coll. 1. Encyclopädie der Staatsverwaltungs-
Wissenschaften.
2. Naturlehre.

3. Teuts

3. Teutsches Staats- und Lehen-Recht.

4. Technologische und landwirthschaftliche Pflanzenkunde (Botanik).

Neben-Coll. 1. Algebre.

2. Forstwissenschaft.

4tes h. J.

Haupt-Coll. 1. Allgemeine Geschichte des achtzehnten Jahrhunderts.

2. Privat-Recht für Cameralisten.

3. Populäre Arzneywissenschaft.

4. Mineralogie.

Neben-Coll. 1. Teutsches Territorialstaatsrecht.

2. Thierarzneykunde.

5tes h. J.

Haupt-Coll. 1. Technologische und landwirthschaftliche Scheidekunst (Chemie).

2. Landwirthschaft.

3. Gewerbkunde (Technologie).

4. Historischer Theil der besondern Vaterlandskunde.

Neben-Coll. 1. Positives Europäisches Völkerrecht.

2. Allgemeine Haushaltungskunst.

6tes h. J.

Haupt-Coll. 1. Bürgerliche und landwirthschaftliche Baukunst, nebst der Lehre vom Bauanschlag.

2. Handlungswissenschaft, nebst der Lehre vom doppelten Buchhalten.

3. Polizeywissenschaft.

4. Staats-

4. Staatswiſſenſchaftlicher Theil der Vaterlandskunde [1]).

Neben-Coll. 1. Mediciniſche Polizey.

2. Waarenkunde.

7tes h. J.

Haupt-Coll. 1. Cameral- und Finanz-Wiſſenſchaft
(Staatswirthſchaft).

2. Staatsverwaltungspraxis, Erſter
Theil [2]).

3. Syſtem der allgemeinen Staats- und
beſondern Geſchäfts-Klugheit, abge-
zogen

1) Dahin zähle ich, außer dem beſondern Staats- und
Familien-Rechte, die Policeyverfaſſungen der Städte und Dörfer, die Kenntniß von Steuern und Abgaben, vom Kriegsweſen, von den verſchiednen Collegien und Staatsbeamten, vom Gange der Geſchäfte;
die beſondre Waarenkunde, oder die anſchauliche
Kenntniß der rohen Producte, der Fabrik- und Ma-
nufactur-Waaren u. ſ. w., ferner eine Bekanntſchaft mit den Handwerks- und Innungs-Verfaſſun-
gen, mit den im Lande befindlichen, kirchlichen, Schul-
und academiſchen Anſtalten, mit dem landüblichen
Ackerbau und der Viehzucht, mit den verſchiednen
Arten der Bauern und ihren Verhältniſſen zu den
Gutsherren, mit dem Forſt-, Jagd- und Bergwerks-
Weſen, den Flüſſen, Seen, Deichen, dem Armen-
weſen und andern öffentlichen Anſtalten.

2) Dahin gehört die Anleitung zu ſchriftlichen Aufſätzen,
Tabellen, Rechnungen u. ſ. w., welche ſowohl bey
auswärtigen als innern Regierungs-, bey Polizey-
Cameral- und andern politiſchen Amtsgeſchäften vorfallen, nebſt einer nähern Anweiſung zur zweckmäſſi-
gen Betreibung ſolcher Geſchäfte.

Bb 5

zogen aus den Hauptresultaten der einzelnen Staatswissenschaften, mit Rücksicht auf Sittenlehre und Culturgeschich-
te der Menschheit [1]).

Neben-Coll. 1. Cameral- und Polizey-Recht.
 2. Encyclopädie der Bergwerkskunde.

8tes h. J.
Haupt-Coll. 1. Staatsverwaltungspraxis, zwepter
 Theil.
 2. Geist der Gesetze, oder Naturrecht
 und Klugheitslehre angewandt auf die
 Gesetzgebung.
 3. Encyclopädie der Kriegswissenschaf-
 ten.
Neben-Coll. 1. Politische Arithmetik.
 2. Ein Reise-Collegium [2]).

Es braucht hier wohl nicht weitläuftig bemerkt zu
werden, daß die vorstehenden Plane, nach den besondern
Ver-

[1]) Das Studium der Staatswissenschaft erfordert
doppelte Anstrengung und Behutsamkeit, da sie
weder von Axiomen, wie die Mathematik, noch
von Glaubenslehren, wie die Religion, noch von
Gesetzbüchern, wie die Rechtsgelehrsamkeit ausgeht.
v. Beguelin über d. auswärtigen Handel in der
Neuen teutsch. Monatsschr. Sept. 1795.

[2]) Hier müßten, außer den allgemeinen Regeln für
Reisende, die Zuhörer auch hauptsächlich mit denjenigen Gegenständen bekannt gemacht werden, worauf
angehende Geschäftsmänner in fremden Ländern ihre
besondre Aufmerksamkeit zu richten haben.

Verhältnissen, Aussichten oder Neigungen der Studierenden, hin und wieder Zusätze und Abänderungen leiden
können.

§. III.

c) Uebungen nach Endigung der Universitäts-Jahre.

aa) Anstalten von Seiten des Staats.

Wären alle Schulen und Universitäten zweckmäßig
eingerichtet, würde der Aufenthalt auf denselben von
allen Studierenden gehörig und pflichtmäßig benutzt; so
müßten diese nach Zurückkunft von der Universität, wenigstens zu den leichtern und minder wichtigen Aemtern,
ohne weitere Vorbereitung, brauchbar seyn. Da aber
noch zur Zeit weder das Eine noch das Andre vorausgesetzt werden kann, und die von Universitäten mitgebrach-
ten Zeugnisse häufig sehr unzuverlässig sind; so ist in
wohleingerichteten Staaten die Verfügung getroffen, daß
alle, welche von der Universität zurückkehren und im
Dienste des Vaterlandes gebraucht werden wollen, sich
bey den dazu angewiesenen Behörden einer öffentlichen
Prüfung unterwerfen müssen (§. 90.), worauf die zu
Kirchen- und Schul-Aemtern bestimmten, in die Zahl
der Candidaten eingetragen und bey eintretenden Fällen, nach vorhergehenden strengern Prüfungen, befördert, die Zöglinge der Arzneykunst und Rechtsgelahrtheit aber, als ausübende Aerzte und Advocaten zur
Praxis gelassen, oder sonst im Dienste des Staats
angestellt (versorgt) werden.

Außerdem ist in mehrern teutschen Staaten noch eine besondre practische Bildungs-Periode der
an-

angehenden Staatsbeamten, zu bestimmten, öffentlichen Aemtern, angeordnet. Z. B. im Herzogthum Neuburg ¹) müssen dieselben mit der Canzleypraxis, als Canzlisten, dann als Registratoren und Secretäre bey der Regierung und Hof-Cammer, auch in den Rechnungsverhörstuben, während eines vom Präsidenten zu bestimmenden Zeitraums, sich üben, sodann sollen sie zur Erlernung der Amtspraxis bey Justiz-Aemtern, auch Cameral- und landschaftlichen Stellen arbeiten, und dann erst werden sie, nach vorhergehendem Examen, als Procuratoren und Ober-Amts-Advocaten angestellt, worauf sie in die Classe der Regierungs-Advocaten fortrücken, aus welcher zu Besetzung der Amts- und Raths-Stellen die Tüchtigsten ausgehoben werden..

In Churfachsen ²) müssen die von Adel, welche bey der Landes-Regierung, oder beym Appellationsgericht und der Stiftsregierung als Assessoren angestellt werden wollen, wenigstens ein Jahr den Sitzungen des Oberhofgerichts zu Leipzig oder des Hofgerichts zu Wittenberg beygewohnt, oder unter einem Kreis- oder Amtshauptmanne, oder bey einem andern Justizbeamten gearbeitet haben. Zu Hof- und Justizraths-Stellen dürfen sich diejenigen Assessoren nur melden, welche sich
sechs

---

1) M. s. die im vorigen §. angef. Churpfälzische Verordnung vom 17ten Jan. 1786.

2) S. das oben angeführte Mandat vom 27sten Febr. 1793.

sechs Monate unter Anleitung eines ältern Hof- und
Justiz-Rathes im mündlichen Referiren und in schrift-
lichen Ausarbeitungen geübt, auch wenigstens anderthalb
Jahre allein gearbeitet haben.

Im Churfürstenthum Hannover rouliren diejenigen, welche sich zu Cameralämtern und Beamtenstellen gewidmet haben, wenn sie in der mit ihnen vorzunehmenden Prüfung bestehen, nach dem Alter, um das
sogenannte Amtiren zu erlernen, durch folgende Stufen: Amts-Auditoren, Titulär-Supernumerär-ordent-
liche Amtschreiber; auch sucht man durch das häufige
Versetzen der Amtschreiber und Beamten von einem
Amte zum andern, aus einer Provinz in die andre, ihre
Fähigkeit zur Amtsverwaltung, ihre Kenntniß des Landes allgemeiner zu machen. So müssen auch in andern
Ländern die Anfänger durch allmähliges Fortrücken, als
Accessisten, Auditoren (Auscultatoren), Assessoren ohne
Stimme, Secretäre u. s. w. sich zu wircklichen Raths-
diensten vorbereiten.

Nirgend aber findet man in dieser Hinsicht eine so
sorgfältig bestimmte und zweckmäßige Einrichtung, als
in den Königl. Preußischen Staaten. Hier müssen
diejenigen, welche sich Justizgeschäften widmen wollen,
nach geendigtem Studieren, vor einem höhern Justiz-
Collegium ihrer Provinz sich prüfen lassen, worauf sie
Anfangs zu Auscultatoren angenommen, und zu
allerley leichtern Geschäften, unter Aufsicht des Raths,
dem sie besonders angewiesen worden, gebraucht werden.
Fleiß und Application führt sie zu dem Posten eines

Canzleyst. Th. 2.   Cc   Re-

Referendars. Ehe sie aber dazu gelangen, müssen
sie sich abermals einer strengern Prüfung unterwerfen,
das Collegium berichtet davon an den Groß-Canzler
(Chef der Justiz) und auf dessen Genehmigung erfolgt
die wirkliche Anstellung. Hier werden sie stufenweise
zu immer schwerern und wichtigern Arbeiten, des materiellen und mechanischen Dienstes, unter Aufsicht eines
Rathes angestellt, auch ihnen nach Befinden Gelegenheit gegeben, sich in Cameralgeschäften zu üben. Nach
Verlauf von vier Jahren kann sich der Referendar
beym Chef der Justiz zum strengen (großen) Examen,
mit Beybringung eines Präsidial-Zeugnisses von dem
Collegium, wo er bisher gestanden hat, melden, und
nach Befinden der Umstände, als wirklicher Rath oder
Assessor bey einem Landes-Justiz-Collegium, oder bey
einem Untergerichte angestellt zu werden hoffen [1]).

§. 112.

[1]) S. Kön. Pr. Rescript vom 16ten Jun. 1752. Verordn.
v. 28sten Febr. 1769. vorzüglich aber die allgemeine Gerichtsordn. f. d. Pr. Staat. (Berl. 1795.) 3ter
Th. 4ter Tit. und (Hymmen) Beyträge zur jurist.
Literatur in den Preuß. Staat. 2te Sammlung. S.
278. ff.
Eine genaue Darstellung des Bildungsgeschäfts
angehender Justizbeamten, wie solches besonders bey
der Pommerschen Regierung zu Alten-Stet-
tin, unter Anleitung des würdigen Hrn. Präsidenten von Massow, betrieben wird, findet sich in
Klein Annalen d. Gesetzgeb. Bd. 3. (Berlin und
Stettin 1789.) S. 389. ff. und in Massow Anleitung zum practischen Dienst. (ebendas. 1792.) S.
227. ff., welches vortreffliche Werk hauptsächlich zur
Belehrung der Auscultatoren und Referendarien bestimmt

§. 112.

bb) Eigner Fleiß von Seiten der Candidaten und
angehenden Staatsbeamten.

Schon (§. 109. 2. a)) ist bemerkt worden, daß der
academische Unterricht nur eine Grundlage, ein Leitfaden seyn könne und solle, wornach die Studierenden dereinst sich selbst die nöthige Geschicklichkeit zum practischen
Dienste, durch eigne Erfahrung und zweckmäßigen Fleiß
erwerben müssen. Noch zur Zeit findet man selten solche vortreffliche gesetzliche Einrichtungen für den angehenden Staatsbeamten, wie in den Preußischen Staaten, und selbst hier steht noch zu bezweifeln, ob bey allen
Ober-Collegien, von Seiten der Präsidenten und Räthe
mit solcher Einsicht und edlen Thätigkeit für die Bildung
der Referendarien gesorgt werde, wie bey der Regierung
zu Stettin.

Wenn auf Universitäten die Theorie der Hülfsund Hauptwissenschaften nach einer planmäßigen Ordnung, systematisch gelehrt, wenn der Zuhörer unter
Anleitung des Lehrers, im practischen Arbeiten,
ebenfalls nach einer zweckmäßigen Stufenfolge geübt und
zur richtigen Anwendung der erworbnen theoretischen
Kenntnisse auf die Geschäfte angeleitet wurde, wenn
er dort seine ganze Thätigkeit auf die Vorbereitung
zu seiner künftigen Bestimmung, auf das Studieren
aus

stimmt ist, und womit desselben Vfs Handbuch der
Literatur. Th. 1-3. Berl. u. Stett. 1794 verbunden
werden muß.

anwenden konnte; so ist er nun sich selbst überlassen, muß die vorkommenden Geschäfte besorgen, wie sie sich ihm darbieten, und seine Zeit zwischen Arbeiten in Dienstgeschäften und Fortstudieren gehörig einzutheilen wissen. Wenn die academischen Uebungsarbeiten entweder erdichtete Fälle oder abgethane Sachen betrafen, und die begaungnen Fehler von dem Lehrer verbessert wurden; so muß er nun befürchten, daß jede Unachtsamkeit, jede unrichtige Anwendung der Theorie, jeder Verstoß gegen die Gesetze, unangenehme Folgen nach sich ziehen werde. Er tritt nun aus dem engen Kreise seiner academischen Lehrer und Zeitgenossen, als selbstständiges Mitglied, unter die mannichfaltigen Reihen der Staatsbeamten und Bürger, aus dem stillen Lehrsale, auf den geräuschvollen Schauplatz der auf= und absteigenden Staats = Thätigkeit, in das Gewühl der öffentlichen Geschäfte.

Gewöhnlich bleibt zwischen dem Abgange von der Universität und dem ersten Examen noch ein längerer oder kürzerer Zeitraum übrig, welchen der Candidat, nach Beschaffenheit seiner Umstände, entweder zu einer nützlichen Reise, oder zur unmittelbaren Vorbereitung auf das Examen, und auf die Uebernehmung eines wirklichen Amtes benutzen muß. Da sich jetzt ehe mit Bestimmtheit voraussehen läßt, bey welcher besondern Classe von öffentlichen Aemtern einer angestellt zu werden hoffen kann; so sind vorzüglich die dahin einschlagenden Hauptwissenschaften zu wiederholen, und die allenfallsigen Lücken auszufüllen. Besonders muß derjenige, der seine practische Laufbahn mit Advo=

ciren

ciren anzufangen gedenkt, sich genau um Verfassung der
höhern und niedern Gerichte seines Vaterlandes, um den
allgemeinen und besondern Geschäftsgang bekümmern,
sich die Landtagsabschiede, die Landesgesetze, die Proceß-
ordnungen und gemeinen Bescheide der höhern Dicasterien: die neueste Geschichte der wichtigern bey denselben
verhandelten oder noch obschwebenden Processe, die Statuten und rechtlichen Gewohnheiten einzelner Städte
und Landesbezirke, die Privilegien der verschiednen Volks-
classen u. s. w. bekannt machen, endlich muß er die an-
gesehensten, erfahrensten und edelsten Richter, Räthe und
andre Geschäftsmänner kennen zu lernen und ihnen selbst
von einer guten Seite bekannt zu werden suchen [1]).
Wird einer bey einem höhern oder niedern Collegium,
oder sonst als Beamter angestellt; so suche er sich zuför-
derst seine Instruction und die darin enthaltnen Pflichten
genau bekannt zu machen, entwerfe sich einen zweckmäßigen Plan über die ihm angewiesenen Geschäfte, prüfe
sich selbst, ob und was ihm noch zur gewissenhaften
Erfüllung derselben fehle, und suche seine Kenntnisse und
Fertigkeiten in dieser Hinsicht theils durch Skeletiren
der in seine Amtsgeschäfte besonders einschlagenden Wissenschaften [2]), theils durch Excerpiren der dazu dien-
lichen

[1]) Elsässer von der zweckmäßigen Zeitanwendung eines
Juristen, unmittelbar nach den Universitätsjahren.
In den gemeinn. jurist. Beobacht. und Rechtsfällen.
Bd. 1. S. 1. ff.

[2]) Was das Skeletiren sey, und wie man dabey
zu Werke gehen müsse, darüber sind sehr nützliche
Regeln enthalten in v. Massow Handbuch der Literatur. Th. 3. §. 324. ff. Neuerlich erscheinen der-
glei-

lichen Bücher und Acten ¹), möglichst zu vervollkommnen ². Zugleich studiere er die besondre Geschichte seines Collegiums und Amtes, die allgemeine Verfassung, nebst den Verhältnissen desselben zu den übrigen öffentlichen Anstalten, den Geschäftsgang und die besondern dahin einschlagenden gesetzlichen Verfügungen, wozu ihm zweckmäßige Benutzung der Registratur, dankbare Gelehrigkeit und Folgsamkeit gegen die Obern, freundschaftlicher Umgang mit ältern Collegen, Achtung erfahrner Subalternen, hinlängliche Mittel an die Hand geben werden.

§. 113.

cc) Fortstudieren im Amte.

Ueberhaupt aber wird ein Staatsbeamter, der den vollen Umfang seiner Bestimmung kennt (§. 106.), der auf der Universität einen theoretisch-systematischen Ueberblick über den ganzen Kreislauf der Geschäfte erhalten und treulich aufgefaßt hat, sich nicht blos mit der alltäglichen

gleichen Proben des Privatfleißes, als eigne Arbeiten gedruckt, welches aber nicht zu loben ist.
1) Chrstph Meiners Anweisung für Jünglinge zum eignen Arbeiten, besonders zum Lesen, Excerpiren und Schreiben. 2te Aufl. Hannov. 1791. 8.
J. J. Moser einige Vortheile für Canzleyverwandte und Gelehrte, in Absicht auf Acten-Verzeichnisse, Auszüge und Register u. s. w. 1773. 8.
v. Massow a. a. O. Th. 1. §. 58. ff.
2) Ein Verzeichniß der verschiednen Staatsämter und öffentlichen Geschäfte, wozu ein teutscher Rechtsgelehrter gebraucht zu werden pflegt, nebst den zu einem jeden besonders nöthigen Fertigkeiten und Kenntnissen, wird im zweyten Buche folgen.

lichen und maschienenmäßigen Erfüllung der ihm aus=
drücklich vorgeschriebnen Pflichten begnügen, oder sich
träg auf die Krücke des Schlendrians, und verjährter
Vorurtheile stützen, sondern auch die entferntere Bestim=
mung seines Amtes, den Platz, den es in der Kette der
Staats=Thätigkeit ausfüllen soll, den Landesbezirk, der
Geist der Volksmasse, auf welche er zunächst zu wirken
bestimmt ist, genau kennen zu lernen und die abstracten
Lehrsätze der Theorie klüglich mit der Wirklichkeit zu ver=
schwistern suchen. Ein solcher Mann wird gern einen
Theil seiner Muße den Fortschritten der Literatur wid=
men, die in Umlauf kommenden neuen Ideen, Entdek=
kungen und Verbesserungs=Vorschläge mit seinen Erfah=
rungen und practischen Bemerkungen in der wirklichen
Welt zusammenhalten, und so mit dem Gelehrten Hand
in Hand dem Ziele der Vollkommenheit näher zu rük=
ken suchen.

Aber leider sind in unserm Teutschlande dergleichen
würdige Geschäftsmänner noch allzuseltne Erscheinun=
gen. Die Maxime: der Vormittag gehört dem
Staate (d. i. den Amtsarbeiten), der Nachmittag
mir (d. i. meinen Vergnügungen), ist in manchen Län=
dern beynahe die allgemeine Loosung der Staatsbeamten.
Hat erst der angehende Beamte die Routine nachleyern
gelernt, dann glaubt er sich über seine vorigen Lehrer,
über alle Theorie weit erhaben. Daher die verächtlichen
Ausfälle, die undankbaren Behandlungen, welche sich man=
che Collegien und sogar niedre Beamte gegen Universitä=
ten und gelehrte Institute, in neuern Zeiten erlau=
ben;

ben ¹); daher die kaltſinnige Aufnahme, die ſeltne Un=
terſtützung, welche die Verbeſſerungs=Vorſchläge, die
Erfindungen und Entdeckungen teutſcher Gelehrten in
manchen Ländern finden ²). Daher aber auch die vielen
und höchſt ſchädlichen Mißgriffe, wozu die blinde Empi=
rie ſo manchen Staats= und Geſchäfts=Mann verleitet;
daher zum Theil das Zurückbleiben des teutſchen Kunſt=
und Gewerb=Fleißes hinter dem der Engländer und Fran=
zoſen. Dagegen iſt jedoch auch auf der andern Seite
nicht zu leugnen, daß der Dünkel manches Stuben=
gelehrten, der von ſeinem Schreibpult aus die ihm oft
unbekannte Welt umzuformen und aufzuklären wähnt,
die renommiſtiſchen Fauſtkämpfe auf dem Gebiete der
Theorie, die Unduldſamkeit und Unbeſcheidenheit, womit
unſre Theoretiker über den behutſamen oder andersden=
kenden Geſchäftsmann in den öffentlichen Blättern her=
fallen, die Spielerey mit philoſophiſchen Kunſtwörtern,
nebſt der Sucht, alle Wiſſenſchaften über den Leiſten der
mißverſtandnen oder gemißbrauchten Kantiſchen Philo=
ſophie zu ſpannen — die Scheidewand zwiſchen Theorie
und Praxis, zwiſchen Gelehrten und Geſchäftsmännern,
immer

1) Noch im vorigen Jahrhunderte hießen die Univerſitä=
ten in manchen Landtagabſchieden und andern öf=
fentlichen Urkunden: das Kleinod des Lan=
des.

2) Die Beyſpiele, wo benachbarte Nationen unſre
Erfindungen und Theorien durch öffentliche Unter=
ſtützung vervollkommneten und zum großen Nach=
theile der Teutſchen auf die n rklichen Geſchäfte
anwandten, ſind zum Theil noch im friſchen Gedächt=
niſſe.

immer mehr befestigen. Nur dann, wenn diese gesunsken ist, und beyde einander die Hand reichen, nur durch wechselseitiges Lehren, Lernen, Unterstützen, durch uneigennütziges und bescheidnes Streben nach Vollkommenheit, lassen sich reichliche Früchte von ihren einträchtigen Bemühungen für die öffentliche Wohlfahrt erwarten [1]).

[1]) Zur Bestätigung des Obigen mögen hier die Aeußerungen eines unsrer geschätztesten Theoretiker, und eines eben so edlen und erfahrnen Geschäftsmannes dienen:

Schlözer (Briefwechs. Bd. 10. S. 92.) sagt: "Jeder Geschäftsmann hat ein natürliches Recht, über den bloßen Gelehrten zu urtheilen, und hätte dieser auch Folianten geschrieben, und jener nie eine Feder für die Presse angesetzt" — und

v. Massow (a. a. O. 4ter Th. S. 549.) "Neue Ideen, Erfindungen besserer Gesichtspuncte, die ein Object des Dienstes in verändertem hellerem Lichte darstellen, kürzere als die bisher betretnen Wege zu diesem oder jenem Ziele zeigen — können nicht ganz das Werk eines einzigen hellen Kopfes seyn. Es müssen sich Gelehrte und Geschäftsmänner dazu die Hand bieten. Soll dieß geschehen, so müssen sie sich schätzen und lieben, sich einander im Umgange und Schriften mittheilen." — Ueberhaupt verdienen die hier auf einander folgenden Paragraphen von jedem Geschäftsmanne und Theoretiker vorzüglich gelesen und beherziget zu werden.

Ver.

Verzeichniß einiger Druckfehler.

Seite 2. Zeile 2. von unten statt Schiller lies Schilter. S. 4. Z. 2. v. oben muß nach "oder" ein neuer Absatz gemacht und e) vorgesetzt werden. S. 5. Z. 4. v. ob. st. enthaltenen l. erhaltenen. S. 12. Z. 1. v. unt. st. a. a. O. l. Staatsrecht. S. 16. Z. 7. v. ob. st. Ansprüche l. Aussprüche. S. 18. Z. 2. v. unt. st. und l. um. S. 28. Z. 7. v. unt. st. um l. und. S. 80. Z. 4. v. unt. st. des l. der. S. 107. Z. 13. v. unt. st. Präsidenten l. Referenten. S. 109. Z. 11. v. unt. st. le l. la. S. 151. Z. 12. v. ob. st. gehörig beobachtet l. überschritten. S. 158. Z. 9. v. unt. st. Auflösung l. Auslösung. S. 167. Z. 8. v. ob. st. kostspielig l. kostspillig. S. 190. Z. 9. v. unt. muß das Notenzeichen 2) stehen. S. 213. Z. 1. v. unt. st. 2. l. 20. S. 267. Z. 3. v. unt. st. 1789. l. 1787. S. 283. Z. 2. v. unt. st. 1. l. 385. 439. S. 359. Z. 5. v. ob. st. Methologie l. Methodologie.